一안락집(安樂集)一

안락집(安樂集)

唐 도작(道綽) 지음
釋 보운(普雲) 옮김

혜안

추천의 글

중앙승가대학교 대학원장 보각(普覺)

부처님의 자비의 구름이 아련히 피어오르면 한 치의 땅이나마 덮어주지 않는 곳이 없고, 부처님의 법의 비가 대지에 뿌리면 한 포기 풀잎까지도 적셔주지 않는 곳이 없으며, 햇빛이 동쪽에서 솟아 서쪽으로 스러질 때 어두운 땅을 비추지 않는 곳이 없으니, 부처님의 은혜를 헤아려 보려 해도 어찌 중생들이 부처님의 지혜를 이해하리오.

부처님께서는 바다와 같은 대자대비로 일체중생을 가엾게 여기시어 많은 방편으로 진리에 인도하여 삿됨을 버리고 참다운 지혜에 이르도록 우리들에게 수행의 길을 제시하였으니, 그 중에 염불이 한국의 선(禪)수행법의 윗자리를 차지하고 있음은 아주 자연스러운 현상일 것이다. 요즘은 염불이라 하면 단지 부전스님들이 의식이나 집전하고 부처님께 불공을 드리는 정도로 낮춰보고 있으나 염불은 정토에 이르는 쉽고도 빠른 방법으로, 중국적인 사상과 접목시킨 중국불교의 새로운 도전과 창조정신의 산물인 것이다.

부처님 당시의 인도와 불법이 전래된 후의 중국의 환경과 문화는 매우 이질적인 요소를 지니고 있었다. 인도는 우기와 건기의 계절이 반복되는 날씨여서 중국 당나라의 수도였던 장안(長安)의 혹한의 날씨와는 많은 차이가 있었고, 그에 따라 문자를 중심으로 지식과 학문을 탐구하던 중국은 암송으로 지식을 전하던 인도와는 진리를 추구하던 방법론에서 많은 차이가 발생하였을 것이다.

이질적인 문화요소와 경전의 결집과 전래에 많은 차이가 생겼고, 정치 및 사회적으로도 혼란스런 현실에서 백성들은 고통에 시달렸다. 그래서 당시 그들은 새로운 탈출구로서 종교적 구원의 요소와 평등성을 강조한 불교의 수행방법론을 모색하던 차에, 좀 더 쉽고 빠른 방법으로 중생들을 제도하기 위해 중국에 알맞은 수행법을 찾아낸 것 중 한 가지 방편이 바로 이 정토의 수행법이었다.

이러한 고뇌의 산물이자 우수한 정토교학을 근래는 염불이라 치부하고 소홀히 하는 세태인 것 같다. 그 까닭에 이 『안락집』이 한국에서는 많이 번역되지 못한 것이 현실이다. 부처님이 말씀하신 경이나 그에 대한 옛 사람들의 논(論)은 대승과 소승을 막론하고 모두 부사의(不思議)한 경계 속에서 말씀하셨기 때문에 범부의 알음알이로는 바로 이해하기가 매우 어렵다. 그래서 경이나 논을 읽을 때는 반드시 옛날 큰스님들의 글과 주석서를 의지해야 하는 것이다. 그것은 불교 교학에 대한 올바른 인식은 반드시 경전과 논장을 통하여 불법의 세계에 대한 깊은 이해를 성취해야만 가능하며, 보현행(普賢行)이라 일컫는 모든 수행도 먼저 교학적 지혜를 이룬 뒤에야 비로소 첫걸음을 내딛을 수 있기 때문이다. 이 경론의 번역을 읽어보니 대체로 문장이나 용어에 자세한 각주를

붙여 일반 독자도 쉽게 접근할 수 있도록 배려한 노력이 많이 눈에 띈다. 이 번역을 통한다면 중국 정토교학의 시조인 도작(道綽) 선사와 대면할 수 있는 기회가 될 수 있을 것이다.

끝으로 보운 스님이 학업 중에도 틈틈이 시간을 내어 번역한 그동안의 노력을 깊이 치하하며, 이 책을 접하는 여러분들이 이 『안락집』을 꼭 한번 읽으시기를 권하는 바이다.

불기 2557년(2013년) 3월

추천의 글

대한불교조계종 초심호계원장 세영(世英) 두 손 모음

'정토문(淨土門)'이란 무한한 시간과 공간성을 중심으로 대륙적 기질의 중국문화가 발전시킨 아주 중요하고 혁신적인 불교 수행방법의 하나이다. 12대문으로 구성되어 있고 각 대문마다 전체적인 내용을 설명하는 개요와, 핵심적 내용을 설명하는 개별 해석 등으로 구성되어 있으며, 극락세계에 왕생하는 방편으로 대중들이 쉽고 빠르게 이해할 수 있도록 '난행도(難行道)'와 '이행도(易行道)'로 수행하는 것에 중요한 비중을 두고 언급하고 있다.

이 저술의 중심이 바로 불법(佛法)을 수행하는 대중들이 아미타불의 극락세계에 왕생하는 것을 돕고자 하는 것을 목표로 설정하고 있음을 강조하는 것이다.

우리는 스스로 인간은 만물의 영장이라고 주장하나, 실은 지구에 사는 한 부류로써 살아가고 있는 존재일 뿐이다. 또한 우리는 다른 존재와 다르게, 죽음을 항상 두려워하며 미래에 더 나은 환경을 맞이하기 위해 죽음에 대한 체계적인 연구와 분석을 통하여 갖가지 노력을 실천하고 있다.

우리의 삶은 빠르고 늦음의 차이는 있을지라도, 죽음을 피할 수 있을 수는 없으므로 죽음을 어떻게 준비해야 하는가, 죽음의 과정을 고통 없이 맞이하려면 어떻게 행동해야 하는가, 그리고 죽음 이후에는 어느 세계에 태어나는가 등 현실적 문제를 매우 심각하게 고민해 오고 있다. 이러한 죽음에 관한 주제를 깊이 사유하고, 죽음의 공포를 넘어서는 것을 현실적으로 중요한 문제라고 생각하고 그런 면에서 그에 맞는 수행법을 스스로 창안해 온 중국 정토불교에 많은 감탄을 느낀다.

이 『안락집(安樂集)』은 정토교학의 중심에서 '극락세계'에 이르는 염불의 수행법을 듣고 이해함으로써 빠르고 쉽게 해탈에 이르게 하는 방법을 우리에게 제시하고 있다. 『안락집』은 수행 중이거나 수행에 관심이 있는 불자들 자신과 그 가족 또는 친구의 죽음을 경험한 사람들에게 필요한 부처님의 가르침이 담긴, 고대 중국의 도작(道綽) 선사의 저술이다. 모든 수행을 실천하는 과정에서, 또한 수행의 여러 방법 중에서 보편적이고 접근이 쉬운 염불의 수행법을 일반대중에게 보급하기 위한 대안으로 중국에서는 정토종이 널리 보급되어 왔고, 긴 역사를 통하여 동아시아 불교에 많은 영향을 끼쳐 왔다.

수많은 수행법 중에서 염불은 승가가 재가자와 가까이 접근할 수 있는 통로요, 부처님의 법을 빠르게 전달하는 중요한 요인이 되었음을 부인하기 어렵다. 또 염불에 관심을 가짐으로써 불교의 교학이 어렵다는 두려움을 벗어버릴 수 있으며, 더 나아가서는 수행의 깊이를 증장시키는 데도 큰 도움이 된다.

　『안락집』의 한글 번역본이 없어 번역본을 구하고자 하는 마음이
일어나곤 하였는데, 마침 보운 스님이 이 저술을 새롭게 번역했다니
기쁘기 그지없다. 한문으로 된 경전은 대중에게서 멀어지는 요즈음
세태의 흐름에 맞추어 이해하기 쉽도록 번역한 이『안락집』은 오랜
세월 동안 사람들의 문화가 연속되는 것처럼, 이 책을 접하는 독자에게
가치가 있고 깨달음의 빛을 비쳐 주는 책으로 남게 되기를 바라는
마음 간절하다.

　마지막으로 이 번역을 위해 그동안 많은 번민과 수고로움을 겪은
보운 수좌에게 격려의 말과 함께 그 동안의 노력에 대해 찬사를 보낸다.

불기 2557년(2013년) 3월

역자의 말

보운(普雲) 합장

현장(玄奘)의 『서역기(西域記)』에 이런 말이 있다.

"부처님들의 세계인 화장(華藏) 장엄(莊嚴)의 세계에는 삼천대천세계(三千大千世界)의 '이루 헤아릴 수 없는 숫자[未盡數]'의 게송과 일사천하(一四天下) 미진수(未盡數)의 품(品)이 펼쳐져 있고, 모두 한 가지 음성으로 나타내어 보이는 것이지만, 각자의 능력에 따라 각각 서로 다르게 이해하게 된다."

현장은 또 같은 책에서 이렇게도 말했다.

"화엄의 세계에서 모든 부처님의 마음은 일체중생의 그것과 본래 다르지 않은 한 마음이고 한 지혜이기 때문에 모든 부처님은 중생의 마음을 깊이 이해하는 것이다. 이렇게 모든 부처님은 진리를 깨달았으므로 중생들과 함께 하지만, 중생이 미혹되어 있어 스스로 멀리 떨어져 있을 뿐이다."

진리를 향한 깨달음의 세계에는 무수한 수행의 관문이 존재한다. 그리고 이런 관문을 돌파하기 위해 수도자는 끝없는 수행을 해야 하는

12

것이다. 수행의 방법론은 숱하게 많지만, 그 중에서 정토문(淨土門)이 차지하는 비중은 한국불교에서 꽤 무게감이 느껴진다. 예컨대 오랜 옛날부터 대중 교화를 위한 노력의 한 방법으로 많은 선지식들이 정토문의 방법인 염불을 한 방법으로 채택한 것이 바로 그런 까닭 때문이었다. 대중에게 산 속에서 은은히 퍼지는 염불 독경 소리는 산사를 찾는 이들의 마음에 얼마나 큰 위안이요 귀의심의 발단이 되었던가?

대중은 누구나 현실생활의 벽에 막히어 몸과 마음이 지치고, 이렇게 생긴 절박한 번민이 자신의 마음 속에서 거친 파도가 되어 세차게 흔든다. 이렇게 대중이 걸어가야 하는 무거운 걸음 속에서 진리의 가르침인 염불소리가 귓가를 스칠 때면 누구나 마음의 안식을 느끼지 않을까? 바로 그런 까닭에 부처님의 진리를 음성으로 옮기는 독경 소리야말로 우리들에게 염불을 찾게 하는 커다란 이유일 것이다. 이러한 독경과 염불의 이론을 정립한 것이 정토교학이며, 그 논리의 중심에 바로 『안락집(安樂集)』이 존재하고 있는 것이다.

정토종의 이른바 소의경전(所依經傳)인 이 『안락집』이 성립하게 된 것은 중국에서의 일이다. 6세기 위진남북조시대의 혼돈과 수·당으로 이어지는 격랑의 시대 속에서 대중들은 그야말로 말로 다 할 수 없는 육체적 고통과 정신적 방황을 겪어야 했다. 이를 가까이 지켜본 도작(道綽) 스님은 대중을 위해 마음의 편안을 유지하고 현실 고통의 넓은 바다를 헤쳐 넘을 수 있는 방법을 찾고자 고심참담했다. 도작 스님은 어려운 내용보다는 대중이 비교적 쉽게 이해하고 따라할 수 있는 새로운 정신 수양 방법 창안에 몰두하였고, 그 집념어린 도전의 산물이 바로 이 『안락집』인 것이다.

『안락집』의 찬술은 중국 정토교학의 혁신적 발전을 이루게 했고, 철학적으로 난해하여 접근하기 힘들었던 일반 대중들에게도 부처님의 가르침에 쉽게 접근할 수 있는 수행법을 제시하기에 이르렀다. 이로써 당시 지식층들의 전유물이었던 불교가 대중을 향해 새로운 활력을 불어넣는 계기도 되었다고 생각한다.

이처럼 대중을 구원하려는 옛 성인의 마음이 나에게 전달된 탓인지, 평소부터 정토교학에 큰 관심을 가지고 공부하였다. 그러던 중에 『안락집』을 처음 접하고서는 커다란 감동을 받았다. 그럼으로써 부족한 능력에도 불구하고 이렇게 탁월한 의미를 담은 책을 번역하여 그 소중한 뜻을 대중들과 함께 해야겠다는 용기를 내어 번역을 시작했다.

번역에 임하면서는 나름대로의 원칙을 세워 진행해 나갔다. 그래서 『안락집』에 인용된 경론들의 여러 예시문들을 꼼꼼히 검토해 그 출처를 밝히는 데 특히 중점을 두었다. 그럼으로써 이를 읽는 사람들이 원전의 내용을 잘 이해할 수 있도록 최대한 노력하였고, 또 그 내용을 각주로써 정리해 『안락집』에서 말하고자 하는 의미가 더욱 잘 나타날 수 있도록 각별히 애를 썼다.

　이 『안락집』 번역은 일반인들이 쉽게 접근할 수 있게 할 목적으로 시작한 것이었지만, 처음부터 출판을 생각하지는 않았다. 하지만 동국대 교수 법상 스님은 내게 정토교학의 이론적 가르침을 베풀어 주시며 이 『안락집』을 출판할 용기를 북돋워 주었다. 또 중앙승가대학교의 여러 교수님들 그리고 도반(道伴) 스님들 역시 이루 말로 다 못할 고마운 격려를 해주셨다. 아울러 나의 은사스님으로서 지금까지 내가 학업의 길을 꾸준히 갈 수 있도록 적극적 후원과 격려를 해주시는 신륵사 세영 주지스님과 신륵사의 여러 신도님들에게도 고마움의 뜻을 전하고 싶다.

2013년 3월

『안락집』 목차

일러두기

1. 이 책의 저본(底本)은 『대정신수대장경(大正新修大藏經)』 제47권에 실린 『안락집(安樂集)』이다.
2. 원문에는 상·하 두 권으로 구분되어 있으나 이 책의 번역에서는 불전(佛典)의 구분 형식인 서분(序分)·정종분(正宗分)·유통분(流通分) 등 3부로 구분하였다.
3. <제1장 서분>은 도작 스님이 이 책을 지은 과정과 목적을 쓴 것이므로, 역자는 이 『안락집』 내용이 독자에게 좀 더 직접 다가가 이해될 수 있도록 서분은 생략하였다.
4. 원문과 인용문을 비교하여 그 차이를 쉽게 알 수 있도록 인용문을 각 문장의 아래에 경전의 출처와 내용을 각주로써 자세히 옮겨 실었다.
5. 원문의 '안락(安樂)', '안락세계(安樂世界)' 또는 '정토(淨土)'는 '극락세계(極樂世界)'를 의미하므로 본 번역에서는 '정토', '정토세계' 등의 용어로 통일하여 표기하였다.
6. 중요한 단어는 ( ) 안에 한자를 병기(倂記)했다. 또 원문에서 사용된 글이나 용어 중에서 필요한 경우 일반적으로 사용하는 불교 용어로 표기하였다. 이럴 경우 [ ] 안에 원문 용어를 넣었다.
   예 : 착한 법[善法], 공의 이치[空理]
7. 원문 편집의 체제상 문맥의 흐름에 설명이 필요하다고 생각되는 곳에는 문장 중에 ( )를 사용하여 필자의 설명을 첨가했다.
8. 각 대문(大門)에 인용된 대장경의 원문은 각 대문별로 구분하여 부록으로 첨부하였다.

『안락집』 해제

1. 저자 도작 스님의 생애

이 책을 지은 도작(道綽, 562~645) 스님의 전기(傳記)는 당대(唐代) 도선(道宣, 569~667)의『속고승전(續高僧傳)』, 가재(迦才)의『정토론(淨土論)』, 문심(文諶)과 소강(小康)의 공저인『왕생서방정토서응전(往生西方淨土瑞應傳)』등에 보인다. 또 그 밖에도 송대(宋代)에는 지반(志磐)의『불조통기(佛祖通紀)』, 계주(戒珠)의『정토왕생전(淨土往生傳)』등이 있으며, 명대(明代) 주굉(袾宏)의『왕생집(往生集)』에도 도작 스님에 대한 기록이 전한다.

현재까지 전해진 책 중에서 가장 빨리 저술된 것은 645년 도선이 찬집한『속고승전』이다.『속고승전』은 도작의 입적 전에 나온 책이기 때문에 신뢰성이 가장 높다고 볼 수 있다. 그것은『속고승전』에서 도작 스님을 평하면서, "늦게 혜찬(慧瓚) 선사를 모시고 '공(空)의 이치[空理]'를 닦았다."고 하고, 또한 "세랍은 금년 84세이다. 정신과 기력이 밝고 건강하며 근본 사상을 이어가고 있었다."라고 기록했으니 이 책이 도작이 살아 있을 때 지어진 것임을 잘 알 수 있다.

도작의 출생에 대해서는『속고승전』에 562년 북주 무제 때 병주(幷州)의 문수(汶水) 지방에서 태어났다는 내용과,『정토론』에 진양(晋陽)에서 위(衛)씨로 태어났다는 두 가지 설이 전한다. 문수 지방은 담란(曇鸞, 476~542)의 출생지와 가까운 곳이며 562년은 담란이 입적한 지 20년이 지난 때다. 그런데『속고승전』에는 도작 스님이 14세에 출가하여 경(經)과 논(論)을 익혔으며,『열반경(涅槃經)』에도 조예가 깊어『열반경』을 강의한 것이 스물네 번에 이른다고 기록되어 있다. 그 뒤 수(隋) 대업(大業) 5년, 그의 나이 48세 때 현중사(玄中寺)에 있는 담란의 비석을 읽고 감동을 받고 그때부터 『열반경』을 멀리하고 정토문(淨土門)에 귀의했다고 전한다. 하지만 그 석비가 지금은 전하지 않아 자세한 내용은 알 수 없다.

『정토론』에서는 도작이 정토교에 귀의한 후 남은 삶을 현중사에서 머물렀으며, 그의 사상의 기반인 『관무량수경(觀無量壽經)』을 200번 강의했다고 나온다. 도작의 생활은 매우 엄격하여 매일 서쪽을 바라보면서 서쪽으로는 침과 콧물을 뱉지 않았고, 대소변도 보지 않았으며, 하루 여섯 번[六時]에 예배하고 공경하는 수행을 계속했다고 한다. 『정토론』에서는 "진양(晉陽)·태원(太原)·문수(汶水) 등 지방의 대중들을 교화하면서 일곱 살 이상의 사람들은 아미타불을 염불토록 하였다."고 기록하고 있으며, 또한 "아미타불을 염불할 때마다 콩 한 알씩을 담아두도록 했는데, 많은 정진을 한 자에게는 80석(石)을, 중간 정도 정진하는 자에게는 50석을, 그보다 적게 정진하는 자에게는 20석을 헤아려 가면서 염불하게 했다."고 한다. 또 도작은 무환자나무의 열매에 구멍을 내어 대중에게 주면서 염불하도록 하여 수량염불을 권하고 실천했다. 정관(貞觀) 19년(645) 4월 27일에 세랍 84세로 입적했다.

2. 찬술 목적

도작이 활동하던 시대는 중국 역사상 불교계에 많은 변화가 있던 시절이었다. 도작은 562년 북조(北朝)시대에 태어나 당대(唐代)인 645년

에 입적했으니 그의 주된 활동 시기는 수나라와 당나라 사이였다고
할 수 있다.

수나라 이전의 시기는 송(宋)·제(齊)·양(梁)·진(陳)의 남조(南朝)와, 북위
(北魏)·동위(東魏)·서위(西魏)·북제(北齊)·북주(北周)의 북조가 이어지는
이른바 남북조시대였다. 이러한 왕조의 빈번한 교체는 사회적 혼란과
민생의 파탄을 일으켰다. 끝없이 전쟁이 이어질 것 같던 남북조시대를
마감하고 통일을 이루어 사회적 안정을 찾은 수나라는, 그러나 고구려와
의 3차에 걸친 전쟁과 대운하 건설 등으로 인한 국력 소모로 인해
양제(煬帝) 때인 617년에 멸망하고 이어서 618년에 당이 건국된다.
도작은 12세 때와 15세 때에 중국 역사에서 가장 가혹한 불교 탄압의
법란(法難)인 이른바 '삼무일종(三武一宗)의 폐불(廢佛)'의 두 번째 사건이
일어난 북주 무제(武帝) 건덕(健德) 3년(574)에 커다란 혼란을 겪었다고
한다. 북위의 실권자 우문호(宇文護, 495~572)는 557년 효민제를 암살하
고, 또한 북주 제2대 명제(明帝, 558~560)를 옹립한 후 그를 또 암살했다.
그리고 이어서 폐불을 단행한 북주 제3대 무제(武帝, 560~578)를 옹립한
다. 574년 무제는 불교와 도교를 탄압했다. 이어서 575년 무제는 북제를
점령하고, 북제에도 폐불을 단행하여 북제의 영토 안에 있는 모든
불상과 경전을 파괴하고, 수많은 승려들을 환속시켰다.

불교적 시각으로 보자면 이때는 중국에 불교가 전래된 지 600여
년이 된 과도기적인 시기였다. 이러한 배경에서 새로운 활로를 위해
각 종파들의 서로 다른 사상이 전개되어 새로운 문화가 일어나게 되었
다.

이와 같은 시대적 흐름을 반영하여 새로운 종파불교인 진제(眞諦)의
섭론종(攝論宗), 길장(吉藏)의 삼론종(三論宗), 혜원(慧遠)의 지론종(地論

宗), 지의(智顗)의 천태종(天台宗), 도선(道宣)의 율종(律宗) 등이 일어나게
되었다. 특히 정영사(淨影寺)의 혜원(慧遠, 523~597) 및 천태지의(天台智
顗, 538~597)와, 가상사(嘉祥寺)의 길장(吉藏, 549~623) 등이 정토사상을
주장하면서도 다른 논리를 전개하였고, 섭론종에서는 별시의설(別時意
說)이 유행하여 정토염불(淨土念佛)의 사상과는 상당 부분 다른 이론을
주장하기도 하였다.

　도작은 정치의 혼란 속에 계속되는 전쟁과 기근(飢饉), 그리고 폐불(廢
佛) 등의 사건을 겪으면서 지금이 말법시대라는 인식을 확연히 머리에
각인하게 되었고, 자신이 살아온 시대를 『대방등대집경(大方等大集經)』
의 제4의 오백년에 해당한다고 믿어 말법(末法)시대라고 인식하였다.
그는 이러한 말법시대에 상응하는 가르침은 정토문이 가장 적합한
교리이며, 이것으로 대중을 구제할 수 있다고 생각했다. 따라서 그가
『안락집』을 저술한 것은 이러한 정치적 격동과 불교 내부의 새로운
문화적 변혁을 받아들여 정토교학의 체계적인 이론 정립을 위한 것이라
할 수 있을 것이다.

3. 구성

　『안락집』은 『대정신수대장경(大正新修大藏經)』 제47권 T1958(4-22)에
실려 있다. 전체적으로는 서분(序分)·정종분(正宗分)·유통분(流通分) 등
3부로 구분할 수 있으며, 서에서는 찬술 목적을 밝히고, 정종분 십이대문
중 각 일문(一門)마다 전체 내용을 설명하는 '개요', 핵심 내용을 설명하
는 '개별 해석' 등으로 구성되어 있다. 또 유통분에서는 찬집(撰集)과

유통(流通)의 공덕이 널리 중생에게 베풀어져 극락에 왕생하며 함께 불도(佛道)를 이루길 발원하며 끝을 맺고 있다.

정종분은 전체적으로 중심 내용이 12대문으로 이루어져 있으며, 제1대문에서 제3대문까지는 상권, 제4대문에서 마지막 제12대문까지는 하권으로 되어 있다. 개요에서는 12대문의 내용을 간략히 서술하고, 개별 해석에서는 구체적으로 경(經)·율(律)·논(論) 등을 인용하여 논리를 전개하고 있다. 각 대문의 개요를 간략하게 살펴보면 다음과 같다.

제1대문 : 문장의 뜻이 많으나 간략히 아홉 문[九門]으로 헤아려 찬집하는 목적을 밝히고 있다.

제2대문 : 세 가지의 논리를 논증한다. 첫째는 발보리심(發菩提心)을 밝히고, 둘째는 다른 견해와 삿된 집착을 깨트리는 것이며, 셋째는 널리 문답을 베풀고 과거의 의심되는 부분을 해석한다.

제3대문 : 네 가지의 논리를 논증한다. 첫째는 난행도와 이행도를 분별하고, 둘째는 시간의 겁에 크고 작음이 같지 않음을 밝히며, 셋째는 시작도 없는 세상의 겁(劫)으로부터 지금까지 이 삼계의 다섯 가지 길을 윤회하는 것을 밝히고, 넷째는 성스러운 가르침을 증득하여 후인에게 권하여 신심을 일으키고 왕생을 구하는 것을 밝힌다.

제4대문 : 세 가지의 논리를 논증한다. 첫째는 인도와 중국의 성인의 가르침을 찬탄하며 정토에 귀의하기를 권장하는 것이고, 둘째는 염불삼매로서 중요한 문을 삼은 것이 많음을 밝히는 것이며, 셋째는 염불의 여러 가지 효능과 이익을 밝힌다.

제5대문 : 네 가지의 논리를 논증한다. 첫째는 불퇴(不退)의 지위를 빠르게 얻게 하고자 하는 것이고, 둘째는 여러 선관(禪觀)을 비교하여 왕생을 권하는 것이며, 셋째는 예토(穢土)와 정토(淨土)의 두 경계를 비교하는 것이고, 넷째는 후대 사람들에게 권장하여 신심을 일으켜 왕생을 구하게 하는 것이다.

제6대문 : 세 가지의 논리를 논증한다. 첫째는 시방정토를 비교함이고, 둘째는 뜻으로 추론함이며, 셋째는 경전에서 머무시는 것과 열반하시는 것을 분별한다.

제7대문 : 두 가지의 논리를 논증한다. 첫째는 잘 생각하여 핵심을 찾아 얽매임을 벗어나는 것이고, 둘째는 수행하는 것에 공덕의 가볍고 무거움을 사용하여 과보를 얻는 진실과 거짓을 밝히고 정토로 회향하는 것을 권장한다.

제8대문 : 세 가지의 논리를 논증한다. 첫째는 간략히 여러 경전을 중심으로 정토를 기뻐하기를 권장하고, 둘째는 아미타불과 석가 세존의 두 부처님을 비교하며, 셋째는 왕생의 뜻을 해석한다.

제9대문 : 두 가지의 논리를 논증한다. 첫째는 고통과 즐거움과 착함과 악함을 서로 비교하고, 둘째는 예토와 정토의 수명의 길고 짧음을 비교하여 수행의 단계가 두 가지라는 것을 밝힌다.

제10대문 : 두 가지의 논리를 논증한다. 첫째는『불설무량수경』에 의거하여 비진실성을 입증하고, 둘째는 회향의 의미를 해석한다.

제11대문 : 두 가지의 논리를 논증한다. 첫째는 일체중생에게 선지식에 의탁해서 서쪽(극락)을 향하는 뜻을 짓게 하는 것이고, 둘째는 죽은 후에 왕생하는 인연의 뛰어남과 열등함을 분별한다.

제12대문 :『불설시왕생아미타불국경』에 의거하여 왕생을 권한다.

이상과 같이 『안락집』은 총12대문의 내용을 개요를 중심으로 찬술하였으며, 이후 다시 별석(別釋)으로 나열하여 자세하게 설명하고 있다.

4. 영향

도작 스님의 문하(門下)에 대한 기록은 『왕생서방정토서응전』 등에 선도(善導)·도무(道撫)·승연(僧衍)·영법사(英法師) 등의 이름이 나오고, 『정토론』에는 비구니로서 대명월(大明月)·소명월(小明月)·요바(姚婆) 등도 가르침을 받았다고 나온다. 여기에 1935년 경의 금석문 중에 나오는 저자 불명의 『한가류취왕생전(漢家類聚往生傳)』에는 도은(道誾)·도수(道穗)·도장(道暲)·선풍(善豊) 등의 이름이 추가로 기록되어 있다.

도작 스님의 정토사상은 제자인 선도가 계승하여 종풍을 크게 이루었고, 특히 일본에까지 전해져 법연(法然)과 친란(親鸞)이 정토교를 여는데 큰 영향을 끼쳤다. 이후 일본에서는 이 책을 중요시하여 주석서가 수십 종이나 발간되었다고 한다.

제 1 장(章) 서분(序分)

此安樂集. 一部之內. 總有十二大門. 皆引經論證明. 勸信求往.

이 『안락집(安樂集)』은 일부(一部) 속에 총 12대문(大門)이 있다. 모두
경장과 논장을 인용하여 증명하여, (정토에 대한) 믿음을 권장하고
(정토의) 왕생을 구하고자 하는 것이다.[1]

---

1) 서분은 도작 스님이 대중에게 이 책의 저술 배경과 과정 및 이 책에 나오는
   내용을 믿을 것을 권하는 내용이므로, 여기에서는 윗글 이하는 생략하였다.

제 2 장(章) 정종분(正宗分)

제1 대문(大門)

제1절 개요(概要)

今先就第一大門內. 文義雖衆略作九門料簡.[1] 然後造文. 第一明敎興所由. 約時被機勸歸淨土. 第二據諸部大乘. 顯說聽[2]方軌.[3] 第三據大乘聖敎. 明諸衆生發心久近供佛多少. 欲使時會聽衆力勵發心. 第四辨[4]諸經宗旨[5]不同. 第五明諸經得名各異. 如涅槃般若經等. 就法爲名. 自有就[6]喩. 或有就事.[7] 亦有就時就處. 此例非一. 今此觀經[8]就人法爲名. 佛是人名, 說觀無量壽是法名也. 第六料簡說人差別. 諸經起說[9]不過五種.[10] 一者佛自說, 二者聖弟子說. 三者諸天說. 四者神仙說. 五者變化說. 此觀經者五種說中世尊自說. 第七略明眞應[11]二身. 幷辨眞應二土. 第八顯彌陀淨國位該上下凡聖通往. 第九明彌陀淨國三界攝與不攝也.

---

1) '요간(料簡)'은 본래 '잘 생각하여 핵심을 찾아낸다.'는 뜻이나 본 번역에서는 '헤아려 핵심을 찾는다.'고 번역했다.

2) '설(說)'은 부처님이 말씀하신 진리를 널리 드러내어 가르치는 것이고, 청(聽)은 진리를 듣고서 마음에 새기는 것이다.

지금 먼저 살펴보면 제1대문 속의 문장에 많은 뜻이 있으나 간략히 아홉 문으로 헤아려 핵심을 찾아낸 후에 문구를 짓고자 한다.

제1항은 교학을 일으킨 까닭을 밝혀 시간을 절약하고 (불보살님들의)가피[12]의 기회를 얻어 정토에 귀의하기를 권장하는 것이다. 제2항은

---

3) 『주례(周禮)』 「고공기(考工記)」에는 '수레의 바퀴와 바퀴 사이의 너비'를 가리키며 수레가 일정한 규칙을 가지고 움직이듯이 세존의 가르침이 일정한 기준을 갖추었음을 비유한 말로써 '방편'으로 번역하였다.

4) '교상판석(敎相判釋)'을 가리키며 교상(敎相)·교판(敎判)이라고도 하며, 세존의 가르침인 경전이나 논장(論藏)의 내용을 분류하여 정통성을 세우고자 하는 노력의 과정으로 교판의 본격화는 중국에서 발전되었다. 인도에서도 용수(龍樹)의 『대지도론(大智度論)』, 『십주비바사론(十住毘婆沙論)』 등의 시도는 있었으나 그 교리를 체계적으로 정리하려는 새로운 노력은 적었다. 그러나 1세기를 전후하여 불교가 중국에 전해지면서 범본(梵本)의 경전이 점차적으로 한역(漢譯)으로 번역되고 그 분량과 종류가 상당수에 이르렀을 때, 교판의 필요성은 강하게 대두되어 구마라집(鳩摩羅什) 이후 5세기 초부터 시작되어 9세기경에 이르러 일단락되었으며, 9세기까지 약 30명의 대표적인 교판가(敎判家)들이 출현하였다.

5) '종지(宗旨)'는 각각의 경론(經論)에서 말씀하는 가르침의 핵심, 또는 한 종파(宗派)에서 내세우는 가르침의 핵심을 뜻한다.

6) '취(就)'의 본래의 의미는 '성취하다', '이루다'는 뜻이나, 본 문장에서는 비유하여 '따르다'라는 용어로 번역한다.

7) '취사(就事)'는 수행하는 구체적 행위를 뜻하므로 본 문장에서는 비유하여 '불사(佛事)'라는 용어로 번역한다.

8) 『불설관무량수경(佛說觀無量壽經)』을 줄여서 『관경(觀經)』이라고 부른다.

9) '기설(起說)'이란 경전이 말씀해지게 된 이유를 가리키는 불교적 용어이다.

10) '오종(五種)'이란 경전이 말씀해진 동기를 뜻하는 것으로 『대지도론(大智度論)』에서는 이를 다섯 가지로 설명하고 있다.
『大智度論』 大正藏 25, p.66.中, 佛一切智人自然無師. 不應從他聞法而說. 佛法非但佛口說者. 是一切世間眞實善語. 微妙好語皆出佛法中. 如佛毘尼中說. 何者是佛法. 佛法有五種人說. 一者佛自口說. 二者佛弟子說. 三者仙人說. 四者諸說. 五者化人說.

11) '진응(眞應)'이란 세존의 실체를 인간의 눈높이에 맞추어 설명하는 삼신설(三身說 : 法身, 報身, 化身) 중에서 '법신(法身)'과 '화신(化身)'을 가리킨다.

모든 대승경전에 의거하여 설법하고 듣는 방편을 드러내는 것이다.
제3항은 대승의 성스러운 가르침에 의거하여 모든 중생들의 발심이
멀고 가까운 것과 부처님께 공양하는 것이 많고 적음을 밝혀서 법회
때에 (법문을) 듣는 대중들이 노력하여 발심하도록 돕고자 하는 것이다.
제4항은 모든 경전의 종지가 같지 않은 것을 분별하는 것이다. 제5항은
모든 경의 이름이 각각 다른 것을 밝혔는데,『열반경』·『반야경』등과
같이 법을 따라 경전명이 되고, 스스로 비유를 따르며, 혹은 불사를
따르고, 또한 시절과 처소를 따르니, 이와 같은 예는 하나가 아니다.
지금 이 경전『불설관무량수경』은 사람과 법을 따라 이름 지었으니,
'불'은 사람의 이름[人名]이고 '설관무량수'는 법명(法名)이다.
제6항은 법을 말하는 사람의 차별이 있음을 헤아려 핵심을 찾아내는
것이다. 모든 경전이 말씀되어지는 인연법은 다섯 가지가 있으니, 첫째
는 부처님이 스스로 말씀하신 것이고, 둘째는 성스런 제자가 말씀하신
것이며, 셋째는 모든 천상(天上)의 천인(天人)들이 말하는 것이고, 넷째는
신선(神仙)이 말하는 것이며, 다섯째는 변화되어 말해지는 것이다. 이
경전인『불설관무량수경』은 다섯 인연법 중에서 세존이 스스로 말씀하
신 것이다.
제7항은 간략히 부처님의 법신과 화신을 밝히고, 아울러 법신의 세계와
화신의 세계를 분별한다. 제8항은 아미타불의 국토가 상품과 하품을
포함하고 있고, 범부와 성인이 모두 왕생할 수 있음을 밝힌다. 제9항은
아미타불의 국토가 삼계를 섭수(攝受)13)함과 섭수하지 않는 것을 밝힌다.

---

12) '가피(加被)'는 부처님들이나 보살님들이 자비심으로 중생에게 방편으로 수행에
    도움을 주는 것을 뜻한다.
13) '섭수'는 부처님과 보살님들이 자비심으로 중생을 포용하여 가르치며 정법의
    세계로 이끌어 주는 것을 뜻한다.

제2절 개별 해석

제1항 교학을 일으킨 이유를 밝히다

1) 개략 설명하다[略說]

第一大門中. 明敎興所由. 約時被機勸歸淨土者. 若敎赴時機. 易修易悟. 若機敎時乖. 難修難入. 是故正法念經[14]云. 行者一心求道[15]時. 常當觀察時方便. 若不得時無方便, 是名爲失. 不名利. 何者. 如攢濕木以求火. 火不可得. 非時故. 若折乾薪以覓水. 水不可得. 無智故.

제1대문 가운데 교학을 장려하는 까닭을 밝혀 왕생의 시간을 절약하고 가피의 기회를 얻어 정토에 귀의하기를 권장한다. 만약 교화(敎化)의 시절과 근기(根機)[16]가 알맞으면 수행하기 쉽고 깨달음도 얻기 쉬우나, 만약 교화할 시기와 근기가 어긋나면 수행하기 어렵고 깨달음도 얻기 어렵기 때문이다. 이러한 까닭으로 『정법염처경』에서 말씀하셨다.

수행자가 일심으로 깨달음을 구할 때에 항상 마땅히 시절의 방편을 관찰할 것이니라. 만약에 시절을 얻지 못하면 방편이 없으니 이것을 손실이라 이름하고 이익이라 이름 하지 않는다.[17]

---

14) 『정법염경(正法念經)』이라고 표현하였으나 본래의 경전명은 『정법염처경(正法念處經)』을 가리킨다. 그러나 이 경전에는 실려 있지 않고, 『좌선삼매경(坐禪三昧經)』에 실려 있어 도작 스님이 인용할 때 오류를 범한 것으로 생각된다.

15) '구도(求道)'의 해석을 본 문장의 의미를 고려하여 전체적으로 '깨달음'으로 번역한다.

16) '근기(根機)'는 부처님의 가르침을 받아들이고 교화될 수 있는 능력 또는 그 대상을 뜻한다.

왜냐하면 비유하면 물에 젖은 나무를 모아서 불을 구하면 불을 얻을 수 없으니 이는 시절(時節)이 아닌 까닭이다. 만약에 잘 마른 짚으로 물을 구하면 물을 얻을 수 없으니 지혜가 없는 까닭이다.

故大集月藏經[18]云. 佛滅度後第一五百年. 我諸弟子學慧得堅固. 第二五百年. 學定得堅固. 第三五百年. 學多聞讀誦得堅固. 第四五百年. 造立塔寺. 修福懺悔得堅固. 第五五百年. 白法[19]隱滯多有諍訟. 微有善法得堅固.

그러므로『대집월장경』에서 말씀하셨다.

부처님께서 열반하신 후 제1의 오백년에는 나의 모든 제자들이 지혜를 배워 견고함을 얻을 것이고, 제2의 오백년(1000년)에는 선정을 배워 견고함을 얻을 것이며, 제3의 오백년(1500년)에는 많이 듣고 독송을 배워 견고함을 얻을 것이고, 제4의 오백년(2000년)에는 탑과 절을 세우고 복과 참회를 닦아 견고함을 얻을 것이며, 제5의 오백년(2500년)에는 정법이 숨겨지고 정체(隱滯)되어 다투고 소송함이 많아 아주 작은[微細] 착한 법[善法]에서 견고함을 얻을 것이다.[20]

---

17)『坐禪三昧經』大正藏 15, p.285下. 行者定心求道時 常當觀察時方便 若不得時無方便 是應爲失不爲利.

18)『개원석교록(開元釋教錄)』大正藏 55, p.543下. 제5권에 북제(北齊)의 수도(首都)인 도업(都鄴)의 천평사(天平寺)에서 나련제여야사(那連提藜耶舍) 스님이 10권으로 번역하였다고 한다.『대집월장경(大集月藏經)』은『대집경(大集經)』의「월장분(月藏分)」12권 또는 15권을 발췌하여 번역하였다고 기록되어 있으나 현재는 경전이 전하지 않는다. 본 번역에서는 같은 내용이 실려있는『대방등대집경(大方等大集經)』을 인용하였다.

19) '백법(白法)'은 세존의 올바른 가르침인 '정법(正法)'의 다른 표현법이다.

20)『大方等大集經』大正藏 13, p.363中. 於我滅後五百年中. 諸比丘等. 猶於我法解脫堅固.

又彼經云. 諸佛出世. 有四種法度衆生. 何等爲四. 一者口說十二部
經.[21] 卽是法施度衆生. 二者諸佛如來有無量光明相好.[22] 一切衆生但
能繫心觀察. 無不獲益. 是卽身業度衆生. 三者有無量德用神通道力. 種
種變化. 卽是神通力度衆生. 四者諸佛如來有無量名號.[23] 若總若別. 其
有衆生繫心稱念. 莫不除障獲益皆生佛前. 卽是名號度衆生.

또 『대집월장경』에서

次五百年我之正法禪定三昧得住堅固. 次五百年讀誦多聞得住堅固. 次五百年於我法中
多造塔寺得住堅固. 次五百年於我法中鬪諍言頌白法隱沒損減堅固.

21) '십이부경(十二部經)'은 세존의 가르침을 그 경전의 성격과 형식을 따라 열
두 종류로 나눈 것으로 십이분경·십이분교라고도 부른다. 구체적 내용으로
첫째는 경(經)·계경(契經)이라 번역되며 산문체로 말씀하신 것으로 수다라(修多
羅)이고, 둘째는 응송(應頌)·중송(重頌)이라 번역되며 산문체로 된 내용을 다시
운문체로 말씀하신 것으로 기야(祇夜)이며, 셋째는 게(偈)·게송(偈頌)·풍송(諷頌)
이라고도 말하는 운문체로 말씀하신 것으로 가타(伽陀)이고, 넷째는 인연(因緣)
이라 번역되며 세존을 만나 설법을 듣게 된 인연을 설한 부분으로 서품(序品)이
여기에 해당되는 것으로 니다나(尼陀那)이며, 다섯째는 본사(本事)라고 번역되며
세존 제자들의 과거 인연을 말씀하신 것으로 이제목다가(伊帝目多伽)이고, 여섯
째는 본생(本生)이라 번역되며 세존의 전생 이야기인 것으로 사다가(闍多伽)이
며, 일곱째는 희법(希法)·미증유법(未曾有法)이라 번역되며 세존의 불가사의한
신통력을 말씀하신 것으로 아부다달마(阿浮陀達磨)이고, 여덟째는 비유(譬喩)·
출요(出曜)라고 번역되며 비유로써 가르침을 말씀하신 것으로 아바다나(阿波陀
那)이며, 아홉째는 논의(論議)라고 번역되며 교리에 대해 문답한 것으로 우바제
사(優婆提舍)이고, 열째는 자설(自說)·무주자설(無問自說)이라 번역되며 질문자
없이 세존께서 스스로 말씀하신 법문으로 아미타경이 여기에 해당되는 것으로
우다나(優陀那)이며, 열한 번째는 방등(方廣)이라 번역되며 방대한 진리를 말씀
하신 것으로 비불나(毘佛略)이고, 열두 번째는 수기(授記)라고 번역되며 세존이
제자에게 미래에 성불할 것이라고 예언한 것으로 화가라(和伽羅) 등이다.
22) '상호(相好)'는 세존의 얼굴을 높여 부르는 불교적 용어이다.
23) '명호(名號)'는 부처님들이나 보살님들의 '이름'을 높여서 부르는 말을 뜻한다.

모든 부처님께서 세상에 출현하시어 네 종류의 법으로 중생을 제도(濟度)한다. 무엇이 네 종류 법인가? 첫째는 말로써 십이부경 (十二部經)을 말씀하시니 이것은 곧 법을 베풀어 중생들을 제도하는 것이고, 둘째는 모든 부처님께서 지니신 끝이 없는[無量] 찬란한 빛[光明]과 모습[相好]으로서 모든 중생들이 다만 마음을 꼭 붙잡아 관찰하면 이익을 얻지 못하는 일이 없으니 이것은 곧 몸의 업으로 중생들을 제도하는 것이며, 셋째는 끝이 없는 덕의 작용인 신통과 깨달음의 힘[道力]으로 온갖 변화를 일으켜서 이 신통력으로 중생들을 제도하는 것이고, 넷째는 모든 부처님께서 끝이 없는 명호(名號)가 있나니 총체적이든 개별적이든 어떤 중생이라도 마음을 꼭 붙잡아 명호를 (입으로) 외우고 (마음으로) 생각하면[稱念], 모든 장애를 제거하지 못하는 것이 없고 이익을 얻어 모두가 부처님 앞에 태어나기 때문에 곧 명호로써 중생들을 제도한다.[24]

라고 말씀하셨다.

2) 바른 수행법을 밝히다

計[25]今時衆生. 即當佛去世後第四五百年. 正是懺悔修福應稱佛名號時者. 若一念稱阿彌陀佛. 即能除卻八十億劫生死之罪. 一念旣爾. 況修常念. 即是恒懺悔人也.

지금 시대의 중생을 헤아려보건대, 즉 부처님께서 열반에 드신 지 제4의 오백년(2000년)이니 올바르게 참회하고 복을 닦으며, 마땅히

---

24) 『대방등대집경(大方等大集經)』의 전체적인 경전의 내용을 요약하여 인용하였으므로 본문과 일치하거나 비슷한 구절을 찾기 어렵다.

25) '계(計)'는 시작하는 말로써 '헤아려 생각하건대'의 뜻으로 번역한다.

부처님의 명호를 (입으로) 외우고 (마음으로) 생각할 때이다. 만약 오직 한 마음[一念]으로 아미타불을 부르면 곧 80억겁(億劫)의 태어남과 죽음 [生死]의 죄를 제거할 수 있다. 오직 한 마음[一念]도 이미 이와 같은데 하물며 항상 명호를 (입으로) 외우고 (마음으로) 생각하며 이와 같이 항상 참회하는 사람임에랴!

又若去聖近. 即前者修定修慧是其正學. 後者是兼. 如去聖已遠. 則後者 稱名是正. 前者是兼. 何意然者. 寔由衆生去聖遙遠. 機解浮淺暗鈍故也. 是以韋提[26]大士自爲. 及哀愍末世五濁[27]衆生輪迴多劫徒受痛燒故. 能 假遇苦緣諮開 出路豁然. 大聖[28]加慈勸歸極樂.

또한 만약 부처님이 열반하신 때가 얼마 되지 않았다면 앞의 사람들은 선정(禪定)을 닦고 지혜(智慧)를 닦는 것이 바르게 배우는 것이요, 뒤의 사람들은 선정과 지혜를 같이 수행하는 것이다. 만약에 부처님이 열반하

---

26) '위제(韋提)'는 부처님 당시의 중인도(中印度) 마가다국(摩竭陀國)의 빈비사라왕 (頻婆娑羅王)의 부인이며 아사세왕(阿闍世王)의 어머니이다. 인용문에서는 재가 자인 '위제희' 부인을 높여 권위를 부여하고자 대사(大士)로 지칭한 듯하다.

27) '오탁(五濁)'은 '오탁악세(五濁惡世)'의 줄임말이다. 오탁악세는 오탁으로 가득한 말세의 현상을 가리킨다. 구체적 내용은, 첫째는 겁탁(劫濁)으로 사람의 수명이 차례로 줄어들고 물의 재난으로 인해 기근이 계속 일어나며 악성 전염병이 유행하고 전쟁이 그칠 사이가 없어 사회악이 가득한 세상이고, 둘째는 견탁(見濁) 으로 말법시대에 이르러 부정한 사상의 탁함이 넘쳐흐르는 것을 말하며, 셋째는 번뇌탁(煩惱濁)으로 사람의 마음에 번뇌가 가득하여 흐려지는 것을 말하고, 넷째는 중생탁(衆生濁)으로 사람이 악한 행위만을 행하여 인륜과 도덕을 돌아보 지 않고 나쁜 결과를 두려워하지 않는 것을 말하며, 다섯째는 명탁(命濁)으로 사람의 수명이 점점 짧아져 가는 세상을 말한다.

28) '대성(大聖)'은 세존이 최고의 '성인(聖人)' 중에서 '성인'이신 것을 강조한 중국의 당시의 표현법을 뜻한다.

신 때가 오래되었다면 뒷사람은 명호를 외우는 것이 바른 것이고 앞사람
은 선정과 지혜를 같이 수행하는 것이다. 어떤 뜻에서 그러한가? 진실
[寔]로 부처님께서 열반하신 때가 멀고 오래된 것이 원인이 되어 중생의
근기가 게을러지고 (마음이) 들뜨며 천박해지고 (지혜가) 어두워지며
둔감(鈍感)해지는 까닭이다.

이러한 까닭으로 위제희 부인이 스스로를 위하고 또한 말법시대에
오탁악세의 중생들이 윤회하면서 수많은 겁 동안 헛되이 불에 타는
고통을 받는 것을 가엾이 여겨서 거짓으로 괴로운 인연을 만나 고통의
인연을 자세히 물음으로써 (윤회를) 벗어나는 길을 활연히 열었으며,
부처님께서는 자비스러운 가피력으로써 극락(정토)에 귀의하기를 권한
것이다.

> 若欲於斯進趣. 勝果難階. 唯有淨土一門. 可以情[29]惓趣入. 若欲披尋衆
> 典. 勸處彌多. 逐以採集眞言[30]助修往益. 何者. 欲使前生者導後. 後去
> 者昉前. 連續無窮願不休止, 爲盡無邊生死海故.

만약 더 나아가 수승한 과위[勝果]를 얻고자 하나 성취[階]가 어려울
때에는 오직 정토의 한 가지 수행[一門]으로 진실로 노력하면 얻을[趣入]
수 있다. 만약 많은 경전을 펼쳐 방법을 찾고자 한다면, 권장할 처방(處方)
이 이미 많이 있으므로 오로지 진실된 말씀을 찾고 수집하여 왕생을
수행하는 것을 돕는다면 이익이 된다. 왜냐하면 먼저 태어난 사람이
뒤에 (태어난) 사람을 이끌어주고 뒤에 오는 사람의 앞을 밝혀주며,

---

29) '情(정)'을 본 문장에서는 '사실' 또는 '진실'의 뜻으로 번역한다.
30) '진언(眞言)'은 '정토문'의 수행법과 일치하는 내용을 뜻한다.

연속적이고 끝이 없는 (부처님들께 가피의) 발원이 쉬거나 멈추지 않으면, 경계가 없는 태어남과 죽음의 바다를 벗어날 수 있기 때문이다.

제2항 설법(說法)의 방법을 밝히다

1) 개략 설명하다[略說]

第二據諸部大乘明說聽方軌者. 於中有六.

제2항에는, 대승의 모든 경전에 근거하여 설법하고 (법을) 듣는 방법을 밝히는 것에는 여섯 가지 (예시가) 있다.

2) 개별적으로 해석하다[別釋]

第一大集經31)云. 於說法者作醫王想作拔苦想. 所說之法作甘露想作醍醐32)想. 其聽法者作增長33)勝解34)想作愈病想. 若能如是. 說者聽者皆堪紹隆佛法常生佛前. 第二大智度論云. 聽者端視如渴飲. 一心入於語義中. 聞法踊躍35)心悲喜. 如是之人應爲說.

---

31) 『대방등대집경(大方等大集經)』을 줄여서 『대집경(大集經)』이라고 부르기도 한다.
32) '제호(醍醐)'란 세존의 숭고한 가르침을 우유제품에 비유하는 것으로 우유를 정제하면 유(乳)·낙(酪)·생소(生酥)·숙소(熟酥)·제호(醍醐)의 5가지 단계의 제품이 나오는데, 이 중에서 맛이 가장 좋은 제호에 비유한 말이다.
33) '증장(增長)'은 더욱 더 수행의 깊이를 높여가는 것을 뜻한다.
34) '승해(勝解)'는 진리를 확실하게 이해하여 굳게 믿는 마음을 뜻한다.
35) '용약(踊躍)'이란 매우 뛸 듯이 기뻐하는 모습을 가리킨다.

첫째는, 『대방등대집경』에서 말씀하셨다.

설법자는 (스스로) 의왕(醫王)36)이라고 생각하여 (모든) 고통을 없애주
겠다고 생각하며,37) 설법을 (스스로) 감로법(甘露法)이라 생각하고,
생각하여라. 그 법을 듣는 자는 (법의 이해를) 더욱 증가시켰고 확실하게
이해하였다고 생각하며 (고통의) 병이 치유되었다고 생각하여라. 만약
이와 같이 할 수 있다면 설법하는 자와 (법을) 듣는 자가 모두 깊이
부처님의 법을 계승하고 융성하게 하여 항상 부처님 앞에 왕생할
수 있을 것이다.38)

둘째는, 『대지도론』에서 말씀하셨다.

법을 듣는 사람은 매우 목마른 사람이 물을 갈망하듯이 (설법자를)
똑바로 바라볼 것이고, 한마음[一心]으로 설법의 뜻을 이해하려고 할
것이며, 법을 들으면 마음이 자비와 아주 기쁜 마음으로 매우 기뻐하여
뛸 듯이 좋아해야 할 것이다. 이와 같은 사람에게는 마땅히 법을 말해야
하느니라.39)

第三彼論又云. 有二種人. 得福無量無邊. 何等爲二. 一者樂說法人. 二
者樂聽法人. 是故阿難白佛言. 舍利弗目連. 何以所得智慧神通. 於聖弟

---

36) '의왕(醫王)'의 뜻은 부처님은 모든 중생들의 고통을 치유하여 준다는 의미에서
   의왕이라 비유하고 있다.
37) 『대방등대집경(大方等大集經)』의 전체적인 경전의 내용을 요약하여 인용하였으
   므로 본문과 일치하거나 비슷한 구절을 찾기 어렵다.
38) 『大方等大集經』大正藏 13, p.83上. 不動法界. 供養聖衆. 親近善友. 於諸菩薩作醫王想.
39) 『大智度論』大正藏 25, p.63中. 聽者端視如渴飮 一心入於語議中 踊躍聞法心悲喜
   如是之人應爲說.

子中最爲殊勝. 佛告阿難. 此之二人於因中時. 爲法因緣千里不難. 是故
今日最爲殊勝.

셋째는, 『대지도론』에서 또 말씀하셨다.

두 종류의 사람이 헤아릴 수 없는 많은 복을 얻는다. 무엇이 두 종류의
사람인가? 첫째는 설법하기를 좋아하는 사람이요, 둘째는 법을 듣기를
좋아하는 사람이다. 이러한 까닭으로 아난이 세존께 여쭈었다.
"사리불과 목건련은 무슨 까닭으로 얻은 지혜와 신통이 성스러운 제자
들 가운데 가장 뛰어납니까?"
부처님께서 아난에게 말씀하셨다.
"이 두 사람은 과거에 수행할 때 법을 (듣고자 하는) 인연을 위하여
천리(千里)를 (달려가는 것을) 어렵게 생각하지 않았다. 이러한 까닭으
로 지금에 가장 뛰어난 사람이 되었느니라."[40]

第四無量壽大經云. 若人無善本. 不得聞此經. 淸淨有戒者乃獲聞正法.
第五云. 曾更見世尊. 則能信此事. 奉事億如來. 樂聞如是敎.

넷째는 『불설무량수경』에서 말씀하셨다.

만약 선근[41]의 근본이 없으면 이 경전을 얻어 들을 수 없으며, 청정하며
계율을 지키는 자는 정법(正法)을 얻어 들을 수 있다.[42]

---

40) 『대지도론』의 전체적인 경전의 내용을 요약하여 인용하였으므로 본문과 일치하
거나 비슷한 구절을 찾기 어렵다.
41) '선근(善根)'은 온갖 좋은 과보를 받은 착한 행위를 일컫는다. 즉, 욕심 부리지
않고, 성내지 않고, 어리석지 않는 등의 처신을 뜻한다.
42) 『佛說無量壽經』大正藏 12, p.273上. 若人無善本 不得聞此經 淸淨有戒者 乃獲聞正法.

다섯째는, 『불설무량수경』에서 말씀하셨다.

> 일찍이 세존을 친견[43]하고 이러한 불사(청정하고 계율을 지키는 것)를
> 진실로 믿었으며 수많은 여래를 받들어 시봉(侍奉)[44]하였듯이 가르침
> 을 듣는 것을 즐겨야 한다.[45]

六無量淸淨覺經云. 善男子善女人. 聞說淨土法門. 心生悲喜. 身毛爲豎
如拔出者. 當知此人過去宿命已作佛道[46]也. 若復有人. 聞開說淨土法
門. 都不生信者. 當知此人始從三惡道[47]來. 殃咎未盡. 爲此無信向耳.
我說此人未可得解脫也. 是故無量壽大經云. 憍慢弊懈怠難以信此法.

여섯째는, 『불설무량청정평등각경』에서 말씀하셨다.

> 선남자와 선여인이 정토의 법문을 말씀하는 것을 듣고, 마음에 자비와
> 아주 기쁜 마음이 생겨나면 몸의 털이 곤두서고 털을 뽑히는 것과
> 같은 (느낌일) 것이다. 마땅히 알지니라. 이 사람은 과거세에 이미
> 불법(佛法)을 수행했었느니라.
> 만약 다시 어떤 사람이 있는데 정토의 법문을 듣고서도 (의심하여)
> 조금도 믿음이 없는 자는 처음부터 삼악도에서 (이 세상으로) 태어났으
> 므로 재앙과 허물이 아직 끝나지 않아서 믿음이 없고 (진리를) 향한
> 믿음이 전혀 없다. 나는 "이 사람은 아직 전혀 해탈을 얻지 못할 것이

---

43) '친견(親見)'이란 스스로 법력이나 덕이 높으신 분을 친히 찾아뵈는 것을 뜻한다.

44) '시봉(侍奉)'은 스승이나 덕이 높은 스님을 가까이 모시고 시중드는 일을 뜻한다.

45) 『佛說無量壽經』大正藏 12, p.273中. 曾更見世尊. 則能信此事. 謙敬聞奉行 踊躍大歡喜.

46) '불도(佛道)'란 '진리의 깨달음'에 도달할 수 있는 수행을 뜻한다.

47) '삼악도(三惡道)'란 나쁜 업이 원인이 되어 죽은 뒤에 과보를 받는 것으로 지옥·아
귀·축생을 말한다.

다.”48)고 말한다.

이러한 까닭으로 『불설무량수경』에서

　　교만하고 폐쇄(閉鎖)적이며 게으른 사람은 이 법을 믿기 어렵다.49)

라고 말씀하셨다.

제3항 발심(發心)과 부처님께 공양[供佛]함을 밝히다

第三據大乘聖敎明衆生發心久近供佛多少者. 如涅槃經云. 佛告迦葉菩
薩,50) 若有衆生. 於熙連51)半恒河沙52)等諸佛所. 發菩提心. 然後乃能於
惡世中. 聞是大乘經典. 不生誹謗. 若有於一恒河沙等佛所. 發菩提心.
然後乃能於惡世中. 聞經不起誹謗. 深生愛樂. 若有於二恒河沙等佛所.
發菩提心. 然後乃能於惡世中. 不謗是法. 正解信樂受持53)讀誦. 若有於
三恒河沙等佛所. 發菩提心. 然後乃能於惡世中. 不謗是法. 書寫經卷.
雖爲人說. 未解深義. 何以故. 須如此敎量者. 爲彰今日座下聞經者. 曾
已發心供養多佛也.

---

48) 『불설무량청정평등각경(佛說無量淸淨平等覺經)』의 전체적인 경전의 내용을 요
　　약하여 인용하였으므로 본문과 일치하거나 비슷한 구절을 찾기 어렵다.

49) 『佛說無量壽經』 大正藏 12, p.273中. 憍慢弊懈怠 難以信此法.

50) '가섭보살(迦葉菩薩)'은 부처님의 십대제자인 '가섭존자'를 높이는 표현법이다.

51) '희련(熙連)'이란 '니련선하(尼連禪河)'라고 말한다. 부처님 당시 마가다국(摩竭陀
　　國)의 동쪽에 북으로 흐르는 중인도의 강으로 현재 네란자라 강을 가리킨다.

52) '항하(恒河)'는 인도의 갠지스 강을 말한다. '항하사'는 '항하의 모래'라는 뜻으로

제3항은 대승의 성스러운 가르침에 의거하여 중생의 발심이 오래되고
가까운 것과 부처님께 공양의 많고 적은 것에 대해서 밝힌다.
『대반열반경』에서 말씀하셨다.

부처님께서 가섭보살에게 말씀하셨다.
"만약 어떤 중생이 일찍이 니련선하(尼連禪河)와 항하사(恒河沙) 등과
같이 (셀 수 없는) 많은 부처님 처소에서 보리심을 일으킨 후에는
능히 악한 세상 중에서 대승경전을 들으면 비방하는 마음을 일으키지
않는다. 만약 한 번만이라도 항하사 등과 같이 많은 부처님들의 처소에
서 보리심을 일으킨 후에는 악세 중에서도 경전을 들으면 비방하지
않고 (오히려) 깊이 즐거움을 일으킨다. 만약 두 번만이라도 항하사
등과 같이 많은 부처님들의 처소에서 보리심을 일으킨 후에 악세
중에서도 경전을 비방하지 않으며, 올바르게 이해하고 믿음을 즐거워
하며 경전을 수지하고 읽고 (마음속으로) 외운다. 만약 세 번만이라도
항하사 등과 같이 많은 부처님 처소에서 보리심을 일으킨 후에 악세
중에서도 경전을 비방하지 않으며, 경전을 사경하고 남을 위하여 말할
지라도 (듣는 자는) 깊은 이치를 이해하지는 못한다. 왜 그러한가?
비록 이와 같이 오늘 앉은 자리에서 경전을 듣고 (이치를) 교학으로
헤아리고자 할지라도 과거에 이미 마음을 일으켜[發心] 많은 부처님들
께 공양을 올렸기 때문이다."[54]

'무한(無限)히 많은 수량'을 일컫는다.

53) '수지(受持)'란 처음에 믿음의 힘으로 받아들여 마음에 두는 것을 '수(受)'라
   하고, 끝에 가서는 염력(念力)으로 기억하여 잊지 않는 것을 '지(持)'라고 한다.

54) 『大般涅槃經』大正藏 12, p.398下. 爾時佛讚迦葉. 善哉善哉. 善男子. 汝今善能問如是義.
   善男子. 若有衆生於熙連河沙等諸佛所發菩提心. 乃能於是惡世受持如是經典不生誹謗.
   善男子. 若有能於一恒河沙等諸佛世尊發菩提心. 然後乃能於惡世中不謗是法愛樂是典.
   不能爲人分別廣說. 善男子. 若有衆生於二恒河沙等佛所發菩提心. 然後乃能於惡世中
   不謗是法. 正解信樂受持讀誦亦不能爲他人廣說. 若有衆生於三恒河沙等佛所發菩提心.

又顯大乘經之威力不可思議. 是故經[55])云. 若有衆生. 聞是經典. 億百千
劫不墮惡道. 何以故. 是妙經典所流布處. 當知其地卽是金剛. 是中諸人
亦如金剛. 故知聞經生信者. 皆獲不可思議[56])利益也.

또한 대승경전은 마음으로 헤아릴 수 없는 위력을 나타낸다. 이러한
까닭으로 『대반열반경』에서 말씀하셨다.

만약 어떤 중생이 이 경전을 들으면 억백천 겁 동안 악도에 떨어지지
않는다. 왜 그러한가? 이 현묘한 경전이 유포되는 곳은 그 땅이 곧
금강(金剛)이 되고 그 곳의 사람들도 금강과 같아지는 것을 마땅히
알지니라. 그러므로 이 경을 듣고 알아 신심을 내는 자는 모두 마음으로
헤아릴 수 없는 이익을 얻는 것을 마땅히 알지니라.[57])

然後乃能於惡世中不謗是法. 受持讀誦書寫經卷雖爲他說未解深義. 何以故 須如此敎量
者. 爲彰今日座下聞經者. 曾已發心供養多佛也.

55) '고경(故經)'은 『대반열반경(大般涅槃經)』을 가리킨다.

56) '불가사의(不可思議)'는 사람의 판단력으로는 헤아릴 수 없고 의논하는 것이
불가능한 세계를 일컫는다.

57) 본문과 일치하지 않으나 비슷한 구절이 있다.『大般涅槃經』大正藏 12, p.389中.
是大涅槃微妙經典所流布處. 當知其地卽是金剛. 是中諸人亦如金剛. 若有能聽如是經
者. 卽不退轉於阿耨多羅三藐三菩提. 隨其所願悉得成就如我今日所可宣說. 汝等比丘
應善受持. 若有衆生不能聽聞如是經典. 當知是人甚可憐愍. 何以故. 是人不能受持如是
大乘經典甚深義故何以故. 是人不能.

제4항 종지(宗旨)가 다른 것을 밝히다

1) 경전을 인용하다

第四次辨諸經宗旨不同者. 若依涅槃經.[58] 佛性爲宗. 若依維摩經.[59] 不可思議解脫爲宗. 若依般若經.[60] 空慧爲宗. 若依大集經.[61] 陀羅尼爲宗.

제4항은 다음으로 모든 경의 종지가 같지 않음을 분별한다. 『대반열반경』에 의거하면 불성(佛性)을 종지로 삼았고, 『유마힐소설경』에 의거하면 불가사의(不可思議) 해탈을 종지로 삼았으며, 『대반야바라밀다경』에 의거하면 공혜(空慧)를 종지로 삼았고, 『대승대집경』에 의거하면 다라니를 종지로 삼았다.

2) 경전(經典)의 종지(宗旨)를 밝히다

今此觀經以觀佛三昧爲宗. 若論所觀.[62] 不過依正二報.[63] 如下依諸觀所辨. 若依觀佛三昧經云. 佛告父王. 諸佛出世有三種益. 一者口說十二部經. 法施利益. 能除衆生無明暗障. 開智慧眼. 生諸佛前早得無上菩提. 二者諸佛如來有身相光明無量妙好. 若有衆生稱念觀察. 若總相若別

---

58) 『大般涅槃經集解』大正藏 17, p.383中. 諸經所不論者. 其旨有三. 何者. 一曰常住. 二曰一體三寶. 三曰衆生悉有佛性. 然常住是經之正宗.

59) 『注維摩詰經』大正藏 38, p.327下. 其教緣既畢將返妙喜. 故欲顯其神德以弘如來不思議解脫之道.

60) 『대반야바라밀다경(大般若波羅蜜多經)』을 줄여서 『반야경(般若經)』이라고 한다.

61) 『대방등대집경(大方等大集經)』을 줄여서 『대집경(大集經)』이라고 한다.

相. 無問佛身現在過去. 皆能除滅衆生四重[64]五逆.[65] 永背三途. 隨意所
樂. 常生淨土. 乃至成佛.

지금 이 『불설관무량수경』은 관불삼매로써 종지를 삼는다. 만약 관법(觀法)
을 논하면 의보(依報)와 정보(正報)의 두 가지에 불과하므로 아래의 여러
관법에 의거하여 분별하겠다. 『불설관불삼매해경』에서 말씀하셨다.

부처님께서 부왕[정반왕(淨飯王)]께 말씀하셨다.
"모든 부처님이 세상에 출현하시면 세 가지 이익이 있습니다. 첫째는
말로써 십이부경을 말씀하시어 법을 베푸는 이익이 있고 능히 중생의

---

62) 원효의 『무량수경종요(無量壽經宗要)』에서는 '관(觀)'의 방법으로 첫째는 하늘나
라 의보(依報)의 장엄한 모습을 관하는 것과, 둘째는 보살의 정보(正報)의 수승함
을 관하는 것의 두 가지가 있다고 서술되어 있다. 또한 '관'은 전념으로 관찰하는
일, 즉 삼매를 의미하고, 그것은 문혜(聞慧)나 사혜(思慧)이지 수혜(修慧)에 이르지
못했다고 한다.

63) '정보(正報)'는 과거에 지은 업인에 따라 받는 과보이며, '의보(依報)'는 우리들의
몸과 마음에 따라 존재하는 국토·가옥·의복·동식물 등의 주위 환경을 가리킨다.

64) '사중(四重)'은 '사중죄(四重罪)'의 줄임말로 네 가지의 큰 죄를 뜻한다. 생명을
죽이는 것(殺生)·훔치는 것(偸盜)·사음하는 것(邪淫)·거짓말 하는 것(妄語) 등을
가리킨다.

65) '오역(五逆)'은 '오역죄(五逆罪)'의 줄임말이다. 오역죄에 대해서는 소승과 대승의
견해에 차이가 있다. 소승의 오역죄는 첫째는 어머니를 죽이는 것이고, 둘째는
아버지를 죽이는 것이며, 셋째는 아라한을 죽이는 것이고, 넷째는 부처님의
몸에 피를 흘리게 하는 것이며, 다섯째는 화합 승가를 깨트리는 것 등이다.
대승의 오역죄는 첫째는 탑과 절을 파괴하고 경전과 불상을 불태우고 삼보의
물건을 훔치고 혹은 그와 같은 일을 남에게 시키거나 그러한 행위를 보고
기뻐하는 것이고, 둘째는 성문, 연각, 대승의 법을 비방하는 것이며, 셋째는
출가자가 불법을 닦는 것을 비방하고, 혹은 그를 죽이는 것이고, 넷째는 소승의
오역죄 중 하나를 범하는 것이며, 다섯째, 모든 업보는 없다고 생각하여 십악을
행하고 후세를 두려워하지 않으며, 다른 사람에게 그런 행위를 가르치는 것
등이다.

무명과 보이지 않는 장애를 제거하여 지혜의 눈을 뜨게 하여 모든 부처님 전에 왕생하여 일찍이 무상보리(무상정등각, 즉 아뇩다라삼막삼보리를 뜻함)를 증득하게 합니다."

"둘째는 모든 부처님께서는 몸과 상호에 광명과 헤아릴 수 없는 미묘함이 있으니 만약 어떤 중생이 찬탄하고, 혹은 총체적 모습이나 별개의 모습으로 관찰한다면, 현재와 과거의 부처님의 모습을 물을 필요도 없이 모든 중생의 사중죄와 오역죄를 모두 제거하여 영원히 삼악도를 벗어나며 따르는 뜻은 평안하고 항상 정토에 왕생하며 더 나아가서는 성불합니다."[66]

三者今勸父王行念佛三昧. 父王白佛. 佛地果德眞如[67]實相第一義空.[68] 何因不遣弟子行之. 佛告父王. 諸佛果德有無量深妙境界神通解脫. 非是凡夫所行境界. 故勸父王行念佛三昧. 父王白佛. 念佛之功其狀云何. 佛告父王. 如伊蘭林[69]方四十由旬.[70] 有一科牛頭栴檀.[71] 雖有根牙. 猶未出土. 其依蘭林唯臭無香. 若有噉其花果. 發狂而死. 後時栴檀根牙漸漸生長. 纔欲成樹. 香氣昌盛逐能改變此林. 普皆香美. 衆生見者皆生希有心.

---

66) 『불설관불삼매해경(佛說觀佛三昧海經)』에 본문과 일치하지 않으나 비슷한 구절이 있다.
  『佛說觀佛三昧海經』 大正藏 15, p.647中. 云何名爲觀諸佛境界. 諸佛如來出現於世. 有二種法以自莊嚴. 何等爲二. 一者先說十二部經. 令諸衆生讀誦通利. 如是種種名爲法施. 二者以妙色身. 示閻浮提及十方界. 令諸衆生見佛色身具足莊嚴. 三十二相八十種隨形好. 無缺減相. 心生歡喜. 觀如是相因何而得. 皆由前世百千苦行. 修諸波羅蜜及助道法而生此相.

67) '진여(眞如)'는 우주 만물의 본질적인 실체로서, 현실적이고 평등하고 무차별한 절대의 진리를 가리킨다.

68) '제일의공(第一義空)'은 '십팔공(十八空)'의 하나로 분별을 끊고 대상을 있는 그대

셋째는 지금 부왕에게 염불삼매를 수행하도록 권장하니 부왕이 부처님
께 여쭈었다.

"부처님 지위[佛地]의 덕의 결과[果德]는 진여의 실체적인 모습인 제일
의공(第一義空)입니다. 어찌하여 제자(정반왕)로 하여금 수행하게 하지
않습니까?"

부처님께서 부왕에게 말씀하셨다.

"모든 부처님의 공덕은 헤아릴 수 없이 많고 매우 미묘한 신통한
경계와 해탈이 있어 범부가 닦는 경계가 아닙니다. 그러므로 부왕께
염불삼매의 수행을 권하는 것입니다."

부왕이 부처님께 여쭈었다.

"염불한 공덕의 상태는 어떠합니까?"

부처님께서 부왕에게 말씀하셨다.

"마치 정사각형의 40유순의 이란림 숲에 한 그루의 우두전단 나무가
있는데 비록 뿌리와 싹은 있더라도 아직 흙 밖으로 나오지 않아서
그 이란림은 오로지 악한 냄새만 있고 향기가 없습니다. 만약 그 꽃과
과일을 먹는 자가 있으면 발광(發狂)하여 죽습니다. 후에 전단의 뿌리와
싹이 점점 성장하여 비로소 전단목이 되면 향기가 창성하여 드디어
숲을 변하게 합니다. 널리 전단향 숲을 이루고 숲에 향기를 풍기므로
중생들이 이를 보고 모두 아주 기쁜 마음[希有心]을 일으키는 것과
같습니다."[72]

로 파악하는 상태를 뜻한다. 즉, 부처의 성품인 지혜의 경지인 열반을 가리킨다.

69) '이란림(伊蘭林)'은 인도의 자생 식물로 악취가 심한 식물의 한 종류의 이름이다.

70) '유순(由旬)'은 고대 인도의 거리의 단위로, 소달구지가 하루에 갈 수 있는
거리로써 약 8km로 계산한다.

71) '우두전단(牛頭栴檀)'은 전단향나무 가운데에서 최상의 품질을 지닌 향나무를
가리킨다.

72) 『佛說觀佛三昧海經』大正藏 15, p.646上. 復次父王. 譬如伊蘭俱與栴檀. 生末利山.
牛頭栴檀生伊蘭叢中. 未及長大. 在地下時芽莖枝葉. 如閻浮提竹筍. 衆人不知. 言此山中

佛告父王. 一切衆生在生死中念佛之心亦復如是. 但能繫念不止. 定生
佛前. 一得往生. 卽能改變一切諸惡. 成大慈悲. 如彼香樹改依蘭林. 所
言伊蘭林者. 喩衆生身內三毒[73]三障[74]無邊重罪. 言栴檀者. 喩衆生念
佛之心. 纔欲成樹者. 謂一切衆生但能積念不斷. 業道成辦也.

부처님께서 부왕에게 말씀하셨다.

"모든 중생들이 태어남과 죽음 속에서 염불하는 마음도 이와 같으니,
단지 염불을 전념하여 멈추지 아니하면 결국 부처님 앞에 왕생합니다.
한번 왕생하면 곧 바로 일체의 모든 악을 고치고 변화시켜 대자비를
이루니 저 우두전단 나무가 이란림의 숲을 변화시키는 것과 같습니다.
이미 말씀드린 이란림이란 중생의 몸 안에 있는 삼독심과 세 가지
장애의 경계가 없는 무거운 죄를 비유한 것이요, 우두전단 나무라고
하는 것은 중생이 염불하는 마음을 비유한 것입니다. (또한) 비록 느리게
나무로 성장한다는 것은, 일체중생이 다만 끊임없이 마음을 모아 (염불
수행을) 계속하여 깨달음[道]을 이루기 위해 노력하는 것을 (비유)합니
다."[75]

純是伊蘭無有栴檀. 而伊蘭臭. 臭若逢屍薰四十由旬. 其華紅色甚可愛樂. 若有食者發狂
而死. 牛頭栴檀雖生此林未成就故. 不能發香. 仲秋月滿卒從地出成栴檀樹. 衆人皆聞牛
頭栴檀上妙之香. 永無伊蘭臭惡之氣. 佛告父王. 念佛之心亦復如是. 以是心故能得三種
菩提之根.

73) '삼독(三毒)'은 근본적인 세 가지 번뇌로써 욕심[貪慾]·성내는 것[瞋恚]·어리석음
[愚癡]을 뜻하며 줄여서 탐·진·치라고 한다.

74) '삼장(三障)'은 청정한 수행에 방해가 되는 세 가지 장애를 가리킨다. 첫째는
끊임없이 일어나는 번뇌에 의한 장애인 번뇌장(煩惱障)이고, 둘째는 아버지를
죽이거나 어머니를 죽이거나 아라한을 죽이거나 승가의 화합을 깨트리거나
부처의 몸에 피를 나게 하는 등의 오역죄를 저지른 장애인 업장(業障)이며,
셋째는 악한 행위를 저지른 과보로 받은 지옥·아귀·축생 등의 생존으로 인해
청정한 수행을 할 수 없는 장애인 이숙장(異熟障)등을 가리킨다.

75) 『佛說觀佛三昧海經』에는 위의 구절을 찾기 어렵다. 그러므로 도작이 본 구절을

問曰. 計一切衆生念佛之功亦應一切可知. 何因一念之力能斷一切諸
障. 如一香樹改四十由旬伊蘭林. 悉使香美也. 答曰. 依諸部大乘顯念佛
三昧功能不可思議也. 何者. 如華嚴經云. 譬如有人用師子筋以爲琴絃.
音聲一奏. 一切餘絃悉皆斷壞. 若人菩提心中行念佛三昧者. 一切煩惱
一切諸障悉皆斷滅. 亦如有人搆取牛羊驢馬一切諸乳置一器中. 若持師
子乳一渧投之. 直過無難. 一切諸乳悉皆破壞變爲淸水[76]. 若人但能菩
提心中行念佛三昧者. 一切惡魔諸障直過無難.

묻는다. 모든 중생의 염불의 공덕을 헤아리면 역시 마땅히 일체(염불의
공덕)를 알 수 있을 것이다. 어떤 인연의 한 마음[一念]의 힘으로써
마치 한 그루의 우두전단 나무가 사십 유순이나 되는 이란림을 바꾸어
모두 향기롭고 아름답게 변화시키는 것과 같이 일체의 모든 장애를
끊을 수 있는가?

답하다. 많은 부류의 대승경전을 의거하여 염불삼매의 효과[功能]가
마음으로 헤아릴 수 없는 것을 밝히겠다. 어떤 것인가? 『대방광불화엄
경』에서 말씀하셨다.

비유하면 어떤 사람이 사자의 힘줄로 거문고의 줄을 만들어서 소리를
한번 연주하면 나머지의 모든 연주소리를 끊고 무너뜨린다.[77] 만약
어떤 사람이 보리심 가운데서 염불삼매를 수행하면 일체의 번뇌와
일체의 장애를 모두 끊고 무너뜨린다.

첨가하여 논리를 완성하고자 노력했던 것으로 보인다.

76) 송(宋)의 종효(宗曉)가 찬술한 『낙방문류(樂邦文類)』 大正藏 47권에서 『보왕론(寶王
論)』을 참고하여 찬집하였다고 기록하고 있으므로 도작 스님이 인용할 때
오류를 범한 듯하다.

77) 『大方廣佛華嚴經』 大正藏 10, p.828下. 譬如有人以師子筋而爲樂絃. 其音旣奏.

또 어떤 사람이 만약 소·양·당나귀·말의 젖을 짜서 한 그릇에 담아두고
서 사자의 젖을 한 방울 떨어뜨리면 어려움 없이 곧 스며들어[直過]
모든 젖을 파괴하여 맑은 물로 변하게 한다.78) 만약 어떤 사람이 다만
능히 보리심을 일으켜 염불삼매를 수행하면 모든 악한 마구니79)와
모든 장애의 어려움들을 곧바로 극복한다[直過].

> 又彼經云. 譬如有人持翳身藥處處遊行.80) 一切餘人不見是人. 若能菩
> 提心中行念佛三昧者. 一切惡神一切諸障不見是人. 隨所詣處無能遮障
> 也. 何故能爾. 此念佛三昧卽是一切三昧中王故也.

또한 『대방광불화엄경』에서 말씀하셨다.

비유하면 어떤 사람이 몸에 약을 숨겨 가지고 여러 처소를 유행(遊行)하
게 되면, 모든 다른 사람들이 이 사람의 (약을) 볼 수 없는 것과 같다.81)

만약 능히 보리심을 일으켜 염불삼매를 수행하면 모든 악신(惡神)과
모든 장애가 이 사람을 보지 못한다. 따라서 (수행을) 계속하는 것에
막히고 장애되는 것이 없다. 어떠한 까닭으로 이러한가? 이 염불삼매는
바로 이 모든 삼매 가운데 (삼매의) 왕(王)이기 때문이다.

---

78) 『樂邦文類』 大正藏 47, p.234中. 取牛羊驢馬諸乳置一器中. 若將師子乳一渧投之. 一切
　　諸乳悉化爲水. 若人於菩提心行念佛三昧. 一切惡魔諸障直過無難(見寶王論).
79) 깨달음을 향한 수행을 방해하는 존재들이나 모든 요소들을 뜻한다.
80) '유행(遊行)'은 스님들이 여러 장소를 돌아다니면서 중생을 교화하거나 수행하는
　　것을 가리킨다.
81) 『大方廣佛華嚴經』 大正藏 9, p.777中. 譬如有人執翳身藥. 一切衆生所不能見.

제5항 모든 경전의 명칭이 다른 것을 밝히다 [82)
(제5항과 제6항은 개요에서만 밝혔다)

제6항 법을 말하는 자의 차별을 헤아려 핵심을 찾는다 [83)

제7항 삼신(三身)과 삼토(三土)의 뜻을 밝히다

1) 의미를 풀이하다

第七略明三身[84)三土[85)義. 問曰.

今現在阿彌陀佛是何身. 極樂之國是何土. 答曰. 現在彌陀是報佛. 極樂
寶莊嚴國是報土. 然古舊相傳皆云. 阿彌陀佛是化身. 土亦是化土. 此爲
大失也. 若爾者. 穢土[86)亦化身所居. 淨土亦化身所居者. 未審如來報身
更依何土也.

---

82) 논증의 예시가 원문에서 누락되어 내용을 알 수 없다.

83) 논증의 예시가 원문에서 누락되어 내용을 알 수 없다.

84) '삼신(三身)'은 세존을 세 가지 모습으로 중생들이 이해할 수 있도록 표현한
    방법이다. 첫째는 진리 그 자체, 또는 진리를 있는 그대로 드러낸 우주 그
    자체인 '법신(法身)'으로 비로자나불로 표현되고, 둘째는 중생을 위해 서원을
    세우고 거듭 수행한 결과로 깨달음을 성취하신 부처님들인 '보신(報身)'으로
    아미타불과 약사여래 등으로 표현되며, 셋째는 때와 장소와, 중생의 능력이나
    소질에 따라 나타나 중생을 구제하는 부처님 '응신(應身), 또는 화신(化身)'으로
    석가모니불을 포함한 과거칠불 등으로 표현된다.

제7항은 간략하게 삼신과 삼토의 뜻을 밝힌다. 묻는다. 현재 머무르고 있는 아미타불은 어떠한 (부처님의) 몸(身)이시며, 극락세계(정토세계)는 어떠한 국토인가?

답하다. 현재의 아미타불은 보신불이시고, 보배로써 장엄된 극락세계는 보신불의 국토이니라. 그러나 예로부터 전해져오는 말에 의하면[87] "아미타불은 화신불(化身佛)이시고 국토도 또한 화신불의 국토이다." 이것은 큰 착오(大失)이다. 만약에 그렇다면 예토(穢土)에도 또한 화신불께서 머무르시고 정토(淨土)도 또한 화신불이 머무르신다면, 그렇다면 (아미타불의) 여래인 보신불은 다시 어느 국토를 의지하여 머무시는 것인지 알 수가 없기 때문이다.

今依大乘同性經辨定報化淨穢者. 經云. 淨土中成佛者悉是報身. 穢土中成佛者悉是化身. 彼經云. 阿彌陀如來. 蓮華開敷星王如來. 龍主王如來. 寶德如來等諸如來. 淸淨佛刹. 現得道者. 當得道者. 如是一切皆是報身佛也.

지금 『대승동성경』에 의거하여 결정적으로 보신·화신과 정토·예토를 분별한다. 이 『대승동성경』에서 말씀하셨다.

정토에서 성불하면 모두가 보신불이고, 예토에서 성불하면 모두가

---

85) '삼토(三土)'는 삼신불이 상주하는 세 가지의 부처님들의 국토이다. 첫째는 법신불이 상주하는 '법성토(法性土)'이고, 둘째는 보신불이 상주하는 '수용토(受用土)'이며, 셋째는 화신불이 상주하는 '변화토(變化土)'를 뜻한다.
86) '예토(穢土)'는 중생들이 살고 있는 미혹되고 고통이 가득한 세계를 뜻하며, 정토와는 반대의 세계를 뜻한다.
87) 본 문장이 구체적으로 누구를 지칭하는지 알기 어렵다.

화신불이다.88)

또 이 『대승동성경』에서 말씀하셨다.

아미타여래(阿彌陀如來)·연화개부성왕여래(蓮華開敷星王如來)·용주
왕여래(龍主王如來)·보덕여래(寶德如來) 등의 모든 여래와 청정한 부처
님들의 국토에서 현재 깨달음을 얻는 자와 미래에 깨달음을 얻을
자는 모두 보신불이다.89)

何者如來化身. 由如今日踊步健如來. 魔恐怖如來. 如是等一切如來. 穢
濁世中. 如現成佛者. 當成佛者. 從兜率下. 乃至住持90)一切正法一切像
法一切末法. 如是化事皆是化身佛也. 何者如來法身. 如來眞法身者. 無
色無形無現無著. 不可見. 無言說. 無住處. 無生無滅. 是名眞法身義也.

무엇이 화신불인가?

이와 같이 지금의 용보건여래(踊步健如來)·마공포여래(魔恐怖如來) 등
과 같은 모든 부처님들은 현재에 예토의 혼탁한 세계 가운데에서
깨달음을 이루신 부처님들이시다. 미래에 깨달음을 이루실 부처님들은

---

88) 『大乘同性經』大正藏 16, p.651下. 如汝今日見我現諸如來淸淨佛利現得道者當得道者.
如是一切卽是報身. 海妙深持自在智通菩薩復問佛言. 世尊. 何者名爲如來應身. 佛言.
善丈夫. 猶若今日踊步揵如來. 魔恐怖如來. 大慈意如來. 有如是等一切彼如來. 穢濁世中
現成佛者當成佛者. 如來顯現從兜率下. 乃至住持一切正法一切像法一切末法. 善丈夫.
汝今當知. 如是化事皆是應身.

89) 『大乘同性經』大正藏 16, p.651下. 如汝今日見我現諸如來淸淨佛利現得道者當得道者.
如是一切卽是報身.

90) '주지(住持)'는 진리의 법으로써 세상을 교화하며 머무르는 것을 가리킨다.

도솔천에서 하생하실 (미륵) 부처님을 쫓아 모든 정법·모든 상법·모든 말법의 시절에 (예토에) 머무르며 교화하는 불사를 행(行)하므로 이와 같은 부처님들은 모두 화신불이다.[91]

무엇이 여래의 법신인가? 여래의 진실한 법신은 빛깔이 없고, 형상이 없으며, 나타남도 없고, 집착하는 모양이 없으며, 볼 수도 없고, 말로써 표현할 수도 없으며, 머무르는 처소도 없고, 태어나고 죽음도 없다. 이것을 진실한 법신이라고 이름한다.

2) 여러 경전을 이용하여 묻고 답하다

(1)『관세음보살수기경』의 문답

問曰. 如來報身常住. 云何觀音授記經云. 阿彌陀佛入涅槃後. 觀世音菩
薩次補佛處也.

묻는다. 여래의 보신은 항상 머무른다고 하는데 어찌하여『관세음보살수기경』에서 말씀하시기를, '아미타불이 열반한 후에 관세음보살이 (아미타불을) 이어받아 극락세계의 부처님이 되신다.'고 말하는가?[92]

---

91) 『大乘同性經』大正藏 16, p.651下. 猶若今日踊步揵如來. 魔恐怖如來. 大慈意如來.
有如是等一切彼如來. 穢濁世中現成佛者當成佛者. 如來顯現從兜率下. 乃至住持一切
正法一切像法一切末法.

92) 『觀世音菩薩授記經』大正藏 12, p.357上. 善男子. 阿彌陀佛正法滅後. 過中夜分明相出
時. 觀世音菩薩. 於七寶菩提樹下. 結加趺坐成等正覺. 號普光功德山王如來應供正遍知
明行足善逝世間解無上士調御丈夫天人師佛世尊.

答曰. 此是報身. 示現隱沒[93]相. 非滅度[94]也. 彼經云. 阿彌陀佛入涅槃後.
復有深厚善根衆生. 還見如故. 卽其證也. 又寶性論[95]云. 報身有五種相.
說法及可見. 諸業不休息及休息隱沒. 示現不實體. 卽其證也.

답한다. 이것은 보신불로서 잠시 모습을 감추는 것처럼 보여주는 것이지
열반하는 것이 아니다. 이『관세음보살수기경』에서 말씀하셨다.

아미타불이 열반하신 후에 다시 신심이 깊은 선근을 갖춘 중생이
있으면 도리어 (아미타불을) 볼 수 있는 까닭이다.[96]

고 하였으니 이것으로 증명할 수 있다.
또『구경일승보성론』에서 말씀하셨다.

보신불은 다섯 가지 모습이 있으니 설법하는 것, 볼 수 있는 것, 모든
업에 휴식이 없는 것, 휴식하는 것을 드러내지 않는 것, 실체를 드러내지
않는 것 등이다.[97]

고 하였으니 이것으로써 증명할 수 있다.

---

93) '은몰(隱沒)'은 흩어져 없어지듯이 자취를 감추는 상태를 뜻한다.
94) '멸도(滅度)'의 어원은 '생명의 불이 꺼진 상태인 죽음'을 의미하여 멸도·적멸
등으로 번역되었다. 처음에는 세존의 육체적인 죽음을 의미했기 때문이다.
후에 비유하여 '산란하면서 타오르는 번뇌의 불을 완전히 끄고, 깨달음에 들어간
경지'라는 뜻으로 열반의 의미로 사용되고 있다.
95)『究竟一乘寶性論』을 줄여서『寶性論』이라 부르기도 한다.
96)『觀世音菩薩授記經』大正藏 12, p.354上. 善男子善女人. 成善根者. 聞其說法得是三昧.
又願見彼安樂世界阿彌陀佛.
97)『究竟一乘寶性論』大正藏 31, p.843上. 略說有五種 說法及可見 諸業不休息 及休息隱沒.

> 問曰. 釋迦如來報身報土在何方也. 答曰. 涅槃經云. 西方去此四十二恆
> 河沙佛土有世界. 名曰無勝. 彼土所有莊嚴亦如西方極樂世界. 等無有
> 異. 我於彼土出現於世. 爲化衆生故來在此娑婆國土. 非但我出此土. 一
> 切如來亦復如是. 卽其證也.

묻는다. 석가세존의 보신과 보신의 국토는 어느 곳에 있습니까?
답한다. 『대반열반경』에서 말씀하셨다.

> 서방으로 가면 42항하사(恒河沙)의 부처님 국토의 세계가 있으니 이
> 세계의 이름은 무승(無勝)이며, 저 국토에 장엄된 것은 또한 서방정토의
> 극락세계와 같았다. 바로 내가 저 국토에서 세상에 출현하였으나 중생
> 을 교화하기 위하여 이 사바세계의 국토로 와서 있는 것이며 나 혼자만
> 이 이 사바세계에 온 것이 아니라 모든 부처님들도 또한 다시 이와
> 같으니라.98)

고 하였으니 이것으로 증명할 수 있다.

(2) 『아미타고음성왕다라니경』의 문답

> 問曰. 鼓音經99)云. 阿彌陀佛有父母. 明知非是報佛報土也. 答曰. 子但
> 聞名. 不究尋經旨. 致此疑可謂錯之毫毛. 失之千里. 然阿彌陀佛亦具三
> 身. 極樂出現者. 卽是報身. 今言有父母者. 是穢土中示現化身父母也.

98) 『大般涅槃經』大正藏 12, p.508下. 西方去此娑婆世界度三十二恒河沙等諸佛國土. 彼有
世界名曰無勝. 彼土何故名曰無勝. 其土所有嚴麗之. 事皆悉平等無有差別. 猶如西方安
樂世界. 亦如東方滿月世界. 我於彼土出現於世. 爲化衆生故. 於此界閻浮提中現轉法輪.
非但我身獨於此中現轉法輪. 一切諸佛亦於此中而轉法輪. 以是義故.

亦如釋迦如來. 淨土中成其報佛. 應來此方示有父母. 成其化佛. 阿彌陀
佛亦復如是.

묻는다. 『아미타불고음성왕다라니경』에서 말씀하셨다.

  아미타불께 부모가 있으니 이것은 보신불과 보신불의 국토가 아닌
  것을 명확히 알 수 있지 않습니까?[100]

답하다. 그대는 다만 이름만 들었을 뿐이지 경전의 깊은 가르침을
찾지 못하였다.
"이러한 의심에 이르면 어긋나는 것은 터럭과 같이 작다고 말할 수
있으나 손실은 천리와 같다."[101]
그러므로 아미타불도 또한 삼신(三身)을 갖추었으니 극락세계에 출현하
신 것은 바로 이 보신불이다. 이제 부모가 있다고 말하는 것은 이
예토에서 화신의 모습으로 부모를 보여주는 것이다. 또한 석가세존도
정토에서 (깨달음을) 이루어 보신불로서 당연히 이 사바세계에 내려오
시어 부모가 있음을 보여주시고 화신불을 이루셨듯이 아미타불도 또한
이와 같은 것이다.

---

99) 본 경전명은 『아미타불고음성왕다라니경(阿彌陀佛鼓音聲王多羅尼經)』을 가리킨
   다.
100) 『阿彌陀鼓音聲王陀羅尼經』大正藏 12, p.352中. 阿彌陀佛如來應正遍知. 父名月上轉輪
   聖王. 其母名曰殊勝妙顔.
101) 『예기(禮記)』 하권의 "君子愼始 差若豪氂 繆以千里"의 본문을 참고한 것으로
   생각된다.

又如鼓音聲經云. 爾時阿彌陀佛與聲聞[102]衆俱. 國號淸泰. 聖王[103]所住. 其城縱廣十千由旬. 阿彌陀佛父是轉輪聖王. 王名月上. 母名殊勝妙顔. 魔王名無勝. 佛子名月明. 提婆達多[104]名寂意. 給侍弟子名無垢稱. 又上來所引立是化身之相. 若是淨土. 豈有輪王及城女人等也. 此卽文義昉然. 何待分別. 皆不善尋究. 致使迷名生執也.

또 『아미타불고음성왕다라니경』에서 말씀하셨다.

이때에 아미타불과 성문(聲聞)들이 함께 계시니 나라의 이름은 청태(淸泰)이며 전륜성왕이 머물렀던 곳이다. 그 성(城)은 세로와 가로의 넓이가 일만(十千) 유순이다. 아미타불의 아버지는 전륜성왕으로 이름은 월상(月上)이며, 어머니의 이름은 수승묘안(殊勝妙顔)이고, 마왕의 이름은 무승(無勝)이며, 부처님의 아들의 이름은 월명(月明)이고, 제바달다의 이름은 적의(寂意)이며 부처님을 모시는 제자에게 법명을 주니 이름이 무구칭(無垢稱)이다.[105]

---

102) '성문(聲聞)'은 연각(緣覺)·보살(菩薩) 등과 함께 일반적으로 삼승이라고 부른다. 본래의 의미는 세존이 이 세계에 머무를 때 당시의 제자들을 말하였으나 대승불교가 발달하여 보살이라는 이상적인 인간상이 부각됨에 따라 성문은 소승이라고 인식하게 되었다. 사성제(四聖諦)의 진리를 깨달아 아라한이 된 제자들을 일컫는다.

103) '성왕(聖王)'은 '전륜성왕(轉輪聖王)'의 줄임말의 표현이다. 전륜성왕은 칠보(七寶)를 갖추고 정법(正法)으로 천하를 다스리며 무력을 이용하지 않고 모든 국가를 평정한다는 고대 인도 전설상의 왕을 가리킨다.

104) '제바달다(提婆達多)'는 세존의 사촌 동생으로 출가하여 그의 제자가 되었다. 세존께 승단을 물려줄 것을 청했으나 거절당하자 500여 명의 비구를 규합하여 승단을 이탈하였으며, 세 번에 걸쳐 세존을 살해하려고 하였으나 실패하였다.

105) 『阿彌陀鼓音聲王陀羅尼經』 大正藏 12, p.352中. 阿彌陀佛與聲聞俱. 如來應正遍知. 其國號曰淸泰. 聖王所住. 其城縱廣十千由旬. 於中充滿刹利之種. 阿彌陀佛如來應正遍知. 父名月上轉輪聖王. 其母名曰殊勝妙顔. 子名月明. 奉事弟子名無垢稱. 智慧弟子名曰

또 위의 문장에서 인용하여 (설명한) 것은 화신불의 모습이니 만약에
정토라고 한다면 어찌 전륜성왕과 성(城)들과 여인 등이 있겠는가?
이것은 곧 문장의 뜻이 아주 확실하므로 어찌 다른 해석을 기대하겠는
가?

모두 깊이 연구[尋究]하지 않았으므로 명호에 미혹(迷惑)되어 집착을
일으킨 것이다.

(3) 숨겨지고 드러남과 이루어지고 무너짐에 관한 문답

問曰. 若報身有隱沒休息相者. 亦可淨土有成壞事.

묻는다. 만약 보신불에게 감추어지고 휴식하는 모습과 또한 정토가
이루어지고 무너지는 일이 생길 수 있습니까?

答曰. 如斯難者. 自古將今義亦難通. 雖然今敢引經爲證. 義亦可知. 譬
如佛身常住. 衆生見有涅槃. 淨土亦爾. 體非成壞. 隨衆生所見有成有壞.
如華嚴經云. 由如見導師[106]種種無量色. 隨衆生心行. 見佛刹亦然.

답하다. 이와 같은 것은 어려운 문제이다. 예로부터 지금에 이르기까지
뜻이 통하는 것은 어렵다. 비록 그러하나 이제 감히 경전을 인용하여
증명하면 또한 그 뜻을 알 수 있을 것이다. 비유하면 부처님은 (삼계에)
항상 머무르고 계시지만[常住] 중생은 열반이 있다고 보는 것과 같이

賢光. 神足精勤名日大化. 爾時魔王名日無勝. 有提婆達多. 名日寂靜. 阿彌陀佛. 與大比
丘六萬人俱.

106) '도사(導師)'는 본 문장에서는 부처님들을 가리킨다.

정토도 역시 그렇다. 실체는 이루어지고 무너지는 것이 없으나 중생의
견해에 따라 이루어지고 무너지는 것이 있느니라.
『대방광불화엄경』에서 말씀하셨다.

마치 부처님을 친견하고 여러 가지의 헤아릴 수 없는 색깔이 있다고
하는 것은 중생의 마음을 따라서 생겨나는 것이며, 부처님의 국토를
보는 것도 역시 그렇다.[107]

3) 보신과 화신을 밝히다

是故淨土論[108]云. 一質不成故. 淨穢有虧盈. 異質不成故. 搜原則冥[109]
一. 無質不成故. 緣起則萬形. 故知若據法性淨土. 則不論淸濁. 若據報
化大悲. 則非無淨穢也. 又汎明佛土. 對機感不同. 有其三種差別. 一者
從眞[110]垂報. 名爲報土. 猶如日光照四天下. 法身如日. 報化如光.

이러한 까닭으로 『정토론』에서 말씀하셨다

하나의 실체(깨달음)를 이루지 못한 까닭으로 정토·예토와 어그러짐·
가득함이 있다. 실체는 (다르게) 이루어지지 않는 까닭으로 근원을
찾으면 명확히 하나가 된다. 실체(깨달음)를 이루지 못한 까닭으로

---

107) 『大方廣佛華嚴經』 大正藏 9, p.415中. 猶如見導師 種種無量色 隨衆生心行 見佛利亦然.
108) 현재 전하는 당(唐)의 '가재(迦才)'가 찬집한 『정토론(淨土論)』은 『안락집(安樂集)』
보다도 늦은 시기인 7세기에 성립되었으므로 인용문에 적합하지 않다. 다른
『정토론(淨土論)』이 있었던 것으로 추정되나 현재는 전하지 않는다.
109) '명(冥)'의 자(字)는 '심원(深遠)'의 뜻을 포함하고 있으므로 '명확한' 뜻으로 번역한
다.
110) '진(眞)'의 자(字)는 '진여(眞如)'의 준말로써 '법신'을 뜻한다.

연기(緣起)에 의하여 만 가지 형상이 (마음에) 생겨난다. 그러므로 알지
니라. 만약 법의 성품[法性]과 정토에 의거하면 청정함과 혼탁함을
논할 (까닭이) 없고, 만약 보신·화신과 대비를 의거하면 정토와 예토가
(현실적으로) 없는 것이다.[111]

또한 널리 부처님들의 국토[佛土]를 밝히면 근기에 대한 감응이 같지
아니하며 부처님들의 국토에는 세 가지 차별이 있다. 첫째는 법신을
쫓아 보신을 이루니 보신의 국토라고 이름하나, 오히려 (법신은) 태양
[日]의 빛이 사방의 천하를 비추는 것과 같은 것이다. (그러므로) 법신은
태양이고 보신·화신은 (태양에서 비춰지는) 빛인 것이다.

二者無而忽有. 名之爲化. 卽如四分律云. 錠光如來化提婆城與拔提城.
相近共爲親婚往來. 後時忽然化火燒却. 令諸衆生睹此無常. 莫不生厭
歸向佛道也. 是故經[112]云. 或現劫火燒. 天地皆洞然. 衆生有常想. 照令
知無常. 或爲濟貧乏. 現立無盡藏. 隨緣廣開導. 令發菩提心. 三者隱穢
顯淨. 如維摩經. 佛以足指按地. 三千刹土莫不嚴淨. 今此無量壽國卽是
從眞垂報國也. 何以得知. 依觀音授記經云. 未來觀音成佛. 替阿彌陀佛
處. 故知是報也.

둘째는 없다가 홀연히 생겨나는 것을 이름하여 화신이라고 한다. 즉
『사분율』에서 말씀하셨다.

111) 『석정토군의론(釋淨土群疑論)』, 『종경록(宗鏡錄)』 등에서 『정토론(淨土論)』을 인
용하였다고 하나 현재는 전하지 않아 구체적인 내용은 알 수 없다. 본 문장을
『종경록』에서 일부를 발췌하여 인용하였다. 『宗鏡錄』 大正藏 48, p.903中. 一質不
成. 淨穢虧盈. 異質不成. 一理齊平. 無質不成. 緣起萬形. 有質不成. 搜原卽冥.
112) 본 경전은 『유마힐소설경(維摩詰所說經)』을 가리킨다.

정광여래(錠光如來)께서 (예토에) 내려오셨을 때 제바성(提婆城)과 발제성(拔提城)이 서로 친근하여 함께 혼인을 하고 왕래하게 하다가 훗날에 홀연히 왕래의 길[卻]을 불태워 보여주셨다. 모든 중생들로 하여금 이것을 보고 무상함을 알게 하여 삶에 대한 싫어하는 생각을 일으켜 불법에 귀의하게 하였다.[113]

이러한 까닭으로 『유마힐소설경』에서 말씀하셨다.

혹은 현재의 겁(現劫)에 (모든 것이) 불타니 하늘과 땅이 모두 이와 같다. 중생은 항상 생각이 있으므로 (마음을) 관조하여 (모든 법이) 실체가 없음(無常)을 알게 한다.[114]
혹은 가난하고 궁핍한 중생을 구제하기 위해서 현재 끝이 없는 (법의) 창고를 세워 인연을 따라 널리 방편(導)을 열어 (중생들에게) 보리심을 일으키도록 하는 것이다.[115]

셋째는 예토를 감추고 정토를 드러내는 것이다. 『유마힐소설경』에서,

부처님께서 발로써 대지를 누르시니 삼천대천세계의 국토가 엄숙히 (장엄되어) 청정[嚴淨]하지 않는 것이 없었다.[116]

---

113) 『四分律』에는 본문과 일치하지 않으나 비슷한 구절이 있다.
『四分律』 大正藏 22, p.783上. 時定光如來. 去提婆跋提城不遠. 化作一大城. 高廣妙好. 懸繒幢旛. 處處剞鏤. 作衆鳥獸形. 周匝淨妙浴池園果. 勝於提婆跋提城化作人民顏貌形色. 亦勝彼國人民. 使己國人民共與往來交接爲親友. 賈人當知. 定光如來. 觀察提婆跋提城人民諸根純熟卽使化城忽爾火然. 時提婆跋提城人見此已. 極懷愁憂厭離心生. 定光如來. 於七日之中度六十六那由他人. 五十五億聲聞.

114) 『維摩詰所說經』 大正藏 14, p.550上. 或現劫盡燒 天地皆洞然 衆人有常想 照令知無常.

115) 『대승이취육바라밀다경(大乘理趣六波羅蜜多經)』에 본문과 일치하지 않으나 비슷한 구절이 있다. 『大乘理趣六波羅蜜多經』 大正藏 8, p.875上 爲救貧窮今欲入海. 求如意寶以相資給.

116) 본문과 일치하지 않으나 비슷한 구절이 있다.

고 하였다. 이제 이 무량수불의 국토는 곧 법신[眞]을 좇아 이루어진 보신의 국토이다. 어떻게 알 수 있는가? 『관세음보살수기경』에 의거하면

미래에 관세음보살이 성불하여 아미타불의 처소를 대신한다. 그러므로 보신의 국토인 것을 알지니라.117)

고 말씀하였다.

제8항 헤아려 핵심을 찾아 왕생(往生)을 밝히다

1) 간략히 설명하다[略說]

第八節明彌陀淨國位118)該上下凡聖通往者.　今此無量壽國是其報淨土. 由佛願故. 乃該通119)上下. 致令凡夫之善立得往生. 由該上故. 天親龍樹及上地菩薩亦皆生也.

제8항은 아미타불 정토의 상위(上位)·하위(下位)·범부·성인의 모든 계위(階位)가 (서로) 통하며 왕생하는 것을 밝힌다. 지금의 이 무량수불의 국토는 과보(果報)의 정토이다. 부처님의 원력에 의거하여 상하의 계위

『維摩詰所說經』大正藏 14, p.560上. 於是佛卽以足指案地. 此三千大千世界皆爲震動. 若干百千珍 寶積嚴處處校飾.

117) 『觀世音菩薩授記經』大正藏 12, p.357上. 阿彌陀佛正法滅後. 過中夜分明相出時. 觀世音菩薩. 於七寶菩提樹下. 結加趺坐成等正覺. 號普光功德山王如來應供正遍知明行足善逝世間解無上士調御丈夫天人師佛世尊.

118) '위(位)'는 수행의 단계인 '계위(階位 : 단계)'를 뜻한다.

119) '해통(該通)'은 뜻이 통할 수 있도록 '밝히고 드러내는 것'을 가리킨다.

를 밝히고 드러내어 범부들이 선행을 쌓아 왕생에 이르게 하는 것이다.
상위의 계위를 갖춘 까닭으로 천친·용수보살 및 상위 지위의 보살들도
역시 모두 왕생하였다.

> 是故大經云. 彌勒菩薩問佛. 未知此界有幾許不退菩薩得生彼國. 佛言.
> 此娑婆世界有六十七億不退菩薩. 皆當往生. 若欲廣引. 餘方皆爾.

이러한 까닭으로 『불설무량수경』에서 말씀하셨다.

미륵보살이 부처님께 여쭈었다.
"아직 알지 못하는 이 세계에 있는 퇴전(退轉)하지 않는 보살이 (얼마만
큼) 저 정토에 왕생합니까?"
부처님께서 대답하셨다.
"이 사바세계에는 육십칠 억의 퇴전하지 않는 보살이 있으니 모두
마땅히 왕생할 수 있느니라."[120]

고 하였다. 만약 더 널리 인용한다면 나머지 세계도 또한 그러하다.

2) 묻고 답하며 널리 해석하다

(1) 유상(有相)의 왕생을 밝히다

> 問曰. 彌陀淨國旣云位該上下無問凡聖皆通往者. 未知唯修無相得生.

---

120) 『佛說無量壽經』大正藏 12, p.278下. 佛告彌勒. 於此世界有六十七億不退菩薩. 往生彼
國. ──菩薩. 已曾供養無數諸佛. 次如彌勒者也. 諸小行菩薩及修習少功德者. 不可稱
計. 皆當往生.

爲當凡夫有相亦得生也. 答曰. 凡夫智淺. 多依相求. 決得往生. 然以相
善力微. 但生相土. 唯睹報化佛也.

묻는다. 이미 아미타불의 정토에 모두 상·하의 지위가 있고 범부·성인을
물을 필요도 없이 모두 서로 통하고 왕생한다고 말하였다. 그렇다면
오직 무상(無相)을 닦는 자가 왕생하는 것을 알 수 없다면, 범부가 마땅히
유상(有相)을 수행하였을 때 왕생할 수 있습니까?

답하다. 범부는 지혜가 얕아 많은 상을 의지해서 구할지라도 결국
왕생할 수 있다. 그러나 상(相)의 선한 힘이 미약해서 다만 유상의
정토에 왕생하나 오직 보신불과 화신불을 볼 수 있을 뿐이다.

是故觀佛三昧經菩薩本行品云. 文殊師利白佛言. 當知我念過去無量劫
數爲凡夫時. 彼世有佛. 名寶威德上王如來. 彼佛出時. 與今無異. 彼佛
亦長丈[121]六. 身紫金色. 說三乘法. 如釋迦文. 爾時彼國有大長者. 名一
切施. 長者有子. 名曰戒護. 子在母胎時. 母以敬信故. 預爲其子受三歸
依. 子旣生已. 年至八歲. 父母請佛於家供養.

그러므로 『불설관불삼매해경』「보살본행품」에서 말씀하셨다.

　문수사리보살이 부처님께 말하였다.
　"마땅히 아십시오. 제가 과거 끝이 없는 겁[無量劫數]의 범부(凡夫)이었
　을 때 그 세계에 부처님이 계셨으니 부처님은 명호가 보위덕상왕(寶威德
　上王)여래였습니다. 그때에 부처님이 출현하신 것도 지금과 다른 것이

---

121) '장(丈)'은 주(周)나라에서는 8척(尺)을 1장이라 하였는데 지금의 2.4m에 해당한
　　다. 그러나 문구상 '장(丈)'이 아닌 '척(尺)'의 단위가 합당해 보인다.

없었으니 그 부처님도 또한 키가 여섯 장이셨고 몸은 자금색(紫金色)이
시며 삼승법을 말씀하시는 것이 석가모니불[釋迦文]과 같았습니다.
이때 저 국토에 큰 장자(長者)가 있었으니 이름이 일체시(一切施)였고
장자에게 아들이 있으니 이름이 계호(戒護)였습니다. 아들이 어머니의
뱃속에 있을 때 어머니가 불법을 믿고 공경한 까닭으로 먼저 아들을
대신하여 삼귀의(三歸依) 계(戒)를 받았습니다. 아들이 이미 태어나서
나이가 여덟 살이 되니 부모가 부처님을 집으로 초빙하여 공양을
올렸습니다."122)

童子123)見佛. 爲佛作禮. 敬佛心重. 目不暫捨. 一見佛故. 卽得除卻百萬
億那由他124)劫生死之罪. 從是以後常生淨土. 卽得値遇百億那由他恆
河沙佛. 是諸世尊亦以相好度脫衆生. 爾時童子一一親侍. 間無空缺禮
拜供養合掌觀佛. 以因緣力故. 復得値遇百萬阿僧祇125)佛. 彼諸佛等亦
以色身126)相好化度衆生. 從是以後卽得百千億念佛三昧門. 復得阿僧
祇陀羅尼127)門.

---

122) 『佛說觀佛三昧海經』大正藏 15, p.687下. 佛告文殊. 速說勿疑. 文殊師利告諸大衆.
對尊者阿難. 阿難當知. 我念過去無量數劫. 復倍是數不可思算阿僧祇劫. 彼世有佛名寶
威德如來應供正遍知明行足善逝世間解無上士調御丈夫天人師佛世尊. 彼佛出時衆生
弊惡與今無異. 彼佛世尊亦長丈六身紫金色. 說三乘法如釋迦文. 爾時彼國有大長者. 名
一切施. 長者有子名曰戒護. 在母胎時母信敬故. 豫爲其子受三歸依. 子旣生已年至八歲.
父母請佛於家供養.

123) '동자(童子)'는 4세 또는 8세 이상 20세 미만으로 아직 출가하지 않은 남자
아이를 가리킨다.

124) '나유타(那由他)'는 인도의 숫자의 단위로 『아비달마구사론』에서는 '10^{11}이다'라
고 표현하고 있다.

125) '아승지(阿僧祇)'는 인도의 숫자의 단위로 『아비달마구사론』에서는 '10^{51}이다'라
고 표현하고 있다.

"동자가 부처님을 뵙고 부처님께 예를 올리며 부처님을 공경하는 마음
이 매우 깊어 눈을 (부처님께) 잠시도 떼지 아니하였으며, 한 번 부처님을
친견한 까닭으로 곧 백만억 나유타 겁의 생사의 죄를 없앨 수 있었습니
다. 이후로 항상 극락정토에 태어나서 곧 백억 나유타 항하사의 부처님
들을 친견할 수 있었는데 (이때의) 모든 부처님들도 32상으로 중생을
제도하고 계셨습니다.

이때 동자가 한 분 한 분의 부처님을 친히 모시고 잠깐도 흐트러짐
없이 모든 부처님께 예배하고 공양을 올리며 합장하고 부처님을 친견하
였습니다. 이 인연의 힘으로 다시 백만 아승지의 부처님들을 만날
수 있었습니다. 이 모든 부처님들이 또한 색신의 32상으로써 중생을
교화하고 제도하고 계셨습니다. 이후 곧 백 천억 염불삼매문을 얻었고
또한 다시 아승기 다라니문(陀羅尼門)을 얻었습니다."[128]

---

126) '색신(色身)'은 부처님들이나 보살(菩薩)님들의 육신(肉身)을 뜻한다. 즉, 물질적
　　존재로서 형체가 있는 중생의 눈으로 볼 수 있는 몸을 일컫는다.

127) '다라니(陀羅尼)'는 신비적 힘을 가진 것으로 믿어지는 비교적 긴 장구(章句)로
　　되어 있는 주문(呪文)으로 총지(總持)·능지(能持)·능차(能遮)라 번역된다. 총지(總
　　持)는 하나를 기억함으로써 다른 것까지 연상하며 다 기억한다는 뜻이고, 능지(能
　　持)는 여러 선법(善法)을 능히 지니고 있다는 뜻이며, 능차(能遮)는 악법을 능히
　　막아 준다는 뜻을 지니고 있으며, 특히 밀교(密敎)에서는 수행법으로 진언(眞言)
　　과 다라니의 지송(持誦)을 강조한다.

128) 『佛說觀佛三昧海經』大正藏 15, p.688上. 童子見佛安行徐步足下生華有大光明. 見已歡
　　喜爲佛作禮. 禮已諦觀目不暫捨. 一見佛已卽能除却百萬億那由他劫生死之罪. 從是已
　　後. 恒得値遇百億那由他恒河沙佛. 於諸佛所殖衆德本. 是諸世尊皆說如是觀佛三昧. 亦
　　讚白毫大人相光. 勸多衆生懺悔係念. 過是已後復得値佛. 名摩尼光多陀阿伽度阿羅呵
　　三藐三佛陀. 摩尼光佛出現世時. 常放光明以作佛事度脫人民. 如是二萬佛皆同一號名
　　摩尼光. 時諸世尊皆以佛微妙光明誘接衆生. 次復有佛名栴檀摩尼光. 十號具足. 如是
　　百億佛皆號摩尼光. 是諸世尊誓願力故. 正以眉間白毫相光. 覆護衆生除滅衆罪. 復有佛
　　出名栴檀海如來應供正遍知. 如是百萬佛皆同一字名栴檀海. 是諸世尊. 以胸德字卍字
　　印光化度衆生. 時彼童子親侍諸佛間無空缺. 禮拜供養合掌觀佛. 觀佛功德因緣力故. 復
　　得値遇百萬阿僧祇佛. 彼諸世尊亦以身色度衆生從是已後卽得百千億念佛三昧. 得百
　　萬阿僧祇旋陀羅尼.

(2) 무상(無相)의 왕생을 밝히다

> 旣得此已. 諸佛現前乃爲說無相法. 須臾之間得首楞嚴三昧.[129] 時彼童
> 子但受三歸. 一禮佛故. 諦觀佛身. 心無疲厭. 由此因緣. 値無數佛. 何況
> 繫念具足思惟[130]觀佛色身. 時彼童子豈異人乎. 是我身也. 爾時世尊讚
> 文殊言. 善哉善哉. 汝以一禮佛故. 得値無數諸佛. 何況未來我諸弟子懃
> 觀佛者. 懃念佛者.

"이 다라니문을 얻은 후에 모든 부처님께서 눈앞에 나투시어 동자를
위해 무상법을 말씀하시니 잠깐 사이에 수능엄삼매를 얻었습니다.
이때에 동자가 단지 삼귀의계를 받고 일념으로 부처님들께 예불하며
부처님의 몸을 자세히 관(觀)하니 마음에 피로함이나 염오심이 없었습
니다. 이러한 인연으로 헤아릴 수 없는 부처님을 친견하였습니다.
하물며 마음을 집중하고 사유(思惟)를 갖추어 부처님의 색신을 관(觀)하
였음에랴! 이때의 동자가 어찌 다른 사람이겠습니까? 바로 나의 몸입니
다."

이때에 세존께서 문수사리보살을 찬탄하여 말씀하셨다.

---

129) '수능엄삼매(首楞嚴三昧)'는 '건상(健相)'으로 부처님의 덕이 견고하여 모든 마구
   니가 능히 부수지 못하는 것과 '건행(健行)'으로 모든 부처님의 수행이 금강반야
   행, 건행정(健行定), 일체사경(一切事竟)으로 부처님의 덕이 구경(究竟)인 것 등을
   뜻한다. 즉 일실상(一實相)이 일상(一相)이며 건상(健相)임을 밝힌다. 관념적 일상
   삼매(一相三昧)로써 건상인 실상을 견증(見證)하고, 건행인 반야일행(般若一行)으
   로써 이사(理事)를 계합하되, 금강과 같이 견고하게 즉리즉사(卽理卽事)인 일체사
   (一切事)에 궁극적으로 통달하는 것이다. 무량삼매 또는 108삼매중 최고의 삼매
   이며, 일체번뇌를 모두 없애는 멸진정을 성취해야 얻을 수 있다. 수능엄삼매의
   다른 이름으로 반야바라밀(般若波羅蜜)·금강삼매(金剛三昧)·사자후삼매(獅子吼
   三昧)·불성(佛性)등이 있다.
130) '사유(思惟)'는 마음속으로 대상을 구별 짓고 분별하며 생각하고 판단하는 마음의
   작용을 뜻한다.

"(법에) 알맞도다. 알맞도다. 그대가 부처님들께 예불한 까닭으로 셀 수 없는[無數] 부처님들을 친견하였으니 하물며 미래의 나의 제자들이 부지런히 부처님을 관조하고 부지런히 염불하는 사람은 더 말하여 무엇하리요?"131)

> 佛敕阿難. 汝持文殊師利語. 遍告大衆及未來世衆生. 若能禮佛者. 若能
> 念佛者. 若能觀佛者. 當知此人與文殊師利等無有異. 捨身他世. 文殊師
> 利等諸菩薩爲其和上.132) 以此文證. 故知淨土該通相土.133) 往生不謬.
> 若知無相離念爲體. 而緣中求往者. 多應上輩生也.

부처님께서 아난에게 부탁[敕]하셨다.

"그대는 문수사리보살이 말한 것을 대중들과 미래 세계의 중생에게 널리 알려라. 만약 능히 예불하는 자나 만약 능히 염불하는 자나 능히 부처님 몸을 관하는 자는 마땅히 알지니라. 이 사람은 문수사리보살 등과 다르지 아니하고, 몸을 버리고 다른 세계에 태어나면 문수사리보살과 모든 보살이 그 사람의 스승(和上)이 되리라."134)

---

131) 『佛說觀佛三昧海』 大正藏 15, p.688中. 旣得此已諸佛現前說無相法. 須臾之間得首楞嚴三昧. 時彼童子受三歸依. 一禮佛故諦觀佛相心無疲厭. 由此因緣値無數佛. 何況係念具足思惟觀佛色身. 時彼童子豈異人乎. 今我身是爾時世尊讚文殊師利言. 善哉善哉. 文殊師利. 乃於昔時一禮佛故. 得値爾許無數諸佛. 何況未來我諸弟子勤觀佛者.

132) '화상(和上)'이란 율장에 의거하면 '비구(比丘)'는 구족계를 받은 후에 법랍이 10년 이상의 스님을 말하고 '비구니(比丘尼)'는 구족계를 받은 후에 법랍이 12년 이상의 스님을 가리키며, 화상이 되었을 때 제자를 둘 수 있는 자격을 갖추므로 승가에서는 큰 의미를 지니고 있다.

133) '상토(相土)'는 중생의 마음에 따라 나타나는 넓고 좁고, 깨끗하고 더러운 차별의 세계이다. 곧 중생들이 자신들의 눈높이에 따라 인식하는 가시덤불, 더럽고 나쁜 세계와 보살들이 보는 온갖 보배로 장엄한 세계와 같은 것을 뜻한다.

고 경전에서 증명하였다. 그러므로 정토는 상토와 널리 서로 통하면 왕생하는 것이 어렵지 않음[不謬]을 알라. 만약에 무상(無相)으로 생각 [念]을 벗어나는 것의 본체로 삼으며, 인연을 따라 왕생을 구하는 자는 마땅히 많은 자가 상품의 정토[上輩]에 왕생할 것이다.

(3) 광문(廣門)과 약문(略門)의 상입(相入)을 밝히다

是故天親菩薩論135)云. 若能觀二十九種莊嚴淸淨.136) 卽略入一法句. 一法句者. 謂淸淨句. 淸淨句者. 卽是智慧無爲法身故.

---

134) 『佛說觀佛三昧海』大正藏 15, p.688中. 佛敕阿難. 汝持文殊師利語. 遍告大衆及未來世衆生. 若能禮拜者. 若能念佛者. 若能觀佛者. 當知此人與文殊師利等無有異. 捨身他世. 文殊師利等諸大菩薩爲其和上.

135) 『천친보살론(天親菩薩論)』은 인도 중기의 대승의 논사인 천친보살이 찬술한 『무량수경우바제사(無量壽經優波提舍)』를 가리킨다.

136) '이십구종장엄(二十九種莊嚴)'은 정토교학에서 주장하는 국토의 공덕장엄으로 정토의 의보(依報)인 기세간청정(器世間淸淨)에 의한 17종의 장엄과 중생세간청정(衆生世間淸淨)에 의한 12종의 장엄이 있다. 기세간청정(器世間淸淨)은 첫째는 청정공덕장엄(淸淨功德莊嚴)이고, 둘째는 양공덕장엄(量功德莊嚴)이며, 셋째는 성공덕장엄(性功德莊嚴)이고, 넷째는 형상공덕장엄(形相功德莊嚴)이며, 다섯째는 종종사공덕장엄(種種事功德莊嚴)이고, 여섯째는 묘색공덕장엄(妙色功德莊嚴)이며, 일곱째는 촉공덕장엄(觸功德莊嚴)이고, 여덟째는 삼종공덕장엄(三種功德莊嚴)이며, 아홉째는 우공덕장엄(雨功德莊嚴)이고, 열째는 광명공덕장엄(光明功德莊嚴)이며, 열한 번째는 묘성공덕장엄(妙聲功德莊嚴)이고, 열두 번째는 주공덕장엄(主功德莊嚴)이며, 열세 번째는 권속공덕장엄(眷屬功德莊嚴)이고, 열네 번째는 수용공덕장엄(受用功德莊嚴)이며, 열다섯 번째는 무제난공덕장엄(無諸難功德莊嚴)이고, 열여섯 번째는 대의문공덕장엄(大義門功德莊嚴)이며, 열여덟 번째는 일체소구만족공덕장엄(一切所求滿足功德莊嚴) 등이다. 또한 세존의 여덟 가지 공덕장엄과 보살들의 네 가지 공덕장엄으로 정토의 정보(正報)인 중생세간청정(衆生世間淸淨)에 의한 12종의 장엄이 있다. 세존의 여덟 가지 장엄은 첫째는 좌공덕장엄(座功德莊嚴)이고, 둘째는 신공덕장엄(身業功德莊嚴)이며, 셋째는 구

이러한 까닭으로 『무량수경우바제사』에서 말씀하셨다.

만약 능히 29종의 장엄의 청정함을 관하면 곧 간략한 한 법의 구절에
들어갈 수 있다. 한 법의 구절이라고 하는 것은 청정한 구절[清淨句]을
말한다. 청정한 구절이라는 것은 지혜의 무위(無爲) 법신이기 때문이
다.[137]

何故須廣略相入[138]者. 但諸佛菩薩有二種法身. 一者法性法身. 二者方
便法身. 由法性法身故. 生方便法身. 由方便法身故. 顯出法性法身. 此
二種法身異而不可分. 一而不可同. 是故廣略相入. 菩薩若不知廣略相
入. 則不能自利利他.[139]

업공덕장엄(口業功德莊嚴)이고, 넷째는 심업공덕장엄(心業功德莊嚴)이며, 다섯
째는 대중공덕장엄(大衆功德莊嚴)이고, 여섯째는 상수공덕장엄(上首功德莊嚴)
이며, 일곱째는 주공덕장엄(主功德莊嚴)이고, 여덟째는 불허작주지공덕장엄(不
虛作住持功德莊嚴)등이다. 보살의 네 가지 장엄은 첫째는 부동본처편지시방공양
화생장엄(不動本處遍至十方供養化生莊嚴)이고, 둘째는 일념일시변지불회이익
군생장엄(一念一時遍至佛會利益群生莊嚴)이며, 셋째는 일체세계찬탄제불장엄
(一切世界讚嘆諸佛莊嚴)이고, 넷째는 무삼보처시법장엄(無三寶處示法莊嚴) 등이
다.

137)『無量壽經優波提舍』大正藏 26, p.232中. 觀菩薩功德莊嚴成就者. 觀彼菩薩. 有四種正
修行功德成就應知. 何等爲四. 一者於一佛土身不動搖. 而遍十方種種應化. 如實修行常
作佛事. 偈言安樂國淸淨常轉無垢輪化佛菩薩日如須彌住持故. 開諸衆生淤泥華故. 二
者彼應化身. 一切時不前不後. 一心一念放大光明. 悉能遍至十方世界. 敎化衆生. 種種方
便修行所作. 滅除一切衆生苦故. 偈言無垢莊嚴光一念及一時普照諸佛會利益諸群生故.
三者彼於一切世界無餘. 照諸佛會大衆無餘. 廣大無量供養恭敬讚歎諸佛如來. 偈言雨
天樂華衣妙香等供養讚佛諸功德無有分別心故. 四者彼於十方一切世界無三寶處. 住持
莊嚴佛法僧寶功德大海. 遍示令解如實修行. 偈言何等世界無佛法功德寶我皆願往生示
佛法如佛故又向說佛國土功德莊嚴成就. 佛功德莊嚴成就. 菩薩功德成就. 此三種成就
願心莊嚴. 略說入一法句故. 一法句者. 謂淸淨句. 淸淨句者. 謂眞實智慧無爲法身故.

무슨 까닭으로 광문과 약문이 서로 통하는 것인가? 단지 모든 부처님과 보살님들에게 두 가지의 법신이 있으니 그 하나는 법성(法性)의 법신(法身)이고, 그 두 번째는 방편(方便)의 법신이다. 법성의 법신에서 방편의 법신이 생겨나며, 방편의 법신으로 말미암아 법성의 법신이 나타난다. 이 두 가지 법신이 다르지만 나눌 수 없고 (비록) 하나일지라도 같지 않다. 이러한 까닭으로 광문과 약문이 서로 통하는 것이다. 보살이 만약에 광문과 약문이 서로 통하는 것을 알지 못한다면, 자신을 이익되게 할 수 없고 타인도 이익 되게 할 수 없다.[140]

> 無爲法身者. 卽法性身也. 法性寂滅[141]故. 卽法身無相也. 法身無相故.
> 則能無不相. 是故相好[142]莊嚴卽是法身也. 法身無知故. 則能無不知.
> 是故一切種智[143]卽是眞實智慧也.

---

138) '광약상입(廣略相入)'은 '광문(廣門)'과 '약문(略文)'이 서로 상즉상입(相卽相入) 하는 것으로 널리 팔만사천의 부처님 법을 모아서 모든 법[諸法]의 갖가지 차별상을 나타내는 것을 광문이라 하고, 이 차별상의 평등한 이치를 보여주는 것을 약문이라 한다. 이 두 가지 문(門)이 서로 통하는 것을 상입(相入)이라 한다.

139) '자리이타(自利利他)'는 자신을 이익 되게 하고 남을 또한 이익 되게 하는 수행이나 기타의 불교적인 행위를 뜻한다.

140) 『無量壽經優婆提舍願生偈註』大正藏 40, p.841中. 此淸淨有二種應知 上轉入句中. 通一法入淸淨. 通淸淨入法身. 今將別淸淨出二種故. 故言應知 略說入一法句故 上國土莊嚴十七句如來莊嚴八句菩薩莊嚴四句爲廣. 入一法句爲略. 何故示現廣略相入. 諸佛菩薩有二種法身. 一者法性法身. 二者方便法身. 由法性法身生方便法身. 由方便法身出法性法身. 此二法身異而不可分. 一而不可同. 是故廣略相入統以法名. 菩薩若不知廣略相入. 則不能自利利他.

141) '적멸(寂滅)'은 열반(涅槃)의 다른 말이다. 번뇌의 경지를 벗어나 생사의 괴로움을 모두 벗어난 상태를 일컫는다.

142) '상호(相好)'는 세존이 태어나면서부터 갖추고 있다는 신체상의 특징이다. 고대

무위(無爲)의 법신은 곧 법성신(法性身)이고 법의 성품이 적멸한 까닭으로 법신은 상이 없다[無相]. 법신이 (실체적인) 상이 없는 까닭으로 곧 상이 아닌 것이 없다. 그러므로 상호의 장엄이 곧 법신이다. 법신은 알 수 없기[無知] 때문에 곧 알지 못하는 것이 없다.[144] 그러므로 일체종지(一切種智)가 곧 진실한 지혜이다.[145]

雖知就緣觀總別[146]二句. 莫非實相也. 以知實相故. 即知三界衆生虛妄相也. 以知三界衆生虛妄故. 即起眞實慈悲也. 以知眞實慈悲故. 即起眞實歸依也. 今之行者無問緇素.[147] 但能知生無生不違二諦[148]者. 多應落在上輩[149]生也.

인도의 풍습에 의하여 전해져온 특징이 32상이고, 이것에 따르는 2차적인 것이 80종호이며 이것을 합하여 상호라 한다.

143) '일체종지(一切種智)'는 현상세계의 모든 존재의 각자 다른 모습들과 그 속에 감추어져 있는 진실된 모습을 아는 부처님의 지혜를 뜻한다.

144) '무지(無知)'는 분별적인 앎이 없는 것으로 반야지의 특성이다. 여기서의 지(知)는 대상을 분별하는 지식을 의미한다. 『조론(肇論)』에서는 "무릇 아는 것이 있으면 알지 못하는 것이 있게 된다. 성인의 마음은 아는 것이 없기 때문에 알지 못하는 것이 없다. 분별적인 아는 것이 없이 모든 것을 알기 때문에 일체지(一切知)라고 한다. 그러므로 경에 말하기를 '성인의 마음은 아는 것도 없고 알지 못하는 것도 없다'고 하였다. 『肇論』「般若無知論」大正藏 45, p.153上 참조.

145) 『無量壽經優婆提舍願生偈註』大正藏 40, p.841中. 無爲法身者法性身也. 法性寂滅故法身無相也. 無相故能無不相. 是故相好莊嚴卽法身也. 無知故能無不知. 是故一切種智卽眞實智慧也.

146) '총별(總別)'은 화엄교학의 세계관으로 중생세계를 6가지 구조로 분별하고 있는 '육상원융(六相圓融)' 중에서 두 가지의 요소인 총상(總相)과 별상(別相)을 뜻한다. 육상원융의 내용은 총상(總相)·별상(別相)·동상(同相)·이상(異相)·성상(成相)·괴상(壞相) 등으로 구성되어 있다고 주장하고 있다. 구체적인 요소로써 첫째 총상은 여러 특성을 포함하고 있는 전체를 뜻하고 둘째 별상은 전체를 구성하고

또한 인연법을 인식하고 알아서[就緣] 총상(總相)과 별상(別相)으로 두 구절을 관하면 실체의 상[實相]이 아닌 것이 없다. 실체의 상을 아는 까닭으로 삼계의 중생도 허망(虛妄)한 상인 것을 알 수 있다. 삼계의 중생이 허망한 상인 것을 알기 때문에 곧 진실한 자비를 일으키며 진실한 자비를 알기 때문에 진실한 귀의를 일으킨다.[150]

지금의 수행자가 출가자와 재가자를 묻지 않고 다만 능히 태어남이 곧 태어나는 것이 아님을 알고 진제(眞諦)와 속제(俗諦)를 어기지 않는 자는 많은 자가 상품의 정토[上輩]에 왕생할 것이다.

있는 각각의 특성을 뜻한다.

147) '치소(緇素)'는 비유적인 표현법으로 '치(緇)'는 '검다'는 의미로 출가자를 뜻하며 '소(素)'는 '하얗다'는 의미로 재가자를 뜻한다.

148) '이제(二諦)'는 출세간법인 '제일의제(第一義諦)'와 세간법인 '세속제(世俗諦)'를 가리킨다.

149) '상배(上輩)'는 정토에 왕생하려는 무리를 수행의 깊고 얕음에 따라 세 가지로 나눈 계위에서 높은 단계를 뜻한다. 계위에 대해 살펴보면 첫째는 상배로써 출가하여 깨달음을 구하는 마음을 일으키고 오로지 아미타불을 생각하면서 큰 공덕을 쌓아 정토에 왕생하려는 무리이고, 둘째는 중배(中輩)로써 출가하여 큰 공덕을 쌓지는 못하지만 깨달음을 구하는 마음을 일으키고 오로지 아미타불을 생각하면서 계율을 지키고 탑을 세우고 불상을 조성하여 정토에 왕생하려는 무리이며, 셋째는 하배(下輩)로써 공덕을 쌓지는 못하지만 깨달음을 구하는 마음을 일으키고 오로지 아미타불을 생각하면서 정토에 왕생하려는 무리이다.

150) 『無量壽經優婆提舍願生偈註』大正藏 40, p.842中. 以知實相故則知三界衆生虛妄相也. 知衆生虛妄則生眞實慈悲也. 知眞實法身則起眞實歸依也.

제9항 삼계(三界)를 포섭하는 것[攝受]에 대하여 밝히다

1) 묻고 답하며 밝히다

第九明彌陀淨國三界攝[151]與不攝. 問曰. 安樂國土於三界中何界所攝.
答曰. 淨土勝妙體出世間. 此三界者乃是生死凡夫之闇宅. 雖復苦樂少
殊脩短有異. 統如觀之. 莫非有漏之長津. 倚伏相乘循環無際. 雜生觸受
四倒[152]長溝. 且因且果. 虛僞相習.[153] 深可厭也. 是故淨土非三界攝.

제9항은 아미타불 정토가 삼계에 섭수되는 것과 섭수되지 않는 것을
밝힌다. 묻는다. 안락의 국토는 삼계의 어느 세계에 포함되는가?
답하다. 정토는 뛰어나고 미묘하여 본체가 삼계[世間]를 뛰어넘는다.
삼계라고 하는 것은 생사를 윤회하는 범부의 어두운 집이니라. 비록
다시 고통과 즐거움이 조금씩 다를지라도 수행의 짧음과 차이가 있다.
총체적으로 이것을 관(觀)하면 유루의 번뇌의 큰 흐름[長津]이 아닌
것이 없다. 의지하고 엎드리며 서로 상승하여 순환하는 것에 틈새가

---

151) '섭(攝)'은 '섭수(攝受)' 줄임말의 표현법이다. 부처님들이 대자비심(大慈悲心)을
일으켜 모든 중생들을 보호하고 깨달음을 얻을 수 있도록 방편으로써 인도(引導)
하는 것을 뜻한다. 본 문장에선 비유로 '포함한다'라고 번역한다.

152) '사도(四倒)'는 '사전도(四顚倒)' 또는 '사전도견(四顚倒見)'의 줄임말로 범부가
일으키는 네 가지 잘못된 견해를 뜻한다. 내용을 살펴보면 첫째는 변해가는
모든 현상을 변하지 않는다고 사유하는 견해인 '상전도(常顚倒)'이고, 둘째는
괴로움을 즐거움이라고 사유하는 견해인 '낙전도(樂顚倒)'이며, 셋째는 나라는
'내(我)'가 정말 존재한다고 변하지 않는 사유하는 견해인 '아전도(我顚倒)'이고,
넷째는 오염된 것을 청정하다고 사유하는 견해인 '정전도(淨顚倒)' 등이다.

153) '습(習)'은 '훈습(薰習)'의 줄임말의 표현이다. '훈습'은 마치 향 냄새가 옷에 스며들
듯이 몸과 말과 뜻으로 일으킨 행위의 기운과 생각이 마음에 잠재적으로 저장되
는 현상을 말한다.

없으며, 뒤섞여 (육도의) 생명을 받아서 네 가지가 거짓된 생각을 일으킨다. 또한 서로 원인이 되고 결과가 되어 거짓으로 서로 훈습되면서 번뇌를 일으킨다. 이러한 까닭으로 정토는 삼계에 포함되지 아니한다.

2) 정토는 섭수되지 않음을 밝힌다

又依智度論[154]云. 淨土果報無欲故非欲界. 地居故非色界. 有形色故非無色界. 雖言地居. 精勝妙絶. 是故天親論云. 觀彼世界相. 勝過三界道. 究竟如虛空. 廣大無邊際. 是故大經讚云. 妙土廣大超數限. 自然七寶所合成. 佛本願力莊嚴起. 稽首淸淨大攝受. 世界光耀妙殊絶. 適悅晏安無四時. 自利利他力圓滿.[155] 歸命方便巧莊嚴.

또『금강선론』에서 말씀하셨다.

정토의 과보(果報)는 욕심이 없는 까닭으로 욕계가 아니고, 지상에 존재하므로 색계가 아니며, 색신의 형태[形色]가 있으므로 무색계가 아니다. 비록 땅위에 존재한다고 말하지만 환경이 매우 정밀하고 매우 뛰어나며[殊勝] 절묘하다.[156]

---

154) 『대지도론(大智度論)』에는 본문과 일치하는 구절이 없고 세친보살이 찬술한 『금강선론(金剛仙論)』과 『무량수경우바제사원생게(無量壽經優婆提舍願生偈)』에서 『대지도론』을 인용했다고 기록하고 있어 전체의 내용을 함축하였거나 의미를 인용한 것으로 판단되어, 출처는 『금강선론』이 타당하다고 생각된다.
155) '원만(圓滿)'은 부처님들이 지니신 능력이 진리의 세계에서 조금도 부족하거나 벗어나지 않고 일치하는 것을 비유한 말이다.
156) 『金剛仙論』 大正藏 25, p.827中. 大智度論云. 諸佛淨土. 不爲欲色無色三界所攝. 云何言此眞淨土不爲三界所攝. 解云. 不在地故非欲界攝. 不在空故非色界攝. 體是色故非無色界攝. 雖三界不攝. 而與之同處. ;『無量壽經優婆提舍願生偈註』 大正藏 40, p.830上. 此名悟物之證也釋論言. 如斯淨土非三界所攝. 何以言之. 無欲故非欲界. 地居故非色界.

이러한 까닭으로 『무량수경우바제사원생게주』에서 말씀하셨다.

저 세계의 모습을 관찰하니 삼계의 이치[道]보다 훨씬 뛰어나며,[157] 궁극적인 경계가 허공과 같고, 넓고 큰 것이 그 끝이 없구나.[158]

이러한 까닭으로 『불설무량수경』에서 찬탄하였다.

정토[妙土]는 광대하여 그 한계를 벗어나고, 자연스럽게 칠보로 이루어 졌네. (아미타) 부처님의 원력의 힘[本願力]으로 장엄을 일으켰으며, 청정함으로 크게 섭수함에 머리 조아려 예배합니다. 정토세계의 광명 이 절묘하고 매우 뛰어나며, 적절한 기온으로 맑고 안락하니 4계절이 없음이라. 나에게 이익이 되고 남에게도 이익이 되는 힘으로 원만(圓滿) 하나니, 방편으로 교묘하게 장엄함에 귀명합니다.[159]

有色故非無色界. 蓋菩薩別業所致耳.

157) 『無量壽經優婆提舍願生偈註』 大正藏 40, p.827下. 觀彼世界相勝過三界道.

158) 『無量壽經優婆提舍願生偈註』 大正藏 40, p.828上. 究竟如虛空廣大無邊際.

159) 『佛說無量壽經』 大正藏 12, pp.270中~271中.

제2 대문(大門)

제1절 개요

第二門中. 有三番料簡. 第一明發菩提心. 第二破異見邪執. 第三廣施問
答釋去疑情.

제2대문 중에서는 세 가지를 살펴보고 헤아려 핵심을 찾는다. 제1항은
발보리심을 밝혀내는 것이고, 제2항은 다른 견해와 삿된 집착을 깨트리
는 것이며, 제3항은 널리 문답을 베풀고 과거의 의심되는 부분을 해석하
는 것이다.

제2절 개별 해석

제1항 보리심을 일으키는 것을 밝히다

1) 보리심을 일으키는 것의 공용(功用)을 밝히다

就初發菩提心. 內有四番. 一出菩提心功用. 二出菩提名體. 三顯發心有
異. 四問答解釋.

처음에 보리심을 일으켜 나아가려면 그 중에 네 가지를 살펴보아야
한다. 첫째는 보리심의 공덕의 작용을 드러내는 것이고, 둘째는 보리심
이라고 이름하는 본체를 드러내는 것이며, 셋째는 여러 발심이 다른
점을 밝히는 것이고, 넷째는 묻고 답하며 해석하는 것이다.

第一出菩提心功用者. 大經云. 凡欲往生淨土. 要須發菩提心爲源. 云何
菩提者. 乃是無上佛道[1]之名也. 若欲發心作佛者. 此心廣大遍周法界.
此心究竟等若虛空. 此心長遠盡未來際. 此心普備離二乘[2]障. 若能一發
此心. 傾無始生死有倫. 所有功德迴向菩提. 皆能遠詣佛果. 無有失滅.
譬如寄花五淨.[3] 風日不萎. 附水靈河. 世旱無竭.

---

1) 본 문장에서 '불도(佛道)'는 깨달음의 궁극적인 목표인 '아뇩다라삼막삼보리[無上
正等覺]'를 뜻한다.
2) '이승(二乘)'은 '대승'과 '소승'을 가리킨다.
3) '오정(五淨)'은 '오정세계(五淨世界)'의 줄임말 표현이다. '오정세계'는 첫째는
전쟁·기근·질병이 제거되고 물질이 풍요하고 육체적으로 건강한 세계인 '겁정
(劫淨)'이고, 둘째는 청정한 견해를 지니어 삿된 견해가 없는 세계인 '견정(見淨)'

제1은 발보리심 공덕의 작용을 나타낸다. 『불설무량수경』에서 말씀하
셨다.

　무릇 정토에 왕생하고자 하면 요컨대 반드시 보리심(菩提心)을⁴⁾ 일으키
　는 것이 근원이 되어야 한다. 무엇을 보리라고 하는가? 이것은 무상정등
　각(無上正等覺 : 아눅다라삼막삼보리)⁵⁾의 다른 이름이다. 만약 발심하
　여 부처가 되고자 하는 자는 그 마음이 매우 크고 넓어 모든 법계[遍周法
　界]에 두루 미쳐야 한다. 그 마음의 경계가 궁극적으로 허공과 같아야
　하고 그 마음의 크고 먼 것이 미래 세계의 끝에 이르며, 이러한 마음을
　널리 갖추어 대승과 소승의 장애를 떠나야 한다.
　만약 한 번이라도 이러한 마음을 일으키면 문득 끝이 없는 과거로부터
　의 태어남과 죽음의 윤회를 벗어날 수 있다. 갖추어진 공덕을 보리심으
　로 회향한다면 능히 멀게는 부처님의 과위(果位)에까지 이르러서 소실
　되고 멸(滅)하는 것이 없을 것이다. 비유하면 꽃이 다섯 가지 깨끗함에
　의지하므로 바람과 햇볕에 그 꽃이 시들지 않는 것과 같고 신령스러운
　물을 의지하므로 세상[世間]의 가뭄에도 목마름이 없는 것과 같다.⁶⁾

　이며, 셋째는 욕심·성냄·어리석음의 번뇌로 괴로움을 겪지 않은 세계인 '번뇌정
　(煩惱淨)'이고, 넷째는 모든 중생이 자비심·평정심으로 서로 아끼고 사랑하는
　세상인 '중생정(衆生淨)'이며, 다섯째는 불국토의 사람은 수명이 지극히 긴 세계
　인 '명정(命淨)' 등을 말한다.
4) 『불설무량수경』 하권, 첫 단원의 상배·중배·하배에서 발보리심을 강조했는데,
　도작이 나름대로 해석을 하였기에 정확한 내용은 찾기 어렵다.
5) '무상정등각(無上正等覺)'은 가장 뛰어나고 바르고 원만한 지혜라는 의미이며,
　미혹의 세계를 벗어나 깨달음의 지혜가 원만하여 모든 진리를 깨달은 부처님의
　최상의 완전한 지혜를 가리킨다.
6) 『불설무량수경(佛說無量壽經)』의 전체적 경전의 내용을 요약하여 인용하였으므
　로 일치하거나 비슷한 구절을 찾기 어렵다.

2) 보리의 실체를 밝히다

> 第二出菩提名體者. 然菩提有三種. 一者法身菩提. 二者報身菩提. 三者
> 化身菩提也.

제2는 보리(菩提)라고 이름하는 실체를 드러내는 것이다. 보리는 세 종류가 있으니 첫째는 법신의 보리이고, 둘째는 보신의 보리이며, 셋째는 화신의 보리이다.

> 言法身菩提者. 所謂眞如實相第一義空.[7] 自性淸淨體無穢染. 理出天眞
> 不假修成. 名爲法身. 佛道體本名曰菩提. 言報身菩提者. 備修萬行能
> 感[8]報佛之果. 以果酬因名曰報身. 圓通[9]無礙名曰菩提. 言化身菩提者.
> 謂從報起用能趣萬機. 名爲化身. 益物圓通名曰菩提.

법신의 보리라고 말하는 것은 진여(眞如)의 실체적인 모습[實相]이고 제일의 공(空)이다. 본래의 성품[自性]이 청정하고 실체는 번민으로 오염되지 않았다. 이치는 하늘의 진리를 나타내고 수행을 통하지 않고 [不假]도 성불할 수 있으니 법신이라고 이름하며, 불법의 수행[佛道]의 실체의 근본을 보리라고 이름 한다.

---

7) '제일의공(第一義空)'은 부처님의 지혜로운 성품의 경지를 뜻한다. '십팔공(十八空)'의 하나로써 분별을 끊고, 대상의 실체를 정확히 아는 지혜의 경지를 가리킨다.

8) '감(感)'은 '감득(感得)'의 줄임말 표현법이다. '감득'은 '영감(靈感)으로 깨달아 얻는 것'을 뜻한다.

9) '원통(圓通)'은 지혜로써 진여의 이치를 깨달은 상태 또는 그 이치를 말한다. 그 본질이 원만하여 널리 모든 존재에 두루 통하고, 그 작용은 자재하여 거리낌 없이 모든 존재에 작용하는 것을 뜻한다.

보신의 보리라고 말하는 것은 만행(萬行)을 구족하여 수행해야 능히
부처님의 과위(果位)를 감득한다.

결과로써 원인을 갚는 것을 보신이라 이름하며, 두루 통하여[圓通]
장애가 없으니 보리라고 이름 한다.

화신의 보리라고 말하는 것은 과보를 쫓아서 작용을 일으켜 능히 만
가지의 근기에 나아가는 것을 화신의 보리라 이름하며, 널리 통하여
만물을 이익 되게 하므로 보리라고 이름 한다.

3) 발심의 모습[相]이 다른 것을 밝히다

> 第三顯發心有異者. 今謂行者修因發心具其三種. 一者要[10)]須識達有無從
> 本已來自性淸淨. 二者緣修萬行. 八萬四千諸波羅蜜門等. 三者大慈悲爲
> 本. 恆擬運度爲懷. 此之三因能與大菩提相應. 故名發菩提心.

제3은 발심에 차이가 있는 것을 드러낸다. 이제 수행자가 원인에 의해
발심하여 수행하려면 그 세 가지를 갖추어야 한다. 첫째는 요약하여
말하면 모름지기 마음[識]이 있는 것과 없는 것을 통달하여 본래부터
자신의 성품[自性]이 청정함을 아는 것이다. 둘째는 만행을 인연하여
팔만사천의 모든 바라밀(波羅蜜) 등을 닦는 것이다. 셋째는 대자비를
근본으로 삼아 항상 (중생들을) 제도할 수 있는 (방편을) 헤아려 마음속에
간직하는 것이다. 이 세 가지의 원인은 능히 대보리와 더불어 상응하는
까닭으로 발보리심(發菩提心)이라고 이름 한다.

---

10) '요(要)'는 본 문장에서는 시작하는 말로써 '요약하여 말하면'의 뜻으로 번역한다.

又據淨土論云. 今言發菩提心者. 即是願作佛心. 願作佛心者. 即是度衆
生心. 度衆生心者. 即攝取衆生生有佛國土心. 今旣願生淨土. 故先須發
菩提心也.

또 『무량수경우바제사원생게주』에 의거하여 말한다.

이제 보리심을 일으키는 것[發菩提心]이라고 말하는 이것은 곧 발원하
여 부처님의 마음[佛心]을 짓는 것이다. 발원하여 부처님의 마음을
짓는 자는 곧 중생의 마음[衆生心]을 제도하는 것이다. 중생의 마음을
제도하는 것은 곧 중생을 섭수하여 부처님들의 국토에 왕생하게 하려는
마음이다. 지금 이미 정토에 왕생하기를 발원하였다면 먼저 반드시
보리심을 일으켜라.11)

4) 묻고 답하며 해석하다

第四問答解釋者. 問曰. 若備修萬行能感菩提得成佛者. 何故. 諸法無行
經云. 若人求菩提即無有菩提. 是人遠菩提. 猶如天與地.

제4는 묻고 답하며 해석한다. 묻는다. 만약 만행(萬行)을 갖추어 수행하면
능히 보리를 감득12)하여 성불할 수 있다. 무슨 까닭인가? 『제법무행경』에
서 말씀하셨다.

만약 어떤 사람이 보리를 구하고자 한다면 보리가 있을 수 없으니,

---

11) 『無量壽經優婆提舍願生偈註』 大正藏 40, p.842上. 莫不皆發無上菩提之心此無上菩提
　　心即是願作佛心. 願作佛心即是度衆生心. 度衆生心即攝取衆生生有佛國土心. 是故願
　　生彼安樂淨土者要發無上菩提心也.

12) 제2대문 각주 8번 참조.

이 사람은 보리와 먼 것이 오히려 하늘과 땅의 차이와 같다.[13]

答曰. 菩提正體理求無相. 今作相求不當理實. 故名人遠也. 是故經[14]
言. 菩提者不可以心得. 不可以身得也. 今謂行者雖知修行往求. 了了識
知理體無求. 仍不壞假名. 是故備修萬行. 故能感也.

답하다. 보리의 바른 실체는 이치상으로는 무상(無相)을 구하는 것이다. 이제 상으로써 이치의 실체를 구하는 것은 알맞지 않아 이 사람은 거리가 멀다고 이름 한다. 이러한 까닭으로『유마힐소설경』에서

보리라고 하는 것은 마음으로도 얻을 수 없고 몸으로도 얻을 수 없다.[15]

고 말씀하셨다. 지금의 수행자들은 비록 왕생하는 수행법을 알고서 (왕생을) 구한다. 이치적으로 정확하게[了了] 마음[識]의 실체가 구할 것이 없다는 것을 알면서도 여전히 거짓으로 이름하는 것[名]을 무너뜨리지 않는다. 이러한 까닭으로 만행을 구비하여 수행하여야 능히 감득할 수 있는 것이다.

是故大智度論云. 若人見般若. 是則爲被縛. 若不見般若. 是亦爲被縛.
若人見般若. 是則爲解脫. 若不見般若. 是亦爲解脫.

이러한 까닭으로『대지도론』에서 말씀하셨다.

---

13)『諸法無行經』大正藏 15, p.751中. 若人求菩提 則無有菩提 是人遠菩提 譬如天與地.
14) 본 경전은『維摩詰所說經』을 가리킨다.
15)『維摩詰所說經』大正藏 14, p.542中. 菩提者. 不可以身得. 不可以心得. 寂滅是菩提.

만약 어떤 사람이 반야를 보았다면 이것은 곧 번뇌에 얽매임[被縛]이요, 만약 반야를 보지 못했다면 이 또한 (번뇌에) 얽매임이다. 만약 어떤 사람이 반야를 보았다면 이것이 곧 해탈이요, 만약 반야를 보지 못했다면 이 또한 해탈이다.16)

龍樹菩薩釋曰. 是中不離四句17)者爲縛. 離四句者爲解. 今祈菩提但能如此修行. 卽是不行而行. 不行而行者. 不違二諦大道理也.

용수보살이 해석하여 말씀하기를

이 가운데에 사구(四句)를 떠나지 아니하면 번뇌에 얽힘이요, 사구를 떠나면 해탈이다. 지금 보리를 기원하는 것은 능히 이와 같이 수행하는 것과 같다. 즉, 수행하지 않으면서 수행하는 것이다. 수행하지 않으면서 수행하면 이 진제와 속제의 큰 진리의 세계[大道理]에 어긋나지 않는다.18)

又依天親淨土論19)云. 凡欲發心會無上菩提者有其二義. 一者先須離三種與菩提門相違法. 二者須知三種順菩提門法. 何等爲三. 一者依智慧

---

16) 『大智度論』大正藏 25, p.190下. 若不見般若 是則爲被縛 若人見般若 是亦名被縛 若人見般若 是則得解脫 若不見般若 是亦得解脫.

17) '사구(四句)'는 서로 대립되는 두 개념을 기준으로 해서 모든 현상을 판별하는 네 가지 형식을 취하는 논리로써 용수보살이 찬술한 『중론(中論)』이 대표적이다. 유(有)와 무(無)를 기준으로 하면, 유(有)·무(無)·역유역무(亦有亦無)·비유비무(非有非無)의 사구(四句)가 성립된다.

18) 『중론(中論)』의 전체적인 경전의 내용을 요약하여 인용하였으므로 본문과 일치하거나 비슷한 구절을 찾기 어렵다.

19) 천친(天親)의 『정토론(淨土論)』은 『무량수경우바제사원생게(無量壽經優婆提舍願

門不求自樂. 遠離我心貪著自身故. 二者依慈悲門拔一切衆生苦. 遠離
無安衆生心故. 三者依方便門憐愍一切衆生心. 遠離恭敬供養自身心
故. 是名遠離三種菩提門相違法.

또 천친보살의 『무량수경우바제사원생게주』에서 말씀하셨다.

무릇 발심하여 가장 높은[無上]의 보리를 구하고 싶어 하는 자는 두
가지 뜻을 지녀야 한다. 첫째는 먼저 세 종류의 보리문(菩提門)의 서로
어긋나는 법을 떠나는 것이요, 둘째는 모름지기 세 가지의 보리문[20]의
수순함을 알아야 하는 것이다. 어떤 것이 세 가지인가?
첫째는 지혜문(智慧門)을 의지하여 스스로의 즐거움을 구하지 않으니
나의 마음에서 욕심내고 집착[貪着]한 자신의 몸에 대한 마음을 멀리
떠나는 까닭이고, 둘째는 자비문(慈悲門)을 의지하여 일체중생의 고통
을 뽑아주어 중생의 편안하지 않는 마음을 멀리 떠나게 하는 까닭이며,
셋째는 방편문(方便門)을 의지하여 모든 중생을 불쌍하게 생각하며
자신에게 공양하고 공경하고자 하는 마음을 멀리 떠나는 까닭이다.
이것이 세 종류의 보리문에서 서로 어긋나는 법을 멀리 떠나는 것이
다.[21]

生偈)』를 가리킨다.

20) 천친보살이 찬술한 『무량수경우바제사원생게(無量壽經優婆提舍願生偈)』는 세
  종류로 표현되는데, 도작 스님은 두 종류로 표현했다.

21) 『無量壽經優婆提舍願生偈註』大正藏 40, p.842中. 障菩提門者菩薩如是善知迴向成就
  卽能遠離三種菩提門相違法何等三種一者依智慧門不求自樂遠離我心貪着自身故　知
  進守退曰智. 知空無我曰慧. 依智故不求自樂. 依慧故遠離我心貪着自身二者依慈悲門
  拔一切衆生苦遠離無安衆生心故　拔苦曰慈與樂曰悲. 依慈故拔一切衆生苦. 依悲故遠離
  無安衆生心三者依方便門憐愍一切衆生心遠離供養恭敬自身心故　正直曰方外己曰便.
  依正直故生憐愍一切衆生心. 依外己故遠離供養恭敬自身心是名遠離三種菩提門相違
  法　順菩提門者菩薩遠離如是三種菩提門相違得三種隨順菩提門法滿足故何等三種
  一者無染淸淨心以不爲自身求諸樂故. 菩提是無染淸淨處. 若爲身求樂卽違菩提. 是故無

順菩提門者. 菩薩遠離如是三種菩提門相違法. 即得三種隨順菩提門
法. 何等爲三. 一者無染淸淨心. 不爲自身求諸樂故. 菩提是無染淸淨處.
若爲自身求樂. 即違菩提門. 是故無染淸淨心是順菩提門. 二者安淸淨
心. 爲拔一切衆生苦故. 菩提安穩一切衆生淸淨處. 若不作心拔一切衆
生離生死苦. 即便違菩提. 是故拔一切衆生苦是順菩提門. 三者樂淸淨
心. 欲令一切衆生得大菩提故. 攝取衆生生彼國土故. 菩提是畢竟常樂
處. 若不令一切衆生得畢竟常樂者. 則違菩提門. 此畢竟常樂依何而得.
要依大義門. 大義門者. 謂彼安樂佛國是也. 故令一心專至願生彼國. 欲
使早會無上菩提也.

보리문을 따라서 수행[隨順]한다는 것은 보살이 이와 같은 세 종류의
보리문에 서로 어긋나는 법을 멀리 떠나면 곧 이에 따라 하는 세
종류의 보리문법을 얻는다. 무엇이 세 가지인가?

첫째는 번뇌가 없는[無染] 청정심이니 자신을 위하여 모든 즐거움을
구하지 않는 까닭으로 보리문은 번뇌가 없는 청정한 처소이다. 만약
자신을 위해서 즐거움을 구하면 곧 보리문에 어긋나므로 이러한 까닭으
로 번뇌가 없는 않는 청정심이 보리문을 따르는 것이다.

둘째는 안정된 청정심이니 모든 중생을 위하여 고통을 없애[拔]는
까닭으로 보리는 안정되고 그윽하니[安穩] 모든 중생의 청정한 처소이
다. 만약 모든 중생의 태어나고 죽는 고통을 여읠 수 있게 하는 마음을
짓지 아니하면 곧 보리에 어긋난다. 그러므로 모든 중생이 태어나고

染淸淨心是順菩提門二者安淸淨心以拔一切衆生苦故 菩提是安穩一切衆生淸淨處. 若
不作心拔一切衆生離生死苦. 即便違菩提. 是故拔一切衆生苦是順菩提門三者樂淸淨心
以令一切衆生得大菩提故以攝取衆生生彼國土故 菩提是畢竟常樂處. 若不令一切衆生
得畢竟常樂則違菩提. 此畢竟常樂依何而得. 依大乘門. 大乘門者. 謂彼安樂佛國土是也.
是故又言以攝取衆生生彼國土故是名三種隨順菩提門法滿足應知.

죽는 고통을 없애주고자 하는 마음을 지어야 보리심을 따르는 것이다. 셋째는 즐거운 청정심이니 모든 중생들을 결국 대보리를 얻게 하고자 하는 마음인 까닭이며 중생들이 저 정토에 왕생하도록 섭수하는 것을 돕는[取] 까닭이다. 보리는 결국 항상 즐거움을 의지하므로 만약 모든 중생들이 결국 항상 즐거움을 얻지 못하면 곧 보리문에 어긋나는 것이다.

이 궁극적인 항상의 즐거움은 무엇을 의지하여 얻을 수 있는가? 요약하여 말하면 대의문(大義門)을 의지하여야 한다. 대의문은 저 안락한 부처님의 국토를 말하는 것이다. 그러므로 오로지 한 마음[一心]의 지극함으로 저 국토에 왕생하는 것을 발원하는 것이요, 빠르게 최고의 높은 보리[無上菩提]를 얻게 하고자 하는 것이다.[22]

제2항 다른 견해[異見]와 삿된 집착을 깨트리다

1) 간략히 설명하다[略說]

第二明破異見邪執者. 就中有其九番. 第一破妄計大乘無相異見偏執. 第二會通[23]菩薩愛見大悲. 第三破繫心外無法. 第四破願生穢國不願往

---

22) 『無量壽經優婆提舍願生偈註』大正藏 40, pp.842中~下. 順菩提門者. 菩薩遠離如是三種菩提門相違法得三種隨 順菩提門法滿足故何等三種 一者無染淸淨心以不爲自身求諸樂故 菩提是無染淸淨處. 若爲身求樂卽違菩提. 是故無染淸淨心是順菩提門 二者安淸淨心以拔一切衆生苦故 菩提是安穩一切衆生淸淨處. 若不作心拔一切衆生離生死苦. 便違菩提. 是故拔一切衆生苦是順菩提門 三者樂淸淨心以令一切衆生得大菩提故以攝取衆生生彼土故 菩提是畢竟常樂處. 若不令一切衆生得畢竟樂則違菩提. 此畢竟常樂依何而得. 依大乘門. 大乘門者. 謂彼安樂佛國土是也. 是故又言以攝取衆生生彼國土故是名三種隨順菩提門法滿足應知.

23) '회통(會通)'은 서로 모순처럼 보이는 가르침을 자세히 대조하여 실제로는 서로

生淨土. 第五破若生淨土多喜着樂. 第六破求生淨土非是小乘. 第七破求生兜率勸不歸淨土. 第八會通若求生十方淨土不如歸西. 第九料簡別時[24]之意.

제2항은 삿된 견해와 집착을 깨트리는 것을 밝힌다. 그 가운데 9부분으로 나누어 살펴보겠다. 제1에서는 대승이 무상(無相)이라고 거짓되게 얽혀 있는 다른 삿된 견해와 치우친[偏僻] 집착을 깨트리는 것이고, 제2는 보살의 사랑[愛欲]의 견해와 대비(大悲)를 회통하는 것이며, 제3은 얽힌 마음의 밖에 (다른) 법이 없다는 삿된 견해를 깨트리는 것이고, 제4는 예토에 태어나길 발원하면서 정토에 왕생하기를 발원하지 않는다는 삿된 것을 깨트리는 것이며, 제5는 정토에 왕생하면 큰 즐거움[歡喜]에 빠져 즐거움에 집착한다는 것을 깨트리는 것이고, 제6은 정토에 왕생하기를 구하는 것이 소승이 아니라는 것을 깨트리는 것이며, 제7은 도솔천에 왕생하기를 권하되 정토에 왕생하기를 권하지 않는다는 것을 깨트리는 것이고, 제8은 회통하여 시방의 정토에 왕생하는 것이 서방정토에 왕생하는 것만 못하다는 것을 회통하는 것이며, 제9는 위의 각 대문을 헤아려 핵심을 찾아내겠다.

모순이 없는 것을 밝히는 것을 가리킨다.

24) '별시(別時)'는 위에서 서술한 위의 여덟 가지의 논증을 가리킨다.

2) 개별적으로 해석하다[別釋]

(1) 무상(無相)에 집착함을 깨트리다

> 第一破大乘無相妄執者. 就中有二. 一總生起. 欲令後代學者明識是非
> 去邪向正. 第二廣就繫情, 顯正破之. 一總生起者. 然大乘深藏名義塵沙.
> 是故涅槃經云. 一名無量義. 一義無量名.

제1은 대승은 무상(無相)이란 거짓된 집착[妄執]을 깨트리는 것에는
두 가지가 있다. 첫째는 총체적으로 일으키는 것으로 후대의 학자들이
옳고 그름을 밝혀 삿된 것을 버리고 바른 것으로 향하게 하기 위한
것이다. 둘째는 많이 얽혀 있는 마음[繫情]을 깨트려 정법을 나타내는
것이다. 첫째, 총체적으로 일으킨다는 것은 대승(大乘)은 깊이 감추어진
명칭과 뜻이 티끌과 모래처럼 많으므로 『대반열반경』에서

> 한 개의 명칭 속에 헤아릴 수 없는 뜻이 있고 한 개의 뜻 가운데
> 헤아릴 수 없는 이름이 있다.[25] 라고 말씀하셨다.

> 要須遍審衆典方曉部旨. 非如小乘俗書案[26]文畢義. 何意須然. 但淨土
> 幽廓經論隱顯. 致令凡情種種圖度. 恐涉諂語刀刀百盲偏執 雜亂無知
> 妨礙往生. 今且擧少狀一一破之. 第一破妄計大乘無相者.

---

[25] 『大般涅槃經』大正藏 12, p.563下. 云何一義說無量名. 猶如帝釋亦名帝釋. 亦憍尸迦.
亦名婆蹉婆. 亦名富蘭陀羅. 亦名摩佉婆. 亦名因陀羅. 亦名千眼. 亦名舍支夫. 亦名金剛.
亦名寶頂. 亦名寶幢. 是名一義說無量名. 云何於無量義說無量名.

[26] '서안(書案)'은 '처음 작성된 문장'의 뜻으로 비유하여 세존의 최초의 가르침을
가리킨다.

요컨대 반드시 여러 경전을 많이 자세히 살펴야 비로소 부분적인 가르침을 밝힐 수 있으나 소승법이나 세속의 문장은 세존의 가르침과 궁극적인 뜻이 알맞지 않다.

어떤 뜻이 그러한가? 다만 정토의 세계는 깊고 넓으며 경론 가운데 숨겨져 있기도 하고 혹은 드러나 있기도 하여, 범부로 하여금 여러 가지의 추측에 이르게 한다. 요사스러운 말[諂語]은 백 가지로 눈을 가린 편벽된 집착으로 칼로 된 밭[刀刀]을 밟는 것과 같아 두렵고, 잡스럽고 혼란하며 무지(無知)하니 왕생을 방해하고 장애할 것이다. 이제 또한 작은 부분으로 예를 들어 하나하나를 깨트리는 것이다. 제1은 대승은 무상이라고 거짓되게 집착하는 것을 깨트리는 것이다.

> 問曰. 或有人言. 大乘無相勿念彼此. 若願生淨土. 便是取相. 轉增漏縛.
> 何用求之. 答曰. 如此計者將謂不然. 何者. 一切諸佛說法要具二緣. 一
> 依法性實理. 二順其二諦. 彼計大乘無念[27]但依法性. 然謗無緣求. 卽是
> 不順二諦. 如此見者墮滅空[28]所收.

묻는다. 혹 어떤 사람이 말한다. 대승은 무상하므로 이것과 저것을 생각하지 않아야 한다. 만약 정토에 왕생하기를 발원한다면 곧 상(相)을 취(取)하게 되므로 반대로 번뇌에 얽히는 것이 늘어나는데 어떻게 왕생을 구하겠는가?

답한다. 이와 같이 생각하고 말하는 것은 옳지 않다. 왜냐하면 일체의

---

27) '무념(無念)'은 모든 분별이 끊어져 번뇌와 망상을 일으키지 않는 상태로 부처의 성품을 깨달아 유지하는 상태를 가리킨다.
28) '멸공(滅空)'은 '단멸공(斷滅空)'의 줄임말 표현이다. '단멸공(斷滅空)'은 '공'의 개념을 제대로 이해하지 못해 허무주의에 빠지는 것을 가리킨다.

모든 부처님들의 설법은 중요한 두 가지 인연을 갖추었다. 첫째는
법의 성품[法性]의 실제적인 이치에 의지하는 것이고, 둘째는 진제와
속제를 반드시 쫓아 따르는 것이다. 저 대승의 무념(無念)을 헤아린
것은 다만 법의 성품에 의지할 뿐이다. 그러므로 인연이 없이 구하는
것을 비방하는 것은 곧 진제와 속제를 쫓아 따르지 않기 때문이며
이와 같은 견해를 가진 자는 단멸공에 빠져서 추락하게 된다.

> 是故無上依經云. 佛告阿難. 一切衆生若起我見如須彌山. 我所不懼. 何
> 以故. 此人雖未卽得出離. 常不壞因果不失果報故. 若起空見如芥子. 我
> 卽不許. 何以故. 此見者破喪因果多墮惡道. 未來生處必背我化.

그러므로 『불설무상의경』에서 부처님께서 아난에게 말씀하셨다.

> 일체의 중생들이 만약 나에 대한 견해를 수미산(須彌山)처럼 일으킬지
> 라도 나는 두렵지 않다.29) 왜 그러한가? 이 사람이 비록 아직 (번뇌에서)
> 벗어나지 못했을지라도 항상 인과(因果)를 파괴하지 않았고 과보를
> 잃지 않았기 때문이다. 만약 어떤 사람이 겨자씨만큼 작은 헛된 견해를
> 일으킨 것이라면 나는 곧 (이 견해를) 인정하지 않을 것이다. 왜 그러한
> 가? 이 견해를 가진 자는 인과를 파괴하고 망실(亡失)하여 많은 악도에
> 떨어질 것이며, 미래에 태어나는 곳은 분명 나의 교화에서 어긋나기
> 때문이다.30)

---

29) 본문과 일치하는 구절은 없으나 비슷한 부분이 있다.
  『佛說無上依經』 大正藏 16, p.471中. 阿難. 若有人執我見如須彌山大我不驚怪亦不毁
  呰. 增上慢人執着空見. 如一毛髮作十六分我不許可.

30) 『불설무상의경』의 전체적인 경전의 내용을 요약하여 인용하였으므로 본문과
  일치하거나 비슷한 구절을 찾기 어렵다.

今勸行者. 理雖無生. 然二諦道理非無緣求一切得往生也. 是故維摩經
云. 雖觀諸佛國及與衆生空. 而常修淨土教化諸群生.

지금 수행자에게 권장하나니 이치는 비록 무생(無生)일지라도 진제와
속제의 도리는 인연이 없는 것으로 일체를 구하여 왕생을 얻는 것이
아니다. 그러므로 『유마힐소설경』에서 말씀하셨다.

　　모든 부처님의 국토 및 중생이 모두 허공[空] 같다고 관(觀)하더라도
　　항상 정토를 수행하며 모든 중생을 교화하라.[31]

又彼經云. 雖行無作而現受身. 是菩薩行. 雖行無起而起一切善行. 是菩
薩行. 是其眞證也.

또한 『유마힐소설경』에서 말씀하셨다.

　　비록 짓는 것 없이[無作] 수행하여도 몸으로 받아 나타난 것이 바로
　　보살행이며 비록 일으키는 것이 없이[無起] 수행하여도 일체의 선행을
　　일으키면 이것이 바로 보살행이다. 이것이 그것을 진실로 증명하는
　　것이다.[32]

---

31) 『維摩詰所說經』大正藏 14, p.475上. 雖知諸佛國 及與衆生空 而常修淨土 敎化於群生.
32) 『維摩詰所說經』大正藏 14, p.545下. 雖行無作而現受身. 是菩薩行. 雖行無起而起一切
　　善行. 是菩薩行.

問曰. 今世間有人. 行大乘無相亦不存彼此. 全不護戒相. 是事云何. 答
曰. 如此計者. 爲害滋甚. 何者. 如大方等經33)云. 佛爲優婆塞34)制戒.
不得至寡婦處女家. 沽酒家藍染家押油家熟皮家悉不得往來.

묻는다. 지금 세간의 사람들이 대승의 무상을 수행하면서 너와 나를
구분 짓지 못하고 계율을 조금도 지키지 아니하는데 어떻게 된 일인가?'
답하다. 이것을 헤아려 보건대, 피해는 점차 커진다. 어찌 그러한가?
『대방등대집경』에서 말씀하셨다.

　부처님께서 우바새(優婆塞)를 위해 계율을 제정한 것이지 과부(寡婦)의
　집, 소녀의 집, 술파는 집, 염색하는 집, 기름 짜는 집, 가죽을 찌는
　집 등과 서로의 왕래를 위해 제정한 것은 아니다.35)

阿難白佛言. 世尊爲何等人制如斯戒. 佛告阿難. 行者有二種. 一者在世人
行. 二者出世人行. 出世人者. 吾不制上事. 在世人者. 吾今制之. 何以故.
一切衆生悉是吾子. 佛是一切衆生父母. 遮制約勒. 早出世間得涅槃故.

아난이 부처님께 여쭈었다.
"세존이시여! 어떤 사람들을 위해 이러한 계율이 제정된 것입니까?"
부처님께서 아난에게 말씀하셨다.
"수행자에는 두 종류가 있는데 첫째는 세간에서 수행하는 사람이고,

---

33) 본 경전은 『대방등대집경(大方等大集經)』을 가리킨다.
34) '우바새(優婆塞)'는 한역으로 '청신사(淸信士)' 또는 '근사남(近事男)'이라고 번역되
　며, 출가하지 않고 삼귀오계를 받고 세존의 제자가 된 남성 신도를 말한다.
35) 『대방등대집경』의 전체적인 경전의 내용을 요약하여 인용하였으므로 본문과
　일치하거나 비슷한 구절을 찾기 어렵다.

둘째는 출세간에서 수행하는 사람이다. 출세간의 사람에게는 내가
계율을 제정한 것이 아니고, 세간의 수행자를 위해 제정한 것이다.
왜 그러한가? 모든 중생이 모두 나의 제자이고 부처님은 일체 중생의
부모이시다. 차단하여 제약하고 결정하여 제약하는 것은 일찍 세간을
벗어나 열반을 얻게 하고자 하는 것이다."36)

(2) 사랑의 견해[愛見]의 대비(大悲)를 회통(會通)하다

第二, 會通菩薩愛見大悲者. 問曰. 依大乘聖教. 菩薩於諸衆生. 若起愛
見大悲. 即應捨離. 今勸衆生共生淨土. 豈非愛染取相. 若爲免其塵累也.

제2는 보살이 사랑에 대한 견해와 대비를 회통하는 것이다. 묻는다.
대승의 성스러운 가르침에 의거하여 보살과 모든 중생에 대해 사랑하는
견해와 대비심을 일으켰다면 곧 마땅히 (그 견해를) 버리고 벗어나라.
지금 중생들에게 함께 정토에 왕생하기를 권장하나니, 어찌 애욕과
오염된 상을 취하고 버리지 못하면서 세간의 번뇌[塵累]를 벗어나고자
하는가?

答曰. 菩薩行法功用有二. 何者. 一證空慧般若. 二具大悲. 一以修空慧37)
般若力故. 雖入六道生死. 不爲塵染所繫. 二以大悲念衆生故. 不住涅槃.
菩薩雖處二諦. 常能妙捨有無. 取捨得中不違大道理也. 是故維摩經云.
譬如有人欲於空地造立宮舍. 隨意無礙. 若於虛空終不能成. 菩薩亦如
是. 爲欲成就衆生故. 願取佛國. 願取佛國者. 非於空也.

---

36)『대방등대집경』의 전체적인 경전의 내용을 요약하여 인용하였으므로 본문과
  일치하거나 비슷한 구절을 찾기 어렵다.

답한다. 보살의 수행법에는 공덕을 사용함에 두 가지가 있다. 어떤 것인가? 첫째는 수행에 의한 공성(空性)의 지혜인 반야를 증득했기 때문이고, 둘째는 대비심을 갖추었기 때문이다. 첫째는 수행하여 얻은 공성의 지혜인 반야의 힘으로 비록 여섯 세계의 태어남과 죽음 가운데 머무르나 번뇌에 얽히지 않는 것이고, 둘째는 대비심으로 중생을 생각하는 까닭에 열반에 머물지 않는 것이다. 보살이 비록 진제와 속제의 가운데 머무르고 있지만 항상 교묘히 있고 없음[有無]의 (마음을) 버릴 수 있어서 취하고 버리고 얻는 가운데 큰 도리에 어긋나지 않기 때문이다. 이러한 까닭으로 『유마힐소설경』에서 말씀하셨다.

> 비유하건대 만약 어떤 사람이 빈 땅에 궁전과 집을 짓고 싶다면 뜻에 따르는데 아무런 장애가 없을 것이다. 그러나 허공에 짓고자 하면 결국은 짓지 못할 것이다. 보살도 또한 이와 같다. 중생들이 (깨달음을) 성취하게 하고자 하는 까닭으로 발원하여 부처님들의 국토를 성취한다. 부처님들의 국토를 성취하기를 발원하는 것은 헛된 것이 아니다.[38]

(3) 마음의 밖에 법이 없다고 집착함을 깨트리다

第三破繫心外無法者. 就中有二. 一破計情. 二問答解釋. 問曰. 或有人言. 所觀淨境約就內心. 淨土融通. 心淨即是. 心外無法. 何須西入.

제3은 마음의 밖에는 법이 없다는 집착을 깨트린다는 것으로 그 가운데 두 가지가 있다. 첫째는 거짓된 생각을 헤아려 깨트리는 것이고, 둘째는

---

37) '공혜(空慧)'는 진리의 세계인 '공의 성품[空性]을 바탕으로 하는 지혜'를 말한다.

38) 『維摩詰所說經』大正藏 14, p.520上. 譬如有人欲度空中造立宮室終不能成. 如是童子. 菩薩欲度人民故願取佛國. 願取佛國者非於空也.

묻고 답하며 해석하는 것이다.

묻는다. 어떤 사람이 말하기를, 청정한 경계를 관(觀)하고 마음 안으로
나아가는 것은 정토와 서로 통하므로[融通] 깨끗한 마음이 곧 이것이고,
마음 밖에 법이 없는데 어째서 서방 (정토)에 왕생할 필요가 있겠는가?

答曰. 但法性淨土. 理處虛融. 體無偏局. 此乃無生之生. 上士堪入. 是故
無字寶篋經云. 善男子復有一法. 是佛所覺. 所謂諸法不去不來. 無因無
緣. 無生無滅. 無思無不思. 無增無減. 佛告羅侯羅言. 汝今受持我此所
說正法義不. 爾時十方有九億菩薩. 即白佛言. 我等皆能持此法門. 當爲
衆生流通不絶. 世尊答言. 是善男子等則爲兩肩荷擔菩提. 彼人即得不
斷辨才.39) 得善淸淨諸佛世界. 命終之時即得現見阿彌陀佛與諸聖衆住
其人前. 得往生也. 自有中下之輩. 未能破相. 要依信佛因緣求生淨土.
雖至彼國. 還居相土. 又云. 若攝緣從本. 即是心外無法. 若分二諦明義.
淨土無妨是心外法也.

답하다. 이 정토의 법성은 이치상으로는 허공처럼 원융하고 실체의
모습은 치우침이 없다. 이것은 무생(無生)의 생(生)이므로 상근기[上士]
들이 감히 들어가는 것이다. 그러므로 『무자보협경』에서 말씀하셨다.

선남자여! 여기 한 법이 있으니 부처님께서 깨달으신 것이다. 이른바
모든 법은 오는 것도 없고 가는 것도 없고, 인연도 없고 반연이 없으며,
태어남과 소멸함이 없고, 생각이 없고 생각이 아닌 것이 없으며, 늘어나
는 것도 없고, 줄어드는 것도 없다. 부처님께서 라후라에게 말씀하셨다.
"너는 지금 내가 말한 정법의 뜻을 수지할 수 있겠느냐?"

39) '변재(辨才)'는 옳고 그름을 분명히 판단하여 분별하는 재능을 뜻한다.

이때 시방세계의 9억 명의 보살이 부처님께 말하였다.

"우리들은 모두 능히 이 법문을 수지하였습니다. 마땅히 중생을 위해 유통하여 끊이지 않게 하겠습니다."

세존께서 답하여 말씀하셨다.

"너희 선남자들은 양 어깨에 보리를 짊어지고 있다. 이러한 사람들은 곧 끊이지 않는 변재를 얻게 될 것이고 청정한 모든 부처님의 세계를 잘 증득(證得)할 것이다. 목숨을 마치는 때에는 곧 아미타불과 모든 성중(聖衆)들이 그에게 현전하시며 곧 왕생을 증득할 것이다."40)

중·하근기의 무리들은 스스로 아직 상(相)을 깨트리지 못한다. 요약하여 말하면, 부처님의 인연을 믿고 의지하여 왕생을 구하여 비록 저 정토에 이를지라도 오히려 형상의 국토에 머물러 있다. 또한 말한다. 만약 인연을 섭수하고 근본을 따르면 곧 마음 밖에는 법이 없다. 만약 진제와 속제로 나누어서 (정토의) 뜻을 밝히고자 하면 정토의 (뜻을) 방해하지 않으나 이것은 마음 밖의 법이다.

問曰. 向言無生之生唯上士能入. 中下不堪者. 爲當直將人約法作如此判. 爲當亦有聖敎來證.

---

40) 『無字寶篋經』大正藏 17, pp.872上~中. 善男子. 若善男子善女人. 復有一法是佛所覺. 善男子. 所謂諸法不去不來無因無緣無生無滅無思不思無增無減. 爾時佛告羅侯羅言. 汝能受持我此所說正法義不. 說此語時以佛神力. 恒河沙等諸世界中九億菩薩. 從坐而起. 卽白佛言. 世尊. 我等皆能持此法門. 令於此間娑婆世界未來世中. 爲諸衆生流通不絶. 善男子. 是善男子善女人. 則爲兩肩荷擔菩提. 彼人則得不斷辯才. 得善淸淨諸佛世界. 命終之時則得現見阿彌陀佛聲聞菩薩大衆圍遶住其人前. 亦見我身於此耆闍崛山王頂. 及見此等諸菩薩衆. 善男子. 彼善男子善女人. 則爲已得大法庫藏而不可盡. 得宿命智不生惡道.

묻는다. 위에서 말한 무생(無生)의 생(生)은 오직 상근기들만이 들어갈 수 있으며 중·하근기의 사람은 견디어낼 자가 없다. 마땅히 직접적으로 사람들에 의해 약속으로 만들어진 법에 의해 이와 같이 판단한 것인가? 마땅히 성인의 가르침을 가지고 증명한 것인가?

答曰. 依智度論云. 新發意菩薩機解軟弱. 雖言發心. 多願生淨土. 何意然者. 譬如嬰兒若不近父母恩養. 或墮阬落井. 火蛇等難. 或乏乳而死. 要假父母摩洗養育. 方可長大能紹繼家業. 菩薩亦爾. 若能發菩提心. 多願生淨土. 親近諸佛. 增長法身. 方能匡紹菩薩家業. 十方濟運. 爲斯益故. 多願生也.

답한다. 『대지도론』에 의거하여 말하겠다.

새롭게 발심한 보살은 근기와 이해력이 연약하며 비록 발심했다고는 하나 대부분이 정토에 왕생하고자 발원하고 있다. 어떤 뜻에서 그러한가? 비유하면 어린 아기가 가까이서 부모의 은혜로운 양육을 받지 못하면 혹은 구덩이에 떨어지고, 우물에 빠지며, 불이나 뱀 등의 재난을 당하고, 혹은 젖이 부족하여 죽게 된다. 중요한 것은 가령 부모가 보살피고 씻기는 등의 양육을 의지해야 비로소 성인이 될 수 있고 능히 가업(家業)을 이어 받을 수가 있다.

보살도 또한 그렇다. 만약 능히 보리심을 일으키면 많이 정토에 왕생하기를 발원하고 모든 부처님을 가까이 하면 법신을 증장할 수가 있다. 비로소 능히 바르게 보살의 가업을 계승할 수 있고 시방세계의 중생을 제도할 수 있다. 이러한 이익 때문에 많은 보살이 왕생을 발원하는 것이다.[41]

又彼論云. 譬如鳥子翅翮未成. 不可逼令高翔. 先須依林傳樹. 羽成有力
方可捨林遊空. 新發意菩薩亦爾. 先須乘願求生佛前. 法身成長隨感赴盆.

또한 『대지도론』에서 말씀하셨다.

> 비유하면 작은 새의 날개가 아직 다 자라지 못했으므로 억지로 강요해
> 높게 날게 할 수는 없다.[42] 먼저 숲과 나무를 의지하여 날개가 다
> 자라고 힘이 길러진 후에야 비로소 수풀을 버리고 허공을 날 수가
> 있다.

처음 마음을 일으킨 보살도 또한 이와 같다. 반드시 먼저 부처님 전에
왕생하기를 발원하고 법신을 성장하고 감득(感得)한 것을 따라서 나아가
야 이익이 있다.

又阿難白佛言. 此無相波羅蜜在何處說. 佛言. 如此法門在阿毘跋致[43]
地中說. 何以故. 有新發意菩薩. 聞此無相波羅蜜門. 所有淸淨善根悉當
滅沒也. 又來但至彼國. 卽一切事畢何用諍此深淺理也.

또한 아난이 부처님께 여쭈었다.
"이 무상바라밀(無相波羅蜜)의 법문은 어느 곳에서 말씀합니까?"
부처님께서 대답하셨다.

---

41) 본문과 일치하는 구절은 찾기 어렵고, 『大智度論』(大正藏 25, pp.275中~276上)에
    비슷한 부분을 인용하여 논증하고 있다.
42) 『大智度論』大正藏 25, p.489下. 譬如鳥子羽翼未成不可逼令高翔六翮成就則能遠飛.
43) 아비발치(阿毘跋致)는 '아유월치(阿惟越致)'라고도 하며, 불퇴(不退)·무퇴(無退)·
    불퇴전(不退轉)·불퇴위(不退位)라고 한역된다. 반드시 성불(成佛)하며 동시에 보
    살위에서 추락하지 않는 계위를 가리킨다.

"이 법문은 아비발치[不退位]에서 말한다. 왜냐하면, 처음 발심한 보살들은 이 무상바라밀의 법문을 들으면 모든 청정한 선근이 다 없어지기 때문이다. 또한 저 정토에 이르기만 하면 모든 불사(佛事)를 모두 마쳤으니 어찌 이와 같은 (불사의) 깊고 얕은 이치를 논쟁하겠는가?"[44]

(4) 예토에 태어나기를 발원하는 것을 깨트리다

第四破願生穢土不願生淨土者. 問曰. 或有人言. 願生穢國敎化衆生. 不願往生淨土. 是事云何.

제4는 예토에 태어나길 발원하고 정토에 왕생하는 것을 발원하지 않는 것을 깨트린다. 묻는다. 혹 어떤 사람이 말하기를 예토에 태어남을 발원하여 중생을 교화하고, 정토에 왕생을 발원하지 않는다고 하는 이와 같은 일은 무슨 까닭인가?

答曰. 此人亦有一徒. 何者. 若身居不退已去. 爲化雜惡衆生故. 能處染不染. 逢惡不變. 如鵝鴨入水. 水不能濕. 如此人等堪能處穢拔苦. 若是實凡夫者. 唯恐自行未立. 逢苦卽變. 欲濟彼者. 相與俱沒. 如似逼雞入水. 豈能不濕.

답한다. 이러한 사람들의 하나의 무리가 있다. 어떤 무리인가? 이미 (번뇌를) 제거하여 몸이 물러남이 없음에 머물고 있으며, 잡스럽고 악한 중생들을 교화하는 까닭으로 예토에 머물러도[處染] 물들지 않고,

---

44) 『대지도론(大智度論)』의 제73권 「아비발치품(阿毘跋致品)」의 내용을 요약하여 인용하였으므로 본문과 일치하거나 비슷한 구절을 찾기 어렵다.

악함을 만나도 변하지 않는다. 마치 거위와 오리가 물에 들어가도 깃털이 물에 젖지 않는 것과 같다. 이와 같은 사람들은 예토에 머무르며 고통을 없애는 일을 능히 참아낼 수 있다.

만약 이 사람이 실제적으로 범부이면 오직 스스로 수행함을 아직 세우지 못한 것을 두려워하여 고통을 만나면 곧 변하며 타인을 구제하고자 한다면 서로가 모두 고통에 빠지게 된다. 마치 닭이 (거위와 오리를) 쫓아 물에 들어간 것과 같으니 어찌 물에 젖지 않겠는가?

> 是故智度論云. 若凡夫發心卽願在穢土拔濟衆生者. 聖意不許. 何意然者. 龍樹菩薩釋云. 譬如四十里冰. 如有一人. 以一升熱湯投之. 當時似如少減. 若經夜至明. 乃高於餘者. 凡夫在此發心救苦亦復如是. 以貪嗔境界違順多故. 自起煩惱返墮惡道故也.

그러므로 『대지도론』에서 이렇게 말씀하셨다.

> 만약 범부가 발심하여 곧 예토에서 중생을 구제하길 발원한다면 부처님은 이 마음을 허락하지 않으신다.[45]

왜 그러한가? 용수보살이 해석하여 말씀하였다.

> 비유하면 40리 얼음에 만일 어떤 사람이 있어서 한 되의 뜨거운 물을 부으면 당시에는 마치 조금씩 녹는 것 같지만 만약 밤이 지나 밝아지면 녹은 곳이 (얼어붙어) 더 높아지는 것과 같다. 범부가 발심하여 고통을 구제하고자 하는 것도 또한 이와 같아서 탐욕과 성냄의 경계에 부딪혀

---

45) 『대지도론(大智度論)』에는 본문과 일치하거나 비슷한 구절이 없으므로 도작 스님이 인용할 때 『대지도론』의 내용을 요약하거나 비유한 것으로 생각된다.

(중생 구제를) 따르는 것에 어긋남이 많기 때문에 스스로 번뇌를 일으켜
서 도리어 악도(惡道)에 떨어지기 때문이다.46)

(5) 정토에 왕생하는 즐거움에 집착하는 것을 깨트리다

第五破若生淨土多喜著樂者. 問曰. 或有人言. 淨土之中唯有樂事. 多喜
著樂妨廢修道. 何須願往生也.

제5는 만약 정토에 태어나면 대다수가 기뻐하여 즐거움에 집착하는
것을 깨트린다. 묻는다. 혹 어떤 사람은 말하기를 정토에는 오직 즐거운
일만 있어서 대다수가 기뻐하고 즐거움에 집착하여 수행이 방해되고
황폐하여지는데 어찌하여 왕생을 발원하겠는가?

答曰. 旣云淨土. 無有衆穢. 若言著樂. 便是貪愛煩惱. 何名爲淨. 是故大
經云. 彼國人天往來進止情無所繫. 又四十八願云. 十方人天來至我國.
若起想念貪計身者. 不取正覺. 大經又云. 彼國人天無所適莫. 何有著樂
之理也.

답한다. 이미 말한 정토에는 여러 번뇌가 없다. 만약 즐거움에 집착한다
고 말하면 문득 이것은 욕심과 사랑의 번뇌인데 어떻게 정토라고 이름
하겠는가? 그러므로『불설무량수경』에서 말씀하셨다.

정토에는 인간과 천인이 왕래하며 나아가고 멈추지만 감정(感情)에
얽매인 것이 없다.47)

---

46)『大智度論』에는 본문과 일치하거나 비슷한 구절이 없으므로 도작 스님이 인용시
 오류를 범한 듯하다.

또한 『불설무량수경』의 48원에서 말씀하셨다.

시방(十方)의 인간과 천인이 왕래하여 나의 국토에 와서 이르러 만약 몸을 헤아려 욕심내는 생각을 일으킨다면 (나는) 깨달음[正覺]을 성취하지 않겠노라.[48]

또한 『불설무량수경』에서 말씀하셨다.

정토의 인간과 천인은 법의 이치에 알맞고 알맞지 않은 것이 없는데 어떻게 즐거움의 이치에 집착하겠는가?[49]

(6) 정토에 왕생하는 것은 소승(小乘)이라는 시비(是非)를 깨트리다

第六破求生淨土非是小乘. 問曰. 或有人言. 求生淨土便是小乘. 何須修之. 答曰. 此亦不然. 何以故. 但小乘之敎一向不明生淨土故也.

제6은 '정토에 왕생을 구하는 것이 소승이다'라는 시비(非是)를 깨트린다.
묻는다. 혹 어떤 사람은 말하길 정토에 왕생을 구하는 것이 곧 소승인데 어찌 그것을 수행하는가?
답한다. 이것도 또한 그렇지 않다. 왜냐하면 다만 소승의 가르침은 한결같이[一向] 정토에 왕생하는 것을 밝히지 않았기 때문이다.

---

47) 『佛說無量壽經』大正藏 12, p.273下. 無我所心無染着心. 去來進止情無所係.
48) 『佛說無量壽經』大正藏 12, p.268上. 設我得佛. 國中人天. 若起想念貪計身者. 不取正覺.
49) 『佛說無量壽經』大正藏 12, p.273下. 隨意自在無所適莫.

(7) 도솔천에 왕생하기를 발원하는 것을 회통하다

第七會通願生兜率勸歸淨土者. 問曰. 或有人言. 願生兜率[50]不願歸西.
是事云何.

제7은 도솔천에 (태어나기를) 발원하는 것과 정토에 귀의하기를 권장하
는 것을 회통한다. 묻는다. 혹 어떤 사람은 말하길 도솔천에 태어나기를
발원하고 서방 (정토에) 귀의하길 발원하지 않는 일은 무슨 까닭인가?

答曰. 此義不類. 少分似同. 據體大別. 有其四種. 何者. 一彌勒世尊爲其
天衆轉不退法輪. 聞法生信者獲益. 名爲信同. 著樂無信者. 其數非一.
又來雖生兜率. 位是退處. 是故經[51]云. 三界無安. 猶如火宅.

답한다. 이 뜻은 (전체적으로) 같지 않으나 작은 부분은 비슷하다. 실체에
의거하면 크게 구별되며 그것에는 네 가지가 있다. 어떤 것인가? 첫째는
미륵보살과 세존은 그 천인의 무리에게 물러남이 없는 법륜을 굴리시니
법을 듣고서 믿음을 일으키는 자는 이익을 얻는 것을 믿음과 같다고
이름 한다. 즐거움에 집착하여 믿음이 없는 자의 그 숫자가 하나가
아니기 때문이며, 또한 역시 비록 도솔천에 태어나지만 계위는 물러남이
있는 처소이기 때문이다. 그러므로 『묘법연화경』에서

---

50) '도솔(兜率)'은 '도솔천(兜率天)'의 줄임말 표현이다. '도솔천'은 욕계(欲界) 육천(六
天) 중의 제4천으로 그 내원(內院)은 내세에 부처가 될 보살이 사는 곳이라고
하며, 부처님도 현세에 태어나기 이전에 이 도솔천에 머물며 수행했다고 한다.
현재는 미륵보살이 여기에서 설법하며 남섬부주(南贍部洲)에 하생(下生)하여
성불할 시기를 기다리고 있다고 한다.

51) 본 경전은 『묘법연화경(妙法蓮花經)』을 가리킨다.

삼계(三界)는 평안함이 없고 오히려 불난 집과 같다.[52]

고 말씀하셨다.

二往生兜率. 正得壽命四千歲. 命終之後不免退落. 三兜率天上雖有水鳥樹林和鳴哀雅. 但與諸天生樂爲緣. 順於五欲[53]不資聖道. 若向彌陀淨國一得生者. 悉是阿毗跋致. 更無退人與其雜居. 又復位是無漏. 出過三界. 不復輪迴. 論其壽命. 卽與佛齊. 非算數能知. 其有水鳥樹林. 皆能說法. 令人悟解證會無生.[54]

둘째는 도솔천에 왕생하면 바로 수명이 4천세를 얻으나 목숨을 마친 후에 퇴락함을 벗어날 수 없다. 셋째로 도솔천에는 비록 물소리·새소리·나무와 풀잎의 조화에서 (생겨나는) 소리가 애절하고 우아할지라도, 다만 모든 천상세계에 태어나서 즐거운 인연을 얻었을 뿐이요, 다섯 가지 즐거움에 따라 살아가므로 깨달음에 이르는 자산(資産)이 안 된다. (그러나) 만약 아미타불의 정토에 한 번 태어나는 자는 모두 불퇴위이고, 다시 물러남이 없는 사람들과 함께 섞여 살아간다. 또한 다시 계위(階位)는 번뇌가 없고 삼계를 벗어나서 다시 윤회하지 않는다. 그 수명을 의논하면 곧 부처님과 같고 숫자로 계산하면 알 수가 없다. 정토에는

---

52) 『妙法蓮花經』 大正藏 9, p.14下. 三界無安 猶如火宅 衆苦充滿.

53) '오욕(五欲)'은 '오욕락(五欲樂)'의 줄임말 표현법이다. 오욕락은 눈·귀·코·혀·몸의 다섯 가지 감각기관의 작용에 의하여 발생하는 다섯 가지의 욕망으로, 세속적인 인간의 욕망 전체를 뜻한다. 또한 재물[財欲]·색심[性欲]·식욕[食欲]·명예[名譽欲]·잠[睡眠欲]의 다섯 가지를 뜻하기도 한다.

54) '무생(無生)'은 '무생법인(無生法印)'의 줄임말 표현이다. '무생법인'은 불생불멸의 진리를 확실히 깨달아 지혜에 머물러서 마음을 동요하지 않는 상태를 가리킨다.

물과 새와 수풀이 모두 설법할 수 있고 사람들로 하여금 깨달음을 이해하여 모두 무생법인(無生法印)을 증득하게 한다.

四據大經. 且以一種音樂比挍者. 經讚言. 從世帝王至六天. 音樂轉[55]妙有八重. 展轉勝前億萬倍. 寶樹音麗倍亦然. 復有自然妙伎樂. 法音淸和悅心神. 哀婉雅亮超十方. 是故稽首淸淨勳.[56]

넷째는 『불설무량수경』에 의거하면

이것은 한 가지 음악에 비교할 수 있는 것으로 경전에서 찬탄하여 말한다. 세간에서 제석과 6욕천에 이르기까지 음악이 미묘하게 연주되는 것이 여덟 가지가 있다. 펼치어 연주하면 매우 뛰어남이 앞의 음악의 억만 배이고 보배나무 음악의 수려함도 역시 그러하다. 다시 자연의 미묘한 음악[伎樂]이 있는데 법음은 맑고 조화로워서 마음을 기쁘게 하며 애절하고 완숙하며 우아하고 뚜렷한 것은 시방을 초월한다.[57]

고 하였다. 이와 같은 까닭으로 청정한 (불보살님들의) 공덕에 머리를 조아려 예배합니다.

---

55) '전(轉)'은 '법륜을 굴리다'는 뜻이므로 비유하여 범음의 뜻으로 '음악을 굴린다'고 번역한다.

56) '훈(勳)'은 '업적' 또는 '공로' 등의 뜻이므로 비유하여 부처님들의 '공덕'으로 번역한다.

57) 경전의 내용과 일치하지 않으나 비슷한 구절이 있다.
『佛說無量壽經』 大正藏 12, p.271上. 佛告阿難. 世間帝王有百千音樂. 自轉輪聖王. 乃至第六天上伎樂音聲. 展轉相勝千億萬倍. 第六天上萬種樂音. 不如無量壽國諸七寶樹一種音聲. 千億倍也. 亦有自然萬種伎樂. 又其樂聲無非法音. 淸暢哀亮微妙和雅. 十方世界音聲之中最爲第一.

(8) 시방(十方)과 서방(西方)의 왕생을 헤아려 비교하다

第八挍量願生十方[58]淨土不如歸西方者. 問曰. 或有人言. 願生十方淨國. 不願歸西方. 是義云何.

제8은 시방 정토에 왕생을 발원하는 것은 서방에 귀의하는 것보다 못하다는 것을 헤아려 비교한다. 묻는다. 혹 어떤 사람은 말하길 시방의 청정한 국토에 태어나길 발원하고 서방 (정토에) 귀의하길 발원하지 않는다는 것은 무슨 뜻인가?

答曰. 此義不類. 於中有三. 何者. 一十方佛國非爲不淨. 然境寬則心昧. 境狹則意專. 是故十方隨願往生經[59]云. 普廣菩薩白佛言. 世尊十方佛土皆爲嚴淨. 何故諸經中偏歎西方阿彌陀國勸往生也. 佛告普廣菩薩. 一切衆生濁亂者多. 正念者少. 欲令衆生專志有在. 是故讚歎彼國爲別異耳. 若能依願修行. 莫不獲益.

답한다. 이 뜻은 같지 않고 그 가운데에 세 가지가 있다. 무엇인가? 첫째는 시방의 부처님들의 국토는 청정하지 않는 것이 없다. 그러므로 경계가 넓어지면 마음이 어두워지고 경계가 좁아지면 뜻이 하나가 된다. 그러므로 『불설관정수원왕생시방정토경』에서 말씀하셨다.

보광보살(普廣菩薩)이 부처님께 여쭈었다.

---

58) '시방(十方)'은 열 방위를 뜻하며, 동방(東方)·동남방(東南方)·남방(南方)·서남방(西南方)·서방(西方)·서북방(西北方)·북방(北方)·동북방(東北方) 등과 위쪽으로 상방(上方), 아래쪽으로 하방(下方)등을 가리킨다.

59) 본 경전명은 『불설관정수원왕생시방정토경(佛說灌頂隨願往生十方淨土經)』이다.

"세존이시여! 시방의 부처님의 국토는 모두 장엄되어 청정한데 어찌하
여 모든 경전 가운데서 서방 아미타불의 국토를 오로지 찬탄하며
왕생을 권장합니까?"

부처님께서 보광보살에게 말씀하셨다.

"모든 중생은 혼탁하고 산란한 자가 많고 생각을 바르게 하는 자는
적으므로 중생에게 뜻을 하나로 되게 하려는 것이다. 그러므로 저
국토를 찬탄하는 것은 이것과는 별개로써 다른 것이므로 만약 원력에
의지해서 수행하면 이익을 얻지 못할 것이 없다."[60]

> 二十方淨土雖皆是淨而深淺難知. 彌陀淨國乃是淨土之初門. 何以得
> 知. 依華嚴經云. 娑婆世界[61]一劫當極樂世界一日一夜. 極樂世界一劫
> 當袈裟幢世界一日一夜. 如是優劣相望乃有十阿僧祇. 故知爲淨土初
> 門. 是故諸佛偏勸也. 餘方佛國都不如此丁寧. 是故有信之徒多願往生
> 也.

둘째는 시방의 정토는 비록 모두 청정하지만 깊고 얕은 것을 알기
어렵다. 그러나 아미타불의 청정한 국토는 정토의 첫 관문이니 어떻게
알 수 있는가? 『대방광불화엄경』에 의거하면

---

60) 경전의 내용문과 일치하지 않으나 비슷한 구절이 있다.
　　『佛說灌頂隨願往生十方淨土經』大正藏 21, p.529下. 普廣菩薩摩訶薩又白佛言. 世尊
　　十方佛刹淨妙國土有差別不. 佛言普廣無差別也. 普廣又白佛言. 世尊何故經中讚歎阿
　　彌陀刹. 七寶諸樹宮殿樓閣. 諸願生者. 皆悉隨彼心中所欲應念而至佛告普廣菩薩摩訶
　　薩. 汝不解我意. 娑婆世界人多貪濁. 信向者少習邪者多. 不信正法不能專一. 心亂無志實
　　無差別. 令諸衆生專心有在. 是故讚歎彼國土耳. 諸往生者悉隨彼願無不獲果.

61) '사바세계(娑婆世界)'는 불교적 우주관으로 수미산을 중심으로 구분할 때 천하
　　네 개의 세계 중에서 남쪽의 세계인 남섬부주를 가리킨다.

사바세계의 하루는 극락세계의 하루에 해당하고, 극락세계의 1겁은
가사당세계의 하루에 해당한다.[62]

고 말씀하셨다. 그러므로 이러한 (정토세계의) 우열(優劣)의 모습을 비교
하면 이것은 10아승기 겁을 지나서야 (서방정토가) 정토의 첫 관문임을
알 수 있을 것이다. 그러므로 모든 부처님들이 (서방정토를) 특별히[偏]
권장하신 것이며, 나머지 지역의 부처님들의 국토는 추측하건대 틀림없
이 (서방정토와) 같지 않으므로 권장하지 않으셨다. 이러한 까닭이
있어 믿음이 있는 사람들의 대부분이 (아미타불의 정토에) 왕생을 발원
하는 것이다.

三彌陀淨國旣是淨土初門. 娑婆世界卽是穢土末處. 何以得知. 如正法
念經云. 從此東北有一世界. 名曰斯訶. 土田唯有三角沙石. 一年三雨.
一雨濕潤不過五寸.[63] 其土衆生唯食果子. 樹皮爲衣. 求生不得. 求死不
得. 復有一世界. 一切虎狼禽獸乃至蛇蝎. 悉皆有翅飛行. 逢者相噉. 不
簡善惡. 此豈不名穢土始處. 然娑婆依報乃與賢聖同流. 唯此乃是穢土
終處. 安樂世界旣是淨土初門. 卽與此方境次相接. 往生甚便. 何不去也.

셋째로 아미타불의 청정한 국토는 이미 정토의 첫 관문이고, 사바세계는
바로 예토의 끝의 처소에 속한다. 어떻게 알 수 있는가?『정법염처경』에
서 말씀하셨다.

---

62) 『大方廣佛華嚴經』大正藏 10, p.271上. 佛子. 此娑婆世界. 釋迦牟尼佛刹一劫. 於極樂世
界阿彌陀佛刹. 爲一日一夜. 極樂世界一劫. 於袈裟幢世界金剛堅佛刹. 爲一日一夜. 袈裟
幢世界一劫. 於不退轉音聲輪世.

63) '촌(寸)'은 고대 중국에서 사용하던 길이의 단위이다. 현재의 미터법으로 환산하
면 '3.03cm'를 가리킨다.

여기부터 동북방으로 따라가면 한 세계가 있는데 이름이 사하(斯訶)라고 한다. 땅과 밭은 오직 세 모서리에 모래와 돌이 있을 뿐이고 1년에 3번의 비가 내린다. 한 번의 비가 내려 적시는 것은 불과 5촌에 지나지 않는다. 그 국토의 중생은 오직 열매[果子]를 먹을 뿐이고 나무껍질로 옷을 삼으니 삶을 구하나 얻지 못하고 죽음을 구해도 얻지 못한다. 다시 한 세계가 있는데 일체 호랑이와 이리의 짐승과 나아가 뱀과 전갈에 이르기까지 모두 날개로써 날아다니며 만나는 것은 서로 잡아먹으며 선악을 가리지 않는다. 이곳을 어찌 예토가 시작되는 처소라고 이름하지 않겠는가?

그러나 사바세계의 의보[64]는 현자와 성인과 함께 유전(流轉)[65]하므로 오직 이곳이 예토의 끝자락의 처소이다. 안락세계는 이미 이 정토의 첫 관문이고 이 지방의 경계와 서로 마주하고 있어서 왕생하기가 매우 편리한데 어찌 (정토수행을) 하지 않겠는가?[66]

(9) 별시의(別時意)를 회통하다

第九據攝論[67]與此經相違料簡別時意語者. 今觀經中佛說. 下品生人現造重罪. 臨命終時遇善知識. 十念[68]成就卽得往生. 依攝論云. 道佛別時意語. 又古來通論之家多判此文云. 臨終十念但得作往生因. 未卽得生. 何以得知. 論云. 如以一金錢貿得千金錢. 非一日卽得. 故知十念成就者但得作因. 未卽得生. 故名別時意語. 如此解者將爲未然. 何者. 凡菩薩作論釋經. 皆欲遠扶佛意契會聖情.[69] 若有論文違經者. 無有是處.

---

64) 제1대문 각주 63번 참조.
65) '유전(流轉)'은 생사와 인과가 서로 끝없이 이어지는 윤회를 뜻한다.
66) 『정법염처경(正法念處經)』의 전체적인 경전의 내용을 요약하여 인용하였으므로 본문과 일치하거나 비슷한 구절은 찾기 어렵다.

제9는 『섭대승론』에 의거해서 이 경과 함께 서로 어긋나는 별시의의 구절을 잘 헤아려 핵심을 찾아내는 것이다. 『불설무량수경』 중에 부처님께서 말씀하셨다.

> 하품의 중생은 무거운 죄[重罪]를 지은 것을 (스스로) 드러내고 목숨을 마칠 때에 선지식을 만나 십념을 성취하면 왕생할 수 있다.[70]

『섭대승론』에 의거하여 말하면

> 부처님께서 별시의의 말씀을 하셨다.[71]

또한 예로부터 논서(論書)에 정통한 대가는 다수가 이 문장을 비판하여 말하였다.

> 임종할 때의 십념은 다만 왕생의 원인을 지을 뿐이고, 아직 왕생한

---

67) 『섭론(攝論)』은 『섭대승론(攝大乘論)』의 줄임말 표현법이다.

68) '십념(十念)'의 개념은 경전에 따라서 다르게 표현되고 있다. 『아함경』에서는 염불(念佛)·염법(念法)·염승(念僧)·염계(念戒)·염시(念施)·염천(念天)·염휴식(念休息)·염안반(念安般)·염신(念身)·염사(念死) 등의 예를 들고 있으며, 『불설무량수경』의 제18원에서 신심과 환희심을 내어 아미타불을 10번만 부르면 정토에 왕생할 수 있다고 말하고 있다.

69) '성정(聖情)'은 청정한 마음의 본체인 '여래장'을 비유한 말이다. 본 문장에서는 '중생의 근기'라고 번역한다.

70) 경전의 내용과 일치하지 않으나 비슷한 구절이 있다.
『佛說無量壽經』 大正藏 12, p.346上. 下品下生者. 或有衆生作不善業五逆十惡. 具諸不善. 如此愚人以惡業故. 應墮惡道經歷多劫受苦無窮. 如此愚人臨命終時. 遇善知識種種安慰爲說妙法敎令念佛. 彼人苦逼不遑念佛. 善友告言. 汝若不能念彼佛者. 應稱歸命無量壽佛. 如是至心令聲不絶. 具足十念稱南無阿彌陀佛. 稱佛名故. 於念念中. 除八十億劫生死之罪. 命終之時見金蓮花猶如日輪住其人前. 如一念頃卽得往生極樂世界.

71) 『攝大乘論』 大正藏 31, p.121中. 譬如有說. 昔是時中我名毘婆尸久已成佛. 二別時意. 譬如有說. 若人誦持多寶佛名. 決定於無上菩提不更退墮.

것이 아니다.72)

어찌 알 수 있는가? 『섭대승론』에서 말씀하셨다.

> 만일 일금의 돈으로 무역하여 천금의 돈을 얻고자 하면 하루에 얻지
> 못한다.73)

그러므로 십념의 성취란 단지 원인을 지었을 뿐이고 아직 왕생한 것이
아니다. 그러므로 별시의란 단어로 부른 것이다. 이와 같이 해석하는
자는 앞으로도 없을 것이다. 왜냐하면 무릇 보살이 논(論)을 지어 경을
해석하는 것은 모두 부처님들의 뜻을 중생들의 근기에 맞추어서[契會]
멀리 (전달하도록) 돕기 위함이다. 만약 문장을 논하는 것이 경전에
어긋난다면 그것은 옳은 처신이 아니다.

今解別時意語者. 謂佛常途說法皆明先因後果. 理數炳然. 今此經中但
說一生造罪. 臨命終時十念成就卽得往生. 不論過去有因無因者. 直是
世尊引接當來造惡之徒. 令其臨終捨惡歸善乘念往生. 是以隱其宿因.
此是世尊隱始顯終. 沒因談果. 名作別時意語. 何以得知. 但使十念成就.
皆有過去因.

지금 별시의란 말을 해석하면, 이른바 부처님께서는 항상 설법하실
때 모두 먼저 원인을 말씀하시고 후에 결과를 밝히시어 이치와 숫자를
분명히 하셨다.
지금 이 『불설무량수경』은 다만 한 생[一生]에 죄를 지었다가 목숨을

---

72) 본 문장에서는 구체적으로 누구를 지칭하는지 알기 어렵다.

73) 『攝大乘論』 大正藏 31, p.194中. 如由一金錢營覓得千金錢. 非一日得千.

마칠 때에 십념(十念)을 성취하면 왕생할 수 있다고 말씀하셨다. 과거에
원인이 있는 것과 없는 것을 논하지 않은 것은 곧 세존께서 미래에
악을 지을 무리들을 접인(接引)하여 그들로 하여금 임종에 이르러 악을
버리고 선에 귀의하여 십념에 의해 왕생하도록 하기 위함이다.
이 때문에 그 과거 세상의 원인을 숨긴 것이다. 이것은 세존께서 처음을
숨기고 끝은 드러낸 것이며 원인을 덮어두고 결과를 말씀하신 것이니
이름하여 별시의란 말을 지은 것이다. 어떻게 알 수 있는가? 다만 십념의
성취는 모두 과거의 원인에 있기 때문이다.

如涅槃經云. 若人過去已曾供養半恒河沙諸佛. 復經發心. 而能於惡世
中聞說大乘經敎. 但能不謗. 未有餘功. 若經供養一恒河沙諸佛. 及經發
心. 然後聞大乘經敎. 非直不謗. 復加愛樂. 以此諸經來驗. 明知十念成
就者皆有過因不虛. 若彼過去無因者. 善知識尙不可逢遇. 何況十念而
可成就也.

『대반열반경』에서

만약 사람이 과거에 일찍이 항하 강에 있는 모래만큼의 모든 부처님을
공양하고, 다시 시간이 지나 발심하여 악세에 이르러 대승경전을 설하
는 가르침을 듣고 다만 비방하지 않으면 다른 공덕이 있기 때문이
아니다.
만약 과거에 항하 강에 있는 모래만큼의 모든 부처님을 공양하고,
나아가 발심하였으며 그 후에 대승경전의 가르침을 듣고 곧 비방하지
않으면 다시 사랑하고 즐거움이 더해진다.[74]

---

74) 경전의 내용과 일치하지 않으나 비슷한 구절이 있다.

고 말씀하셨다.

이와 같이 모든 경전에서 증명[驗]하여 왔으니 십념의 성취는 모두 과거의 원인이 헛되지 않았음을 명확하게 알 수 있다.

만약 저 과거의 원인이 없었다면 선지식을 오히려 만날 수 없었을 것인데 하물며 십념을 성취할 수 있었겠는가?

> 論云以一金錢貿得千金錢非一日即得者. 若據佛意. 欲令衆生多積善
> 因. 便乘念往生. 若望論主. 乘閉過去因. 理亦無爽. 若作此解. 即上順佛
> 經. 下合論意. 即是經論相扶. 往生路通. 無復疑惑也.

『섭대승론』에서

> 한 금전의 무역으로써 천금을 얻는 것을 하루에 바로 얻을 수 없는 것이다.75)

고 말한 것은 만약 부처님의 뜻에 의거하면 중생으로 하여금 많은 선의 원인을 쌓으면 문득 십념에 의하여 왕생할 수 있다는 것이다. 만약 논(論)의 주제를 살펴본다면 과거의 원인에 의하여 닫힌 것에 편승(便乘)한다면 이치도 역시 밝지 못할 것이다. 만약 이렇게 이해한다면 곧 위로는 부처님의 경전에 따르고 아래로 논의 뜻에 일치될 것이다. 곧 경전과 논서가 서로 돕는 것이며 왕생으로 통하는 길이 되므로

『大般涅槃經』大正藏 12, p.639上. 若有衆生於熙連河沙諸如來所. 發菩提心. 乃能於是惡世受持如是經典不誹謗. 善男子. 若有衆生於一恒河沙諸如來所. 發菩提心. 然後乃能於惡世中. 不謗是法愛樂是典. 不能爲人分別廣說.

75)『섭대승론(攝大乘論)』의 전체적인 경전의 내용을 요약하여 인용하였으므로 본문과 일치하거나 비슷한 구절은 찾기 어렵다.

다시 의심할 것이 없다.

제3항 널리 묻고 답하며 해석하다

1) 간략히 설명하다[略說]

第三明廣施問答釋去疑情者. 自下就大智度論廣施問答.

제3항은 자세하게 문답을 베풀고 해석하여 마음속의 의심을 제거하는 것을 밝힌다. 이하에서는 『대지도론』을 널리 인용하여 자세하게 묻고 답한다.

2) 개별 해석[別釋]

(1) 첫째, 묻고 답하다

問曰. 但一切衆生從曠大劫來. 備造有漏[76]之業繫屬三界. 云何不斷三界繫業. 直爾少時念阿彌陀佛. 卽得往生便出三界者. 此繫業之義復欲云何.

묻는다. 다만 모든 중생이 넓고 큰 겁[大劫]으로부터 삼계에 얽히고 귀속(歸屬)된 유루(有漏)의 업을 지어서 갖추고 있다. 어떻게 삼계에 얽힌 업을 끊지 못하고서 곧바로 잠깐 동안 아미타불을 염(念)하여 곧 왕생하고 문득 삼계를 벗어날 수 있는가? 이것에 얽힌 업의 뜻은

---

76) '유루(有漏)'는 번뇌에 얽매이어 깨달음을 얻지 못한 범부의 경지를 가리킨다.

다시 어떻게 말할 수 있는가?

答曰. 有二種解釋. 一就法來破. 二借喩以顯. 言就法者. 諸佛如來有不思議智. 大乘廣智. 無等無倫最上勝智. 不思議智力者. 能以少作多. 以多作少. 以近爲遠. 以遠爲近. 以輕爲重. 以重爲輕. 有如是等智. 無量無邊不可思議. 自下第二有七番. 並借喩以顯.

답한다. 두 가지 해석이 있다. 첫째는 법을 성취하여 깨트리면서 오는 것이고, 둘째는 비유를 들어 드러내는 것이다. 법을 성취하였다고 말하는 것은 모든 부처님들께서 갖추신 부사의지(不思議智)·대승광지(大乘廣智)·무등무륜최상승지(無等無倫最上勝智)를 갖추는 것이다.[77]

부사의지력(不思議智力)이란 적은 것으로써 많을 것을 만들고, 많은

---

77) 『불설무량수경』에서는 부처님들이 갖추신 지혜를 부사의지(不思議智)·불가칭지(不可稱智)·대승광지(大乘廣智)·무등무륜최상승지(無等無倫最上勝智)라 하였다. 이에 대비하여 원효는 『무량수경종요(無量壽經宗要)』에서 이 지혜를 대원경지(大圓鏡智)·평등성지(平等性智)·묘관찰지(妙觀察智)·성소작지(成所作智) 등으로 대체하여 해석하였다. 첫째는 성소작지가 부처의 신체적 구조는 중생과 크게 다른 것이 없으나 중생을 교화하고 그들의 중죄를 소멸시키는 등 훌륭한 과보를 생각으로 헤아릴 수 없는 신묘한 일을 만들어 낸다고 하여 부사의지(不思議智)라고 하였고, 둘째는 묘관찰지는 감히 지칭할 수 없는 경계를 관찰하는 지혜이기 때문에 불가칭지(不可稱智)라고 하였으며, 또한 모든 법은 그림자나 꿈과 같아서 있는 것도 아니요 없는 것도 아니며, 말을 떠났고 생각이 끊어진 것이기 때문에 말에 이끌리는 사람들의 의식으로는 헤아려 볼 수가 없는 것이라고 하여 불가칭지(不可稱智)라고 하였고 셋째는 평등성지는 모든 중생을 널리 제도하는 지혜로써 제7식인 무아(無我)에서 머무르기 때문에 평등하게 포섭하지 못할 것이 없으며 동체지(同體智)로써 한량없는 중생을 정각(正覺)의 세계로 인도하기 때문에 대승광지(大乘廣智)라고 한다고 하였고, 넷째는 대원경지는 마음의 근원으로 들어가서 일체의 경계를 뚜렷이 비추는 무등무륜최상승지(無等無倫最上勝智)라고 하였다.

것으로써 적은 것을 만들며, 가까운 곳으로써 먼 곳을 만들고, 먼 곳으로
써 가까운 곳을 만들며, 가벼운 것으로써 무거운 것을 만들고, 무거운
것으로써 가벼운 것을 만든다. 이와 같은 여러 지혜가 끝이 없고 경계가
없어[無量無邊] 헤아릴 수 없다[不可思議]. 아래의 제2에 일곱 가지가
있는데 이것에 맞추어 비유로써 나타낸다.

第一譬如百夫百年聚薪積高千仞.[78] 豆許火焚半日便盡. 豈可得言百年
之薪半日不盡也. 第二譬如癖者寄載他船. 因風帆勢一日至於千里. 豈
可得言癖者云何一日至千里也. 第三亦如下賤貧人獲一瑞物而以貢王.
王慶所得加諸重賞. 斯須之頃富貴盈望. 豈可得言以數十年仕備盡辛
勤. 上下尚不達而歸者. 言彼富貴無此事也.

첫째, 비유하면 백 명의 범부가 백년에 걸쳐서 섶나무를 모아 천인의
높이로 쌓았어도 콩알 같은 불이 붙으면 반나절만에 문득 다 태운다.
어찌 백년의 섶나무를 반나절에 다 태우지 못한다고 말할 수 있겠는가?
둘째, 비유하면 아픈 자가 타인의 배에 의지하여 탔는데 돛대가 바람의
힘에 의하여 하루에 천리를 나아간다. 어찌 아픈 자가 하루에 천리를
나아간다고 말할 수 있겠는가?
셋째, 비유하면 아주 천하고 가난한 사람이 하나의 상서로운 물건을
얻어서 왕에게 바쳤다. 왕이 얻은 것을 즐거워하면서 여러 가지로
상을 내렸다. 이것으로 모름지기 잠깐 사이에 부귀함이 바람과 같이
많아지게 되었다. 어찌 수십 년의 고된 일을 맡아서 부지런히 일하며

---

78) '인(仞)'은 고대 중국에서 사용하던 길이의 단위이다. 표준적으로 7척(尺) 또는
   8척을 가리킨다. 1척(尺)은 당(唐)나라 때는 24.5cm 정도를 기준으로 사용되었으
   며, 이것보다 5cm 정도 긴 것도 사용되었다고 한다.

임금을 섬기었다고 말할 수 있겠는가? 오히려 상하(上下)를 통달하지 못하고서 귀의한다는 것은 저 부귀와 같이 불사(佛事)가 없다고 말할 수 있다.

第四猶如劣夫. 以己身力擲驢不上. 若從輪王行便乘虛空飛騰自在. 豈可得言以劣夫之力必不能昇虛空也. 第五又如十圍79)之索千夫不制. 童子揮劍儵爾兩分. 豈可得言童子之力不能斷索也.

넷째, 비유하면 오히려 열등한 범부가 자신의 힘으로써 나귀를 위로 들어 올리지 못하지만 만약 전륜왕을 따라가면 쉽게 허공을 오르고 나는 것이 자유로운[自在] 것과 같다. 어찌 열등한 범부의 힘으로는 반드시 허공에 오를 수 없다고 말할 수 있겠는가?

다섯째, 비유하면 또한 마치 10아름의 동아줄은 천 명의 범부가 제어할 수 없지만 동자가 검을 휘둘러 갑자기 두 부분으로 자를 수 있는 것과 같다. 어찌 동자의 힘으로 동아줄을 끊을 수 없다고 말할 수 있겠는가?

第六又如鳩鳥入水. 魚蚌斯斃皆死. 犀角觸泥. 死者還活. 豈可得言性命一斷不可生也. 第七亦如黃鵠80)喚子安子安還活. 豈可得言墳下千齡決無可甦也. 一切萬法皆有自力他力自攝他攝. 千開萬閉無量無邊. 汝豈得以有礙之識疑彼無礙之法乎. 又五不思議中. 佛法最不可思議. 汝以

79) '위(圍)'는 고대 중국에서 사용하던 길이의 단위이다. 일반적인 길이의 단위로 양 팔을 벌려 잡을 수 있는 둘레를 말한다.

80) '황곡(黃鵠)'은 '신선이 타고 다니는 새'라는 뜻이다. 이 새의 공식적인 이름은 고니를 가리킨다.

> 三界繫業爲重. 疑彼少時念佛爲輕. 不得往生安樂國入正定聚[81]者. 是
> 事不然.

여섯째, 비유하면 또한 짐새가 물에 들어가면 고기와 조개가 넘어져 모두 죽고 무소뿔이 진흙에 닿으면 죽었던 것이 도리어 살아나는 것과 같다. 어찌 성명(性命)이 한번 끊어지면 살아날 수 없다고 말할 수 있겠는가?

일곱째, 비유하면 또한 고니가 새끼를 부르면 새끼가 편안해져서 도리어 활동이 안정되는 것과 같다. 어찌 무덤 아래서 천 년을 지내면 결코 소생할 수 없다고 말할 수 있겠는가?

모든 만법(萬法)은 모두 자력(自力)과 타력(他力)이 있어 스스로 섭수하고 다른 것에 섭수되며 천 가지를 열고 만 가지를 닫는 것이 헤아릴 수 없으며 경계도 없다. 그대는 어찌 장애가 있는 알음알이로써 얻고자 하여 저 장애가 없는 법을 의심하는가? 또한 다섯 가지 헤아릴 수 없는 것[不思議] 가운데 불법이 가장 불가사의(不可思議)하다. 그대는 삼계에 얽매인 업을 소중히 여기면서도 잠시 염불하는 것조차도 가벼이 여기고 의심한다. 안락국에 왕생하여 정정취(正定聚)에 들어갈 수 없다는 것은 사실이 아니다.

---

81) '정정취(正定聚)'는 '삼취(三聚)'의 한가지로써 '견혹(見惑)'을 끊어 반드시 열반에 이를 수 있는 것을 말한다.

(2) 둘째, 묻고 답하다

> 問曰. 大乘經[82]云. 業道如秤. 重處先牽. 云何衆生一形已來. 或百年或
> 十年. 乃至今日無惡不造. 云何臨終遇善知識. 十念相續即得往生. 若爾
> 者. 先牽之義何以取信.

묻는다. 대승경전에 말씀하셨다.

  업의 길[業道]은 저울과 같아 무거운 곳으로 먼저 끌려간다.[83]

어떻게 중생이 한 번 몸을 받아 백년 혹은 십년 나아가 오늘에 이르기까
지 악을 짓지 않았다고 말할 수 있겠는가? 어떻게 임종 때 선지식을
만나서 십념이 상속되어 곧 왕생을 증득한다고 말할 수 있겠는가?
만약 이와 같다면 먼저 뜻에 이끌려 가는데 어떻게 믿음을 취하겠는가?

> 答曰. 汝謂一形惡業爲重. 以下品人十念之善以爲輕者. 今當以義挍量
> 輕重之義者. 正明在心在緣在決定. 不在時節久近多少也. 云何在心. 謂
> 彼人造罪時. 自依止虛妄顚倒心生. 此十念者. 依善知識方便安慰[84]聞
> 實相法生. 一實一虛. 豈得相比也. 何者. 譬如千歲闇室光若暫至即便明
> 朗. 豈可得言闇在室千歲而不去也.

답한다. 그대는 이른바 한 번의 몸을 받아 악업으로 무거워졌으나

---

82) 『대승경(大乘經)』은 남북조시대의 담란(曇鸞) 법사가 『무량수경우바제사원생게
주(無量壽經優婆提舍願生偈註)』에서 『업도경(業道經)』을 인용하였다고 주장하였
으나 현재 경전이 전하지 않아 정확한 내용은 알 수 없다.
83) 『無量壽經優婆提舍願生偈註』 大正藏 40, p.834中. 業道經言. 業道如秤. 重者先牽.
84) '안위(安慰)'란 위로(慰勞)하여 마음을 편안하게 하는 것을 뜻한다.

하품(下品)인 사람은 십념하는 선행으로 가벼워졌다. 이제 마땅히 뜻으로써 가볍고 무거운 의미라는 것을 비교하여 헤아릴 것이다. 마음에 존재하고, 반연(攀緣)에 존재하며, 결정에 존재함을 바르게 밝힌다면 시절의 오래됨과 가까움, 많고 적음에 존재하지 않는다. 어떻게 마음에 존재하는가? 이른바 저 사람이 죄를 지을 때에는 스스로가 허망하고 뒤집힌[顚倒] 마음이 생겨나고 그치지 않는 것에 의지하기 때문이다. 이 십념이란 선지식의 방편과 실체[實相]의 법을 들어 마음이 편안함에 의지하여 생겨난다. 하나는 실제하고 하나는 허망한데 어찌 서로 비교할 수 있겠는가? 왜 그러한가? 비유하면 마치 천년 동안 어두운 방에 만약 빛을 잠시 비추면 곧 밝아지는데 어찌 천년 동안 방이 어둠 속에 있었으므로 (어둠을) 없앨 수 없다고 말할 수 있겠는가?

> 是故遺日摩尼寶經云. 佛告迦葉菩薩. 衆生雖復數千巨億萬劫在愛欲中爲罪所覆. 若聞佛經一反念善. 罪卽消盡也. 是名在心.

그러므로 『유일마니보경』에서 말씀하셨다.

> 부처님께서 가섭보살에게 말씀하셨다. 중생이 비록 다시 수천의 큰 억만 겁의 애욕(愛欲)의 가운데에 죄로써 덮여있을지라도 만약 부처님의 경전을 한 번 듣고 착하게 마음을 돌이키면 죄가 곧 소멸될 것이다.[85]

이것을 마음에 존재한다고 이름 한다.

---

85) 『佛說遺日摩尼寶經』大正藏 12, p.191中. 佛言. 如是迦葉. 菩薩數千巨億萬劫. 在愛欲中爲欲所覆. 聞佛經一反念善罪卽消盡.

二云何在緣者. 謂彼人造罪時. 自依止妄想. 依煩惱果報衆生生. 今此十念者. 依止無上信心. 依阿彌陀如來眞實淸淨無量功德名號生. 譬如有人被毒箭所中徹筋破骨. 若聞滅除[86]藥鼓聲. 卽箭出毒除. 豈可得言彼箭深毒厲. 聞鼓音聲不能拔箭去毒也. 是名在緣.

둘째는 어떻게 반연에 존재하는 것인가? 이른바 저 사람이 죄를 지을 때에 스스로 헛된 생각[妄想]을 의지하고 번뇌에 의지하여 과보(果報)로써 중생으로 태어난다. 지금 이 십념이란 가장 높은[無上] 믿음[信心]에 의지하고 아미타불의 진실되고 청정하며 헤아릴 수 없는 공덕과 명호를 의지해서 생겨난다.

비유하면 마치 어떤 사람이 독화살을 맞아 힘줄이 뚫리고 뼈가 파괴되었을 때, 만약 치료약의 북소리를 듣는다면 곧 화살을 뽑고 독을 제거한다. 어찌 저 화살의 깊은 독이 걱정되어 북소리를 듣고서도 화살을 빼내고 독을 제거할 수 없다고 말할 수 있겠는가? 이것을 반연에 존재한다고 이름 한다.

三云何在決定者. 彼人造罪時. 自依止有後心有間心生. 今此十念者. 依止無後心無間心起. 是爲決定. 又智度論云. 一切衆生臨終之時. 刀風解形. 死苦來逼. 生大怖畏. 是故遇善知識發大勇猛. 心心相續十念. 卽是增上善根便得往生. 又如有人對敵破陣. 一形之力一時盡用. 其十念之善亦如是也. 又若人臨終時生一念邪見. 增上惡心. 卽能傾三界之福. 卽入惡道也.

---

86) '제(除)'는 본 문장에서 '치료'의 의미로 번역한다.

셋째는 어떻게 결정이란 것이 존재하는 것인가? 저 사람이 죄를 지을 때에 스스로 훗날이 있는 마음과 마음의 틈이 있는 것을 의지하여 생겨난다. 이제 이 십념이란 훗날이 없는 마음과 마음의 틈이 없는 것을 의지하여 일어난다. 이것을 결정이라 한다. 또한 『대지도론』에서 말씀하셨다.

> 일체 중생이 임종할 때에 칼바람이 치듯이 몸이 흩어지고 죽음의 고통이 다가온다면 큰 두려움이 일어난다. 그러므로 선지식을 만나 큰 용맹한 마음을 일으키고 마음마다 계속하여 십념을 이어가면 선근을 증가시켜 곧 왕생할 수 있다.[87]

또한 만일 어떤 사람이 적군의 진영을 파괴할 때에는 단박에 힘을 모아 한 번에 모두 사용한다. 그 십념을 잘 행하는 것도 역시 이와 같다. 또한 만약 어떤 사람이 임종할 때에 한번[一念]의 삿된 견해를 일으키면 악한 마음이 증가되어 곧 삼계의 복이 뒤집혀지고 즉시 악도에 떨어질 것이다.

(3) 셋째, 묻고 답하다

問曰. 既云垂終十念之善能傾一生惡業得生淨土者. 未知幾時爲十念也. 答曰. 如經說[88]云. 百一生滅成一刹那. 六十刹那以爲一念. 此依經論汎解念也. 今時解念. 不取此時節.[89] 但憶念阿彌陀佛. 若總相若別相. 隨所緣觀. 逕於十念. 無他念想間雜. 是名十念.

---

87) 경전의 내용과 일치하지 않으나 비슷한 구절이 있다.
  『大智度論』大正藏 25, p.153下. 我亦有分. 持戒之人壽終之時刀風解身筋脈斷絶. 自知持戒淸淨心不怖畏.

묻는다. 이미 목숨을 마칠 때에 십념을 잘 행하면 능히 일생의 악업을
변화시켜[傾] 정토에 왕생할 수 있다고 말하였다. 십념을 하는 기회는
언제인지 알 수 없는가?
답한다. 『아비달마대비바사론』에서 말씀하셨다.

> 일백의 한 삶이 생겨나고 사라짐은 한 찰나에 이루어지며, 육십 찰나로
> 써 일념(一念)을 삼는다.[90]

이것은 경론에 의거하여 넓게 염불을 해석한 것이다. 지금 시간으로
염불을 해석한 것은 이 시간의 기준[時節]을 취한 것이 아니다. 단지
아미타불을 기억하고 생각하는 것은 전체적[總相]이든 개별적[別相]이
든 반연을 따라서 관(觀)하는 것이다. 십념에 가까워지면 다른 생각과
잡스러운 생각이 없어지므로 이것을 십념이라 이름 한다.

又云. 十念相續者. 是聖者一數之名耳. 但能積念凝思不緣他事. 使業道
成辦. 便罷不用. 亦未勞記之頭數也. 又云若久行人念多應依此. 若始行
人念者記數亦好. 此亦依聖教.

또 말하자면 십념을 계속 이어간다는 것은 이 부처님 한 분의 명호를

---

88) 본 문장은 『아비달마대비바사론(阿毘達磨大毘婆沙論)』에 수록되어 있고 『아비달
  마구사론(阿毘達磨俱舍論)』에도 게송으로 비슷하게 수록되어 있다.
89) '절(節)'은 본 문장에서는 '기준' 또는 '규칙' 등으로 번역한다.
90) 『阿毘達磨大毘婆沙論』 大正藏 27, p.701中. 謂百二十剎那成一怛剎那. 六十怛剎那成一
  臘縛. 此有七千二百剎那. 三十臘縛成一牟呼栗多. 此有二百一十六千剎那. 三十牟呼栗
  多成一晝夜. 此有少二十不滿六十五百千剎那. ; 『阿毘達磨俱舍論』 大正藏 29, p.315
  下. 百二十剎那 爲怛剎那量 臘縛此六十 此三十須臾 此三十晝夜 三十晝夜月 十二月爲年
  於中半減夜 寒熱雨際中 一月半已夜 於所餘半月 智者知夜減.

말하는 것이다. 다만 염불을 (마음에) 쌓고 염불을 (마음에) 응축하며
다른 일을 반연하지 않는다. 깨달음[業道]이 성취되도록 노력하는 것도
문득 그치고 또한 머리로 숫자를 기억하는 노력도 할 필요가 없다.
그리하여 만약 오래 수행한 사람이라면 마땅히 숫자를 기억하려는
노력을 한다. 만약 처음 수행하는 사람이라면 염불하면서 숫자를 기억하
는 것 역시 좋은 일이니 이것도 역시 부처님의 가르침[聖敎]에 의지하려
는 것이다.

(4) 넷째, 묻고 답하다

> 又問曰. 今欲依勸行念佛三昧. 未知計念相狀何似. 答曰. 譬如有人於空
> 曠迥處. 値遇怨賊拔刀奮勇直來欲殺. 此人徑走視渡一河. 未及到河. 即
> 作此念. 我至河岸. 爲脫衣渡. 爲著衣浮. 若脫衣渡. 唯恐無暇. 若着衣浮.
> 復畏首領難全. 爾時但有一心作渡河方便. 無餘心想間雜.

또한 묻는다. 지금 염불삼매를 권하는 것에 의지하여 수행하고자 하는데
아직 염불을 헤아리는 상태가 어떤 것과 비슷한지 알 수 없는가?
답한다. 비유하면 어떤 사람이 멀리 있는 텅 빈 광야에서 원수와 도적을
만났는데, 칼을 빼어들고 분노하면서 바로 죽이려고 오고 있었다. 이
사람이 재빨리 달아나다가 건너야 할 하나의 강을 보았다.
아직 강가에 이르지 못하였으나 곧 다음과 같은 생각을 하였다. '내가
강둑에 이르려면 옷을 벗고 건너야 할까? 옷을 입고 건너야 할까?
만약 옷을 벗고 건너면 오직 여유가 없을까 두렵고 만약 옷을 입고
건너면 다시 머리와 목까지 온전하기가 어려울까 두렵다.' 이때는 오직
한마음[一心]으로 강을 건너려는 방편만을 짓고 있으므로 마음에 잡스

러운 생각을 할 여유가 없는 것과 같다.

行者亦爾. 念阿彌陀佛時. 亦如彼人念渡念念相次. 無餘心想間雜. 或念佛法身. 或念佛神力. 或念佛智慧. 或念佛毫相.[91] 或念佛相好. 或念佛本願. 稱名亦爾. 但能專至相續不斷. 定生佛前. 今勸後代學者. 若欲會其二諦. 但知念念不可得. 卽是智慧門. 而能繫念相續不斷. 卽是功德門.

수행자도 역시 이와 같아서 아미타불을 염불할 때도 역시 저 사람이 강을 건너려고 생각과 생각[念念]이 서로 교차하는 것[相次]과 같이 마음 속에 잡스러운 마음의 틈새가 없어야 한다. 혹 부처님의 법신을 염불하거나 혹은 부처님의 위신력을 염불하거나 혹은 부처님의 지혜를 염불하거나 혹은 부처님의 백호상을 염불하거나 혹은 부처님의 상호를 염불하거나 혹은 부처님의 본원을 염불하거나 명호를 염불하는 것도 역시 마찬가지다.

단지 오로지 지극히 계속하여 이어져[相續] 끊어지지 않으면 반드시 부처님 앞에 태어날 것이다. 이제 후대(後代)의 학자에게 권장하노니 만약 그 이제(二諦)를 알고자 한다면 오직 생각과 생각 속에서 얻을 수 없다는 것을 아는 것이 바로 지혜문(智慧門)이다. 그리고 생각을 지어 계속하여 이어져 끊어지지 않으면 곧 이것이 공덕문(功德門)이다.

---

91) '호상(毫相)'은 '백호상(白毫相)'의 줄임말로써 부처님의 32상의 하나이다. 두 눈썹 사이에 난 희고 빛나는 가는 털을 말하며, 오른쪽으로 말려 있고 여기에서 광명이 나와 무량세계(無量世界)를 비춘다고 한다.

是故經⁹²⁾云. 菩薩摩訶薩恒以功德智慧以修其心. 若始學者未能破相. 能依相專至. 無不往生. 不須疑也.

그러므로 『유마힐소설경』에서 말씀하셨다.

　보살마하살이 항상 공덕과 지혜를 가지고 그 마음을 닦는다.⁹³⁾

만약 초심의 배우는 자가 아직 마음의 상을 깨트리지 못하였다면 오직 상에 의지해서 오로지 지극히 (염불)하면 왕생하지 않는 것이 없으니 모름지기 의심하지 말라.

(5) 다섯째, 묻고 답하다

又問曰. 無量壽大經云. 十方衆生至心信樂欲生我國. 乃至十念. 若不生者. 不取正覺. 今有世人. 聞此聖教. 現在一形全不作意. 擬臨終時方欲修念. 是事云何.

또한 묻는다. 『불설무량수경』에서 말씀하셨다.

　시방의 중생들이 지극한 마음으로 즐거이 믿고 나의 국토에 태어나고자 하여 십념에 이르러도 만약 왕생하지 못한다면 정각을 성취하지 않겠노라.⁹⁴⁾

---

92) 본 경전은 『유마힐소설경(維摩詰所說經)』을 가리킨다.

93) 『維摩詰所說經』 大正藏 14, p.537上. 功德智慧以修其心.

94) 『佛說無量壽經』 大正藏 12, p.268上. 設我得佛. 十方衆生至心信樂. 欲生我國乃至十念. 若不生者不取正覺.

지금 세상의 사람들이 이와 같은 성스러운 가르침을 듣고 현재 하나의
형상으로 완전히 마음을 짓지 않고서, 임종할 때에 비로소 염불을
닦고자 한다면 이 일은 어떠한가?

答曰. 此事不類. 何者. 經云十念相續. 似若不難. 然諸凡夫心如野馬.[95]
識劇猿猴. 馳騁六塵[96]. 何曾停息. 各須宜發信心. 預自剋念. 使積習成
性善根堅固也.

답한다. 이 일은 그렇지 않다. 왜냐하면 『정법염처경』에서 말씀하셨다.

십념이 계속하여 이어지는 것은 어려움이 없다. 그러나 모든 범부의
마음은 마치 아지랑이와 같고 마음[識]은 원숭이가 뛰어다니는 것과
같이 육진(六塵)에 치달리는데 어찌 일찍이 머무르고 쉴 것인가? 각자
모름지기 마땅히 믿음을 일으켜 미리 스스로 (전도된) 생각을 극복하고
성품을 훈습하면 선근(善根)이 견고하게 될 것이다.[97]

如佛告大王. 人積善行. 死無惡念. 如樹先傾. 倒必隨曲也. 若刀風一至.
百苦湊身. 若習先不在. 懷念何可辨. 各宜同志三五預結言要. 臨命終時
迭相開曉. 爲稱彌陀名號. 願生安樂國. 聲聲相次使成十念也. 譬如蠟印
印泥. 印壞文成. 此命斷時即是生安樂國時. 一入正定聚. 更何所憂各宜
量此大利. 何不預剋念也.

---

95) '야마(野馬)'는 땅에서 피어오르는 '아지랑이'를 가리킨다.
96) '육진(六塵)'은 마에 번뇌를 일으키는 색(色)·성(聲)·향(香)·미(味)·촉(觸)·법(法)의
   여섯 가지를 뜻한다.
97) 『정법염처경(正法念處經)』의 전체적인 경전의 내용을 요약하여 인용하였으므로
   본문과 일치하거나 비슷한 구절을 찾기 어렵다.

부처님께서 대왕에게 말씀하셨다.

"사람이 선행을 쌓고 죽을 때에 악한 생각이 없으면 마치 나무가
먼저 기울어져 넘어질 때 반드시 굽어진 곳을 따라 넘어지는 것과
같습니다.[98] 만약 칼바람을 한 번 받으면 온갖 고통이 모이며, 만약
먼저 (습관적으로) 익힌 것이 없으면 생각을 품어도 어찌 분별할 수
있겠습니까?"[99]

각자 뜻을 같이 하는 셋이나 다섯 명이 결과를 예상하여 요점을 말하며
임종을 맞이하여 서로 번갈아가며 일깨우고 아미타불 명호를 부르면서
안락국에 왕생하기를 발원하며, 또한 그 소리와 소리가 서로 이어지면
십념을 성취할 것이다.

비유하면 "밀랍도장을 진흙에 찍으면 밀랍도장이 진흙을 흩트려 무늬를
만든다."[100] 이와 같이 목숨이 끊어질 때에 곧 안락국에 왕생하여 이때
일단 정정취(正定聚)에 들어가면 다시 무슨 근심할 것이 있겠는가? 각기
마땅히 이 큰 이익을 헤아려야 할 것이니, 어째서 미리 (전도된) 생각을
극복하지 않겠는가?

(6) 여섯째, 묻고 답하다

又問曰. 諸大乘經論皆言. 一切衆生畢竟無生. 猶若虛空. 云何天親龍樹
菩薩皆願往生也. 答曰. 言衆生畢竟無生如虛空者. 有二種義. 一者如凡

---

98) 『정법염처경』 大正藏 17, p.181中. 猶如樹傾倒 墮於諸道中 百千那由他 天中受生死.

99) 『정법염처경』 大正藏 17, p.146上. 有利刀風. 削割其咽.

100) 경전과 일치하지 않으나 비슷한 구절이 있다.
　　『大智度論』 大正藏 25, p.149中. 譬如蠟印印泥. 泥中受印印卽時壞. 成壞一時亦無前後.

> 夫人所見. 實衆生實生死等. 若據菩薩往生. 畢竟如虛空如兔角. 二者今
> 言生者. 是因緣生. 因緣生故. 即是假名生. 假名生故. 即是無生. 不違大
> 道理也. 非如凡夫謂有實衆生實生死也.

다시 묻는다. 모든 대승의 경전과 논에서 말씀하시기를

　일체의 중생은 결국 태어남이 없으므로 마치 허공과 같다.[101]

고 하였는데 어찌 천친보살과 용수보살은 모두 왕생하기를 발원하였는가?
답한다. 중생은 결국에 태어남이 없으므로[無生] 마치 허공과 같다는
것에는 두 가지 뜻이 있다. 첫째는 저 범부가 보는 것은 실제로 중생이고
실제로 나고 죽지만 만약 보살이 왕생하는 것에 의거하면 결국 허공과
같고 토끼의 뿔과 같은 것이다.
둘째는 지금 태어난다는 것은 인연에 의해 태어나는 것이고, 인연에
의해 태어나므로 거짓으로 태어난다고 이름 한다. 거짓으로 태어난다고
말하므로 곧 태어나는 것이 없으며 큰 진리의 이치에 어긋나지 않는다.
(그러므로) 범부가 실제로 중생으로 존재하고 실제로 태어나고 죽는다
고 말하는 것은 옳지 않다.

(7) 일곱째, 묻고 답하다

> 又問曰. 夫生爲有[102]本. 乃是衆累[103]之元. 若知此過捨生求無生者. 可
> 有脫期. 今旣勸生淨土. 即是棄生求生. 生何可盡.

---

101) 『大方等大集經』大正藏 13, p.103上. 一切衆生本際淸淨. 畢竟無生無起. 但因虛妄愚癡
　　故造種種業.

다시 묻는다. 대개 태어남은 유(有)의 근본이며 모든 번뇌의 근원이다.
만약 이러한 허물을 알았다면 생(生)을 버리고 무생(無生)을 구하는
것이 바로 해탈을 기약(期約)하는 것이다. 지금 정토에 왕생하기를 권하
는 것은 그 태어남을 버리고 왕생을 구하는 것이거늘 어떻게 태어남을
마칠 수 있겠는가?

> 答曰. 然彼淨土乃是阿彌陀如來淸淨本願[104]無生之生. 非如三有[105]衆
> 生愛染虛妄執著生也. 何以故. 夫法性淸淨畢竟無生. 而言生者. 得生者
> 之情耳.

답한다. 그러나 이 정토는 곧 아미타불의 청정한 본원에 의한 것으로
태어남이 없이 태어나는 것이다. 삼계의 중생의 애욕으로 물든 허망한
집착으로 태어남과는 같지 않다. 왜 그러한가? 대체적으로 법의 성품의
청정함은 결국에 태어남이 없다. '태어난다.' 라고 말하는 것은 태어나는
자의 감정일 뿐이다.

---

102) '십이연기(十二緣起)'의 '유(有)'를 가리킨다.
103) '루(累)'는 '유루(有漏)'의 줄임말의 표현이다. 즉 번뇌를 뜻한다.
104) '본원(本願)'은 『불설무량수경』에 제시된 아미타불의 48대원을 뜻한다.
105) '삼유(三有)'는 모든 중생들이 생사를 윤회하는 삼계의 세계를 다르게 부르는
    말이다. 첫째는 욕계의 세계인 '욕유(欲有)'이고, 둘째는 색계의 세계인 '색유(色
    有)'이며, 셋째는 무색계의 세계인 '무색유(無色有)' 등을 가리킨다.

(8) 여덟째, 묻고 답하다

> 又問曰. 如上所言. 知生無生. 當上品生者. 若爾下品生人乘十念往生者.
> 豈非取實生也. 若實生者. 即墮二疑. 一恐不得往生. 二謂此相善不能與
> 無生爲因也.

다시 묻는다. 위에서 말한 것과 같이 태어나는 것[生]이 태어남이 아닌
것[無生]임을 아는 것은 당연히 상품에 태어난 자이다. 만약 그 하품에
태어난 사람이 십념을 타고서 왕생한다면 어떻게 실제로 생[生]을 취한
다고 하지 않겠는가? 만약 실제로 생이 있는 것이라면 곧 두 가지
의심이 생겨난다.
첫째는 왕생할 수 없음을 두려워하는 것인가? 둘째는 이 상(相)으로서는
알맞으나 무생의 원인으로는 알맞지 아니한 것인가?

> 答曰. 釋有三番. 一譬如淨摩尼珠[106]置之濁水. 以珠威力水即澂淸. 若
> 人雖有無量生死罪濁. 若聞阿彌陀如來至極無生淸淨寶珠名號. 投[107]
> 之濁心. 念念之中罪滅心淨即便往生.

답한다. 세 가지를 살펴보고 해석하겠다. 첫째는 비유하면 마치 청정한
마니주를 혼탁한 물에 담가두면 마니주의 위력으로 물은 곧 맑아지는
것과 같다. 만약 어떤 사람이 비록 셀 수 없이 많이 태어나고 죽는
죄로써 혼탁할지라도 만약 아미타불의 지극한 태어남이 없는 청정한

---

106) '마니주(摩尼珠)'는 한역으로 '보주(寶珠)'라고 번역되며 보배 구슬을 통틀어
　　 일컫는다. 『대지도론』에 의거하면, '마니주는 제석천이 지녔던 금강의 파편이다.
　　 이 금강은 아수라와 싸울 때 부서져 염부제에 떨어진 것이다.'고 말하고 있다.
107) '투(投)'는 '던지다'의 뜻이나, 본 문장에서는 '마음에 새기다'는 뜻으로 번역한다.

보배구슬과 같은 명호를 듣고 그것을 혼탁한 마음에 새기면서 생각하고 생각하면 죄가 소멸하고 마음이 청정해져 곧 왕생하는, 것과 같다.

二如淨摩尼珠. 以玄黃帛裏投之於水. 水卽玄黃. 一如物色. 彼淸淨佛土有阿彌陀如來無上寶珠名號. 以無量功德成就帛裏. 投之所往生者心水之中. 豈不能轉生爲無生智[108]乎.

둘째는 청정한 마니주를 검고 노란 비단에 싸서 그것을 물에 던지면 물이 곧 현묘하게 노랗게 되어 노란 비단의 색과 같아지는 것이다. 저 청정한 부처님의 국토에 아미타불의 위없는 보배구슬의 명호가 있어서 무량한 공덕을 성취한 비단으로 싸서 그것을 왕생할 자의 마음의 물 가운데 던지면 어찌 태어나는 것이 변하여 무생지(無生智)가 되지 않겠는가?

三亦如冰上然火. 火猛則冰液. 冰液則火滅. 彼下品往生人雖不知法性無生. 但以稱佛名力作往生意. 願生彼土. 旣至無生界時. 見生之火自然而滅也.

셋째는 또한 얼음 위에서 타는 불과 같이 불이 맹렬하면 얼음이 녹으나 얼음이 녹으면 불이 꺼지는 것과 같다. 저 하품의 사람이 비록 법의 성품이 무생인 것을 알지 못하나, 다만 부처님의 명호를 부르는 힘으로

---

108) '무생지(無生智)'는 '십지(十智)'의 하나로써 모든 현상을 생멸(生滅)을 떠난 것으로 보는 지혜를 말한다. 즉 모든 현상은 변화하는 여러 요소들이 인연에 따라 일시적으로 모였다가 흩어지고 나타났다가 사라지는 것에 불과할 뿐이요, 생겨나고 없어지는 것이 없는 것을 아는 지혜를 뜻한다.

왕생할 뜻을 지으면서 저 국토에 왕생을 발원하는 것이다. 이미 태어남이 없는 세계에 이를 때에는 일어난 (번뇌의) 불이 자연스럽게 꺼지는 것을 보게 될 것이다.

(9) 아홉째, 묻고 답하다

又問曰. 依何身故說往生也. 答曰. 於此間假名人[109]中修諸行門. 前念與後念作因. 穢土假名人. 淨土假名人. 不得決定一. 不得決定異. 前心後心亦如是. 何以故. 若決定一. 則無因果. 若決定異. 則非相續. 以是義故. 橫豎[110]雖別. 始終是一行者也.

다시 묻는다. 어떤 몸을 의지한 까닭으로 왕생을 말하는가?

답한다. 이 세간의 가명의 사람 중에서 모든 수행의 문을 닦을 때 앞의 생각과 뒤의 생각이 이어져 원인이 된다. 예토에서 가명인 사람과 정토에서 가명인 사람은 결정적으로 같을 수도 없고 결정적으로 다를 수도 없다.

앞의 마음과 뒤의 마음도 역시 이와 같다. 왜 그러한가? 만약 결정적으로 같다면 인과가 없을 것이고, 만약 결정적으로 다르다면 계속해서 이어지지 않는다. 이와 같은 뜻은 비록 시간과 공간이 구별되더라도 처음과 끝은 같이 수행한다는 것이다.

---

109) '가명인(假名人)'은 모든 존재의 실체는 없으나 우리의 관념 속에 실제로 존재한다고 생각하는 대상을 뜻한다.

110) '횡수(橫豎)'의 뜻은 '가로와 세로'를 가리키는 뜻이나, 뜻이 확대되어 '시간과 공간'을 의미한다.

(10) 열 번째, 묻고 답하다

> 又問曰. 若人但能稱佛名號能除諸障者. 若爾. 譬如有人以指指月. 此指
> 應能破闇也.

다시 묻는다. 만약 어떤 사람이 오직 부처님의 명호만을 부르면 모든
장애를 제거할 수 있다. 만약 이와 같다면, 비유하건대 어떤 사람이
손가락으로써 달을 가리키면 이 손가락으로 마땅히 어둠을 깨트릴
수 있는가?

> 答曰. 諸法萬差. 不可一概. 何者. 自有名卽法. 自有名異法. 有名卽法者.
> 如諸佛菩薩名號. 禁咒[111]音辭.[112] 修多羅[113]章句等是也. 如禁咒辭
> 曰. 日出東方乍赤乍黃. 假令酉亥行禁. 患者亦愈.

답한다. 모든 법은 많은 차이가 있으며 하나의 개념이 아니다. 왜냐하면
스스로 명호가 곧 법인 것이 있고, 명호가 법과 다른 것이 있다. 모든
부처님과 보살의 명호가 금주(禁咒)와 음률이 있는 사(辭)의 노래와
수다라와 같은 긴 문장[章句] 등과 같은 (효능이) 있다. 저 금주(禁咒)와
사(辭)에서 말하기를, 해가 동쪽에서 떠서 잠시 붉었다가 잠깐 노랗게

---

111) '주(咒)'는 다라니의 한역으로 진언(眞言), 주문(呪文) 등으로 번역된다. 본 문장에
서는 '송주(誦呪)'를 뜻한다.

112) '사(辭)'는 '초사(楚辭)' 또는 '이소(離騷)'라고 부르기도 한다. 중국의 고대 음악의
한 분야로써 우수(憂愁)와 격정(激情) 같은 내용을 남쪽 가요의 아름다운 형식을
빌려 표현하고 있는 서정적인 작품을 가리킨다.

113) '수다라(修多羅)'는 '십이분경(十二分經)'의 하나로 '계경(契經)'을 뜻한다. 산문(散
文)으로 부처님 법의 뜻을 해석한 것을 가리킨다.

변할 때 가령 유시(酉時)와 해시(亥時)에 금주(禁呪)를 행(行)하면 환자가
역시 치료된다고 하였다.

> 又如有人被狗所嚙. 灸虎骨熨之. 患者卽愈. 或時無骨. 好獺掌摩之. 口
> 中喚言虎來虎來. 患者亦愈. 或復有人患脚轉筋. 灸木瓜枝熨之. 患者卽
> 愈. 或無木瓜. 灸手磨之. 口喚木瓜木瓜. 患者亦愈. 吾身得其效也. 何以
> 故. 以名卽法故. 有名異法者. 如以指指月是也.

또한 만일 어떤 사람이 개에게 물렸다면 구운 호랑이 뼈를 물린 곳에
바르면 환자가 곧 낫는다. 혹시 뼈가 없으면 수달의 발바닥으로 문지르
면서 입으로 "호랑이가 온다. 호랑이가 온다."고 외치면 환자가 또한
낫는다. 혹은 다시 어떤 사람이 다리가 삐었을 때 구운 나무와 오이
줄기로 그것을 문지르면 환자가 곧 낫는다. 혹은 나무와 오이가 없으면
손을 달구어서 그것을 문지르면서 입으로 "나무와 오이, 나무와 오이"를
외치면 환자가 역시 낫는다. 우리의 몸이 그 효과를 얻는 것은 무슨
까닭인가? 명호가 즉 법이기 때문이다. 명호에 다른 법이 있다면 마치
손가락으로써 달을 가리키는 것과 같은 것이다.

> 又問曰. 若人但稱念彌陀名號. 能除十方衆生無明黑闇得往生者. 然有
> 衆生. 稱名憶念. 而無明猶在. 不滿所願者何意.

다시 묻는다. 만약 어떤 사람이 오직 아미타불의 명호를 부르며 염불[稱
念]하면 시방의 중생이 무명(번뇌)의 어둠을 없애 왕생할 수 있다는
것이다. 그러나 어떤 중생이 명호를 불러 생각[憶念]하면 오히려 무명이

남아 있어 발원하는 것을 만족시키지 못한다는 것은 무슨 뜻인가?

答曰. 由不如實修行. 與名義不相應故也. 所以者何. 謂不知如來是實相
身[114]是爲物身.[115] 復有三種不相應. 一者信心不淳. 若存若亡故. 二者
信心不一. 謂無決定故. 三者信心不相續. 謂餘念間故. 迭相收攝. 若能
相續則是一心. 但能一心卽是淳心. 具此三心若不生者. 無有是處.

답한다. 충실[如實]하게 수행하지 않아 명호와 뜻이 서로 상응(相應)하지 못하기 때문이다. 왜 그러한가? 이른바 여래가 이 실제 모습[實相]의 몸이고 이 만물의 몸이 되는 것을 알지 못하기 때문이다. 다시 세 가지 상응하지 못하는 것이 있다.

첫째는 믿음이 순수하지 않아 혹 있기도 하고 혹 없기도 하기 때문이다. 둘째는 믿음이 하나가 되지 않음이니 말하자면 결정적인 (믿음이) 없기 때문이다. 셋째는 믿음이 계속하여 이어지지 아니하니 말하자면 생각의 틈새가 있기 때문이다. 번갈아 서로 섭수하여 만약 계속하여 이어질 수 있다면 이것이 한마음[一心]이며, 단지 한마음일 수 있으면 이것이 순수한 마음이다. 이 세 마음을 갖추고 왕생할 수 없는 곳은 어느 곳에도 없다.

---

114) '실상신(實相身)'은 우주의 진리이자 본체인 '청정법신(淸淨法身)'을 뜻한다.
115) '위물신(爲物身)'은 중생의 근기에 맞추어 나투시는 '화신(化身)'을 뜻한다.

제3 대문(大門)

제1절 개요

第三大門中有四番料簡. 第一辨難行道易行道. 第二明時劫大小不同. 第三明從無始世劫已來. 處此三界五道.[1] 乘善惡二業. 受苦樂兩報. 輪迴無窮受生無數. 第四將聖敎證成勸後代. 生信求往.

제3대문 중에는 네 가지가 있으니 살피고 헤아려 핵심을 찾아낸다. 제1항은 난행도와 이행도를 분별한다. 제2항은 시간의 겁에 크고 작음이 같지 않음을 밝힌다. 제3항은 시작도 없는 세상의 겁으로부터 지금까지 이 삼계의 다섯 가지 길[五道]을 윤회하며 선악의 두 업을 받고 고통과 즐거움의 두 과보를 받아 윤회가 끝이 없어 태어남이 셀 수 없음을 밝힌다. 제4항은 장차 성스러운 가르침을 증득하여 후인에게 권하여 신심을 일으키고 왕생을 구하는 것을 밝힌다.

---

1) '오도(五道)'는 육도(六道) 가운데 지옥계·아귀계·축생계·아수라계·인간계를 뜻한다.

제2절 개별 해석

제1항 난행도(難行道)와 이행도(易行道)를 분별하다

第一辨難行道易行道者. 於中有二. 一出二種道. 二問答解釋.

제1항은 난행도와 이행도를 분별하는 데 두 가지가 있다. 첫째는 두 가지 도를 벗어나는 것이고, 둘째는 묻고 답하며 해석하는 것이다.

1) 두 수행법의 이름을 밝히다

余旣自居火界.[2] 實想懷怖. 仰惟大聖三車[3]招慰. 且羊鹿之運. 權息未達. 佛訶邪執障上求菩提. 縱後迴向. 仍名迂迴. 若徑攀大車. 亦是一途. 只恐現居退位. 嶮徑遙長. 自德未立. 難可昇進.

그대는 이미 스스로 (번뇌에) 불타는 세계에 살면서 실제로는 마음에서 두려운 생각을 한다. 오직 부처님을 우러르며 삼승의 성인(三車)들을

---

2) 화택의 비유를 뜻하는 것으로 『묘법연화경(妙法蓮華經)』의 「비유품(譬喩品)」에 실려 있다. 『묘법연화경』 大正藏 9, pp.12上~13上.

3) '삼차(三車)'의 비유는 『묘법연화경』 「비유품」에 실려 있는 비유의 내용이다. 불이 난 집에서 놀고 있는 아이에게 양 수레[羊車], 사슴 수레[鹿車], 소 수레[牛車]를 준다고 달래서 집 밖으로 나오게 하여 크고 흰색의 소 수레[牛車]에 태워갔다는 양, 사슴, 소의 수레를 말한다. 이 수레를 성문승(聲聞僧), 연각승(緣覺乘), 보살승(菩薩僧)에 비유하여 삼승은 결국 같은 깨달음으로 이끄는 방편이라는 가르침을 설명하고 있다.
『妙法蓮華經』大正藏 9, p.13下. 如彼長者初以三車誘引諸子. 然後但與大車寶物莊嚴安隱第一. 然彼長者. 無虛妄之咎. 如來亦復如是. 無有虛妄. 初說三乘引導衆生. 然後但以大乘而度脫之.

초청하여 위로받을 뿐이다. 또한 양의 수레와 사슴의 수레를 타고 있다는 것은 마음을 (불타는 번뇌에서) 멈추도록 권장하나 아직 (마음이 쉬는 법을) 통달하지 못하였다. 부처님께서는 위로는 깨달음을 구하고 그 후에 회향을 쫓는 것은 삿된 집착의 장애라 꾸짖으셨고 이것은 우회(迂迴)한다고 이름 하셨다. 만약 지름길에 큰 수레를 반연하는 것도 역시 하나의 방법이나 다만 현재의 위치에서 후퇴[退轉]할까 두렵다. (비유하건대) 험준한 지름길은 (목적지가 오히려) 시간이 많이 걸리므로 [遙長] 아직 자기의 덕을 세우지 못했으면 앞으로 나아가기 어렵기 때문이다.

是故龍樹菩薩[4]云. 求阿毘跋致有二種道. 一者難行道. 二者易行道. 言難行道者. 謂在五濁之世於無佛時求阿毘跋致爲難. 此難乃有多途. 略述有五. 何者. 一者外道相善亂菩薩法. 二者聲聞自利障大慈悲. 三者無顧惡人破他勝德. 四者所有人天顚倒[5]善果壞人梵行. 五者唯有自力無他力持. 如斯等事觸目皆是.

그러므로 용수보살이 『십주비바사론』에서 말씀하였다.

> 아비발치[不退位]를 구하는 것에 두 가지 방법이 있다. 첫째는 난행도(難行道)이고, 둘째는 이행도(易行道)이다. 난행도라고 말하는 것은 이른바

---

4) 『무량수경우바제사원생게주(無量壽經優婆提舍願生偈註)』에서 용수보살이 찬술한 『십주비바사론(十住毘婆沙論)』을 인용하였다고 전하고 있으나, 본 문장은 『십주비바사론』의 전체적인 내용을 요약하여 인용하였으므로 일치하는 구절을 찾기 어렵다.

5) '전도(顚倒)'는 번뇌 때문에 잘못된 생각을 갖거나 현실을 잘못 이해하는 것을 뜻한다.

오탁의 세상에서 부처님이 계시지 않는 때에 불퇴위를 구하는 것은 어려움이 따르며, 이 어려움에는 많은 과정이 있다는 것이다.

이를 간략히 서술하면 다섯 가지 뜻이니, 어떤 것인가? 첫째는 외도(外道)를 서로 좋아하여 보살의 법을 어지럽힌다. 둘째는 성문이 자기를 이롭게 하기 위해 (부처님들의) 대자비를 가로막는다. 셋째는 악인이 (수행을 위해) 발원하지 않으며 다른 이의 매우 뛰어난 덕을 파괴한다. 넷째는 존재하는 인간들과 천인들이 가지고 있는 선한 과보를 뒤집어 [顚倒] 인간의 청정한 행을 무너뜨린다. 다섯째는 오직 자력(自力)만이 있고 타력(他力)이 없이 (불법의 수행을) 유지한다. 이와 같이 모두 눈에 보이는 일들이다.[6]

譬如陸路步行則苦. 故曰難行道. 言易行道者. 謂以信佛因緣願生淨土. 起心立德修諸行業. 佛願力故卽便往生. 以佛力住持卽入大乘正定聚. 正定聚者卽是阿毘跋致不退位也. 譬如水路乘船則樂. 故名易行道也.

비유하면 육로로 걸어서 가면 괴롭기 때문에 난행도라고 말한다. 이행도라고 말하는 것은 이른바 부처님을 믿는 인연으로 정토에 왕생할 수 있도록 발원하는 것이다. 마음을 일으켜 덕을 세우고 모든 선업[行業]을 닦으면 부처님의 원력 때문에 곧 왕생한다. 부처님의 위신력(威神力)에 머무름으로써[住持] 곧 대승의 정정취(正定聚)에 들어간다. 정정취란 즉 아비발치의 불퇴위를 말한다. 비유하면 마치 배를 타고 물길을

---

6) 『無量壽經優婆提舍願生偈註』大正藏 40, p.826中. 謹案龍樹菩薩十住毘婆沙云. 菩薩求阿毘跋致有二種道. 一者難行道. 二者易行道. 難行道者. 謂於五濁之世於無佛時求阿毘跋致爲難. 此難乃有多途. 粗言五三以示義意. 一者外道相(修漿反). 善亂菩薩法. 二者聲聞自利障大慈悲. 三者無顧惡人破他勝德. 四者顚倒善果能壞梵行. 五者唯是自力無他力持. 如斯等事觸目皆是. 譬如陸路步行則苦. 易行道者. 謂但以信佛因緣願生淨土. 乘佛願力便得往生彼淸淨土. 佛力住持卽入大乘正定之聚. 正定卽是阿毘跋致.

따라가면 즐겁기 때문에 이행도라고 이름 한다.

2) 묻고 답하며 해석하다

問曰. 菩提是一. 修因亦應不二. 何故在此修因向佛果. 名爲難行. 往生
淨土期大菩提. 乃名易行道也. 答曰. 諸大乘經所辨一切行法. 皆有自力
他力自攝他攝. 何者自力. 譬如有人怖畏生死. 發心出家修定發通. 遊四
天下. 名爲自力. 何者他力. 如有劣夫以己身力擲驢不上. 若從輪王卽便
乘空遊四天下. 卽輪王威力. 故名他力. 衆生亦爾. 在此起心立行願生淨
土. 此是自力. 臨命終時. 阿彌陀如來光臺迎接遂得往生. 卽爲他力.

묻는다. 깨달음은 하나이다. 수행의 원인도 역시 마땅히 둘이 아니다.
왜냐하면 이 원인을 수행하여 부처님의 지위[佛果]를 향하기 때문에
난행이라고 이름 한다. (그렇다면) 정토에 왕생하면 대보리(大菩提)를
기약하므로 이행도라고 이름 하는가?
답한다. 모든 대승경전에서는 일체의 수행법을 분별한다. 모두가 자력
(自力)과 타력(他力)이 있으며 자력으로 섭수하고 타력으로 섭수한다.
무엇이 자력인가? 비유하면 마치 어떤 사람이 나고 죽음을 두려워하여
발심하고 출가하여 선정을 닦아 신통을 이루어 온 세상[四天下]을 유행
하는 것을 자력이라고 이름 한다.
무엇이 타력인가? 만일 못난 범부가 자기 몸의 힘으로는 나귀를 던져
올리지 못하지만 만약 전륜왕을 따르면 문득 허공을 날아올라 온 세상을
유행하는데 전륜왕의 힘 때문이므로 타력이라고 부른다.
중생도 또한 이와 같다. 이곳에서 마음을 일으켜 수행을 세우고 정토에
왕생하길 발원하는 것이 자력이며 임종할 때에 아미타불의 광명의

누대(樓臺)에서 영접을 받아 마침내 왕생할 수 있는 것은 바로 타력이
된다.

故大經云. 十方人天欲生我國者. 莫不皆以阿彌陀如來大願業力爲增上
緣7)也. 若不如是. 四十八願便是徒設. 語後學者. 旣有他力可乘. 不得自
局己分徒在火宅也.

그러므로 『불설무량수경』에서 말씀하셨다.

시방의 인간과 천인이 나의 국토에 왕생하고자 한다면 모두 아미타불의
큰 원력[大願]의 업의 힘[業力]에 의해 증상연(增上緣)이 되지 않는
것이 없다고 하였다. 만약 이와 같지 않다면 사십팔원은 모두 헛된
말씀일 뿐이다. 후학에게 말하고자 하는 것은 이미 타력으로 오를
수 있는 것이 있으나 자기가 스스로 분석하여 헛되이 불난 집8)에
우리의 몸과 마음이 머무르면 스스로가 얻을 것이 없다.9)

---

7) '증상연(增上緣)'은 육식(六識)을 발생시키는 원인으로 인연(因緣)·등무간연(等無
間緣)·소연연(所緣緣)·증상연(增上緣)의 네 가지로 구분되고 있다. 증상연은 인식
주관에 들어온 대상을 분석하고 분별하는 인식의 주관적인 작용을 가리킨다.

8) '헛되이 불난 집'이란 중생들 스스로의 몸과 마음이 번민에 불타고 있는 상태를
알지 못하고 있는 것을 비유한 말이다.

9) 경전의 내용과 일치하지 않으나 비슷한 구절이 있다.
『佛說無量壽佛經』大正藏 12, p.268上. 設我得佛. 十方衆生至心信樂. 欲生我國乃至十
念. 若不生者不取正.

제2항 겁(劫)의 크기를 밝히다

第二明劫之大小者. 如智度論云. 劫有三種. 謂一小二中三大. 如方四十
里城. 高下亦然. 滿中芥子.[10] 有長壽諸天. 三年去一. 乃至芥子盡. 名一
小劫. 或八十里城高下亦然. 芥子滿中. 如前取盡. 名一中劫. 或百二十里
城高下亦然. 芥子滿中. 取盡一同前說. 方名大劫. 或八十里石高下亦然.
有一長壽諸天. 三年以天衣一拂. 天衣重三銖.[11] 爲拂不已. 此石乃盡.
名爲中劫. 其小石大石類前中劫可知. 不勞具述.

제2항은 겁(劫)의 크고 작음을 밝히고자 한다.『대지도론』에서 말씀하셨
다.

겁에는 세 가지가 있다. 첫째는 소겁이고 둘째는 중겁이며 셋째는
대겁이다. 마치 사방(가로와 세로) 40리의 성이 있는데 높이도 역시
40리다. 그 가운데 개자를 가득 채웠는데 모든 장수하는 천인(天人)이
3년에 한 번 가져가 개자가 다 없어지는 것을 1소겁이라고 이름 한다.
혹은 사방 80리 성이 있어 그 높이도 역시 80리로 같은데 개자를
그 가운데 가득 채워서 앞과 같이 가져가 없어진 것을 1중겁이라고
이름 한다. 혹은 사방 120리 성이 있고 그 높이도 역시 120리로 같은데
개자를 그 가운데 가득 채워서 취하여 가져가 없어진 것이 앞에서
말한 것과 같은 것을 대겁이라고 이름 한다.
혹은 사방 80리 바위의 높이도 역시 80리로 같은데 한 장수하는 천인이

---

10) '개자(芥子)'는 다른 이름으로는 겨자, 백개자(白芥子)·황개자(黃芥子)·호개자(胡
芥子)라고도 부른다. 크기는 지름은 1~2mm이며 색깔은 황색, 황갈색 또는
어두운 갈색이며 표면에 그물무늬가 있으며 씨앗 껍질은 얇고 부서지기 쉽다.
11) '주(銖)'는 고대 중국의 무게의 단위이다. 1주는 한 량(兩)의 1/24을 뜻하며,
한 량은 37.5g이다.

3년에 하늘 옷으로써 한번 스치는데 하늘 옷은 무게가 3주이다. 스치는 것을 그치지 않아서 이 바위가 닳은 것을 중겁이라고 이름 한다. 그 작은 바위(소겁의 바위)와 큰 바위의 종류는 앞의 중겁에서 (문장에서) 알 수 있기에 수고롭게 서술하지 않는다.[12]

제3항 윤회가 끝이 없음을 밝히다

1) 윤회가 끝이 없음을 밝히다

第三門中有五番. 第一明從無始劫來. 在此輪迴無窮. 受身無數者. 如智度論云. 在於人中. 或張家死王家生. 王家死李家生. 如是盡閻浮提界.[13] 或重生或異家生. 或南閻浮提死. 西拘耶尼[14]生. 如閻浮提. 餘三天下亦如是. 如四天下死生四天王天[15]亦如是. 或四天王天死忉利天[16]生. 忉利天死生餘上四天亦如是.

---

12) 『大智度論』 大正藏 25, p.100下. 阿僧祇義. 菩薩義品中已說. 劫義佛譬喩說. 四千里石山有長壽人. 百歲過持細軟衣一來拂拭. 令是大石山盡. 劫故未盡. 四千里大城. 滿中芥子. 不慨令平. 有長壽人百歲過一來取一芥子去. 芥子盡. 劫故不盡. 菩薩如是無數劫.

13) '염부계(浮提界)'는 불교적인 우주관에서 표현하는 세계의 중심인 수미산의 남쪽에 위치하는 세계이다.

14) '구야니(拘耶尼)'는 불교적인 우주관에서 표현하는 세계의 중심인 수미산의 서쪽에 위치하는 세계이다.

15) '사천왕천(四天王天)'은 욕계 천상(天上)의 하나로 수미산 중턱의 동쪽에 있는 '지국천(持國天)', 남쪽에 있는 '증장천(增長天)', 서쪽에 있는 '광목천(廣目天)', 북쪽에 있는 '다문천(多聞天)'을 뜻한다.

16) '도리천(忉利天)'은 욕계 6천의 제2천에 해당하며 수미산의 꼭대기에 있다. 모양은 사각형을 이루고 네 모서리에는 각각 봉우리가 있으며, 중앙에는 '선견천(善見天)'이라는 궁전이 있다. 제석천이 이 궁전에 머무르면서 사방 32성의

제3항 가운데는 다섯 가지를 살펴볼 것이다. 제1은 시작도 없는 겁으로부터 지금까지 이러한 윤회가 끝이 없으며 몸을 받은 것도 셀 수 없이 많음을 밝힌다. 『대지도론』에서 말씀하셨다.

> 사람 세계에서 살다보면 혹시 장씨 집에서 죽었다가 왕씨 집에 태어나고, 왕씨 집에서 죽었다가 이씨 집에 태어난다. 이와 같이 (윤회하는) 것이 염부제에서 끝이 없다. 혹은 같은 집에서 태어나거나 혹은 다른 집에서 태어난다.[17]
> 혹은 남염부제(南閻浮提)에서 죽어서 서구야니(西拘耶尼)에 태어나며, 마치 염부제와 같이 나머지 세 천하도 역시 이와 같다. 마치 사천하에서 죽었다가 사천왕천(四天王天)에 태어나는 것도 역시 이와 같다. 혹은 사천왕천에서 죽었다가 도리천(忉利天)에 태어난다. 도리천에서 죽고 태어나는 것도, 나머지 위에 있는 4천상(天上)도 역시 이와 같다.[18]

色界有十八重天. 無色界有四重天. 此死生彼. 一一皆遍亦如是. 或色界死生阿鼻地獄.[19] 阿鼻地獄中死生餘輕繫地獄. 輕繫地獄中死生畜生中. 畜生中死生餓鬼道中. 餓鬼道中死或生人天中. 如是輪迴六道. 受苦樂二報. 生死無窮. 胎生旣爾. 餘三生[20]亦如是.

신(神)들을 다스린다. 이 33천은 한 달 중에 육재일(六齋日 : 8·14·15·23·29·30일)마다 성 밖에 있는 선법당(善法堂)에 모여서 지상에 있는 중생들의 선행과 악행을 다루게 된다고 한다. 수명은 1천세이고 이 하늘의 하루 낮 하루 밤은 인간의 백년에 해당된다.

17) 『大智度論』의 전체적인 내용을 요약하여 인용하였으므로 본문과 일치하거나 비슷한 구절은 찾기 어렵다.

18) 『大智度論』大正藏 25, p.323中. 有利利大姓婆羅門大姓居士大家四天王天乃至非有想非無想天. 皆現於世. 以菩薩因緣故.

색계(色界)에는 18개의 천상이 중첩해 있고, 무색계(無色界)에는 4개의
천상이 중첩해 있다. 여기서 죽었다가 저기에 태어나는 하나하나가
모두 보편적으로 이와 같다. 혹은 색계에서 죽었다가 아비지옥(阿鼻地
獄)에 태어나고, 아비지옥에서 죽었다가 나머지 경계지옥(輕繫地獄)에
태어난다. 경계지옥에서 죽었다가 축생 가운데 태어나며, 축생에서
죽었다가 아귀도 가운데 태어난다. 아귀도에서 죽었다가 혹은 인간과
천상에 태어난다. 이러한 6도(六道)에 윤회하면서 괴로움과 즐거움의
두 가지 과보를 받아 태어나고 죽는 것이 무궁하다. 태생은 역시 그렇고
나머지 3생(난생·습생·화생)도 역시 이렇다.21)

是故正法念經云. 菩薩化生告諸天衆云. 凡人經此百千生. 着樂放逸22)
不修道. 不覺往福侵已盡. 還墮三塗受衆苦. 是故涅槃經云. 此身苦所集.
一切皆不淨. 扼縛癰瘡23)等根本無義利. 上至諸天身. 皆亦復如是.

그러므로 『정법염처경』에서 말씀하셨다.

보살이 화현(化現)하여 모든 하늘의 대중에게 말한다. 무릇 사람은

---

19) '아비지옥(阿鼻地獄)'은 큰 여덟 지옥의 하나로 고통의 '간격이 없다'는 뜻이며,
    '무간지옥(無間地獄)'이라고도 한다. 오역죄를 지은 자가 죽어서 가게 된다는
    지옥을 뜻한다. 살가죽을 벗겨 불 속에 집어넣거나 쇠로 된 매가 눈을 파먹는
    따위의 고통을 끊임없이 받는다고 한다.

20) '삼생(三生)'은 태생(胎生)을 제외한 난생(卵生)·습생(濕生)·화생(化生)을 뜻한다.

21) 『大智度論』의 전체적인 경전의 내용을 요약하여 인용하였으므로 본문과 일치하
    거나 비슷한 구절이 없다.

22) '방일(放逸)'은 선(善), 또는 수행을 실천하지 않는 게으르고 안일한 마음상태를
    뜻한다.

23) '옹창(癰瘡)'은 피부가 곪아서 터진 뒤 오래도록 낫지 않아 부스럼이 되는 병을
    가리킨다.

10만생을 지내도록 즐거움에 탐착하여 방일(放逸)하면서 불도를 닦지 않으니 깨닫지 못한 중에 자신의 복이 다하여 도리어 삼악도에 떨어져 많은 고통을 받는다.24)

또한 『대반열반경』에서 말씀하셨다.

이 몸은 고통이 모인 것이고, 일체가 모두 청정하지 아니하다. 옹창(癰瘡) 등에 결박되고 억압되어 근본적으로 이익이 없는 것이 위로는 모든 천상의 몸에 이르기까지 모두 역시 이와 같다.25)

是故又彼經云. 勸修不放逸. 何以故. 夫放逸者. 是衆惡之本. 不放逸者. 乃是衆善之源. 如日月光諸明中最. 不放逸法亦復如是. 於諸善法爲最 爲上. 亦如須彌山王於諸山中爲最爲上. 不放逸法亦復如是. 於諸善法 中爲最爲上. 何以故. 一切惡法猶放逸而生. 一切善法不放逸爲本.

그러므로 또한 『대반열반경』에서

수행에 방일하지 않도록 권장하셨다. 왜 그러한가? 대체적으로 방일한 것은 온갖 악의 근본이며, 방일하지 않는 것은 바로 온갖 선의 근본이다. 마치 해와 달의 빛은 모든 밝은 것 가운데 최고이듯이 방일하지 않는

---

24) 본 문장의 내용과 일치하지 않으나 비슷한 구절이 있다.
『正法念處經』大正藏 17, p.176上. 爾時諸天子若於先世. 集衆善業聞此天鳥說法之音. 則能解悟. 如鳥所說. 必當無常. 少時憶念. 離於放逸. 復爲境界色香味觸之所誑惑. 悉忘 法音. 猶如隔世. 所應作業. 不應作業. 皆悉忘失. 現受欲樂. 不觀未來. 不念天鳥說法之音. 現觀五欲遊戲受樂. 不念地獄餓鬼畜生. 受大苦惱. 不念天身甚爲難得. 不念無始苦惱輪 轉地獄餓鬼畜生. 諸苦堅革. 難可調伏. 唯除天子第一勝心久習善根.

25) 『大般涅槃經』大正藏 12, p.374中. 此身苦所集 一切皆不淨 扼縛癰瘡等 根本無義利 上至諸天身 皆亦復如是.

것도 또한 이와 같다.26)

고 말씀하셨다. 모든 선(善)한 법에서 최고의 자리가 되며, 또한 수미산이
모든 산 가운데 왕이 되고 최상의 (산이) 되는 것과 같다. 방일하지
않는 것도 또한 이와 같아서 모든 선한 법 가운데 최고가 되고 최상이
된다. 왜 그러한가? 일체의 악(惡)한 법은 오로지 방일에서 생겨나는
것이며 일체의 착한 법은 방일하지 않는 것을 근본으로 삼기 때문이다.

2) 둘째, 묻고 답하다

第二問曰. 雖云無始劫來六道輪迴無際. 而未知一劫之中受幾身數而言
流轉. 答曰. 如涅槃經說. 取三千大千世界27)草木截爲四寸籌28)以數.
一劫之中所受身父母頭數. 猶自不漸. 或云. 一劫之中所飮母乳. 多於四大
海水. 或云. 一劫之中所積身骨. 如毘富羅山.29) 如是遠劫已來徒受生
死. 至於今日猶作凡夫之身. 何曾思量傷歎不已.

26) 본 문장의 내용과 일치하지 않으나 비슷한 구절이 있다.
『大般涅槃經』大正藏 12, p.506中. 善男子. 一切諸佛諸善根本皆不放逸. 不放逸故諸餘
善根轉轉增長. 以能增長諸善根故. 於諸善中最爲殊勝. 善男子. 如諸跡中象跡爲上. 不放
逸法亦復如是. 於諸善法最爲殊勝. 善男子. 如諸明中日光爲最. 不放逸法亦復如是. 於諸
善法最爲殊勝.

27) '삼천대천세계(三千大千世界)'는 『아비달마구사론』에 따르면 우주는 원반형의
풍륜(風輪)·수륜(水輪)·금륜(金輪)이 겹쳐서 공중에 떠 있고, 그 금륜 표면의
중앙에 수미산이 있으며 이 세계에는 하나의 태양과 하나의 달이 있다고 한다.
이 세계 1,000개가 모인 것이 소천세계(小千世界)이고, 소천세계 1,000개가 모인
것이 중천세계, 그리고 중천세계 1,000개가 모인 것이 대천세계(大千世界)이다.
즉, 대천세계란 1,000의 3제곱이므로 10억 개의 세계가 된다. 그런데 삼천대천세
계라고 부르는 것은 대천세계 속에 소천세계와 중천세계가 함께 공존하고

둘째로 묻는다. 비록 시작도 없는 겁으로부터 육도에 윤회함이 끝이 없다고 말한다. 그리고 (또한) 1겁 중에 몸을 받은 기회를 숫자로는 알 수가 없으면서도 (어찌) 윤회한다고 말하는가?

답한다. 『대반열반경』에서 말씀하셨다.

삼천대천세계를 초목처럼 꺾어 취해서 4촌(寸)의 산가지로써 숫자를 삼고, 1겁 가운데 부모에게 받은 몸의 숫자를 머릿속으로 셀지라도 오히려 스스로 셀 수 없다.[30] 혹은 1겁 동안에 마신 모유는 사해의 큰 바닷물보다 많으며,[31] 혹은 1겁 동안에 쌓인 몸의 뼈는 마치 비부라산과 같다.[32]

고 하였으니 이러한 오랜 겁으로부터 헛되게 나고 죽는 것이 오늘에 이르기까지 오직 범부의 몸이 받아왔다. 일찍이 헤아려 생각함에 (마음에) 상처를 받았으니 어찌 탄식하지 않겠는가?

있으므로 이와 같은 표현법을 사용했다.

28) '주(籌)'는 일종의 '산가지'로써 숫자를 세거나 표시할 때에 사용하던 나뭇가지를 뜻한다.

29) '비부라산(毘富羅山)'은 마가다국 근처에 있던 산으로 세존께서 『불설관무량수경』을 말씀하시게 된 동기와 관련이 있는 산을 가리킨다.

30) 『大般涅槃經』大正藏 12, p.496中. 命終哭泣所出目淚多四大海. 盡地草木爲四寸籌以數父母亦不能盡.

31) 『大般涅槃經』大正藏 12, p.496中. 所飮乳汁如四海水. 身所出血多四海水.

32) 『大般涅槃經』大正藏 12, p.496中. 一一衆生一劫之中所積身骨. 如王舍城毘富羅山. 攞. 亦如段肉衆鳥競逐.

3) 셋째, 묻고 답하다

第三又問曰. 旣云曠大劫來受身無數者. 爲當直爾總說令人生厭. 爲當
亦有經文來證. 答曰. 皆是聖敎明文. 何者. 如法華經云. 過去不可說久
遠大劫有佛出世. 號大通智勝如來. 有十六王子. 各昇法座敎化衆生. 一
一王子各各敎化六百萬億那由他恒河沙衆生. 其佛滅度已來. 至極久遠
猶不可數知. 何者. 經云. 總取三千大千世界大地. 磨以爲墨. 佛言. 是人
過千國土乃下一點. 大如微塵. 如是展轉盡地種墨. 佛言. 是人所經國土.
若點不點. 盡抹爲塵. 一塵一劫. 彼佛滅度已來. 復過是數. 今日衆生乃
是彼時十六王子座下曾受敎法. 是故經云. 以是本因緣爲說法華經.

셋째로 또한 묻는다. 이미 매우 큰[廣大] 겁으로부터 몸을 받은 것이
셀 수 없다고 말하는 것은 마땅히 그것을 모두 설명하여 사람들로
하여금 태어남을 싫어하게 하기 위한 것인가? 마땅히 경전의 문장에
있는 것으로 증명하기 위한 것인가?
답한다. 모두가 성스러운 가르침에서 문장으로 증명하였다. 무엇인가?
『묘법연화경』에서 말씀하셨다.

과거 말할 수 없이 오래되고 먼 대겁에 어떤 부처님께서 세상에 출현하
였을 때 명호는 대통지승여래(大通智勝如來)이시고 16왕자가 있었는데
각기 법좌에 올라 중생을 교화하셨다. 각자의 왕자는 각각 600만 억
나유타 항하사의 중생을 교화하셨다. 그 부처님께서 열반하신 후에
(시간이) 오히려 지극히 오래되고 멀어서 숫자로는 알 수가 없다. 왜냐하
면 『묘법연화경』에서 삼천대천세계의 대지를 모두 취해서 갈아서 먹을
만들 수 있다.
부처님께서 말씀하셨다.

"이 사람이 천 국토를 지나면서 이내 한 점을 찍는데 크기는 먼지와 같다. 이렇게 지나가면서 땅으로 만든 먹을 모두 사용한다."

부처님께서 말씀하셨다.

"이 사람이 지나는 국토에 만약 점을 찍거나 점을 찍지 않거나 (이 국토를) 모두 갈아서 티끌을 만들 때 한 티끌이 1겁이다."

저 부처님께서 멸도하신 이래로 다시 이만큼의 숫자가 지나갔다. 오늘 (법회에 모인) 중생은 바로 그때의 16왕자의 회상에서 일찍이 가르침을 받았었다. 그러므로 『묘법연화경』에서 말씀하셨다. (중생들에게) 이와 같은 과거의 인연으로 『묘법연화경』을 말씀하고 있는 것이다.[33]

涅槃經復[34]云. 一是王子. 一是貧人. 如是二人互相往反. 言王子者. 今日釋迦如來. 乃是彼時第十六王子也. 言貧人者. 今日衆生等是.

다시 『대반열반경』에서 말씀하셨다.

한 사람은 왕자였고, 한 사람은 가난한 사람이었다. 이러한 두 사람은 서로 왕래하였다.[35] (위의 문장에서) 말한 왕자는 오늘의 석가여래로 바로 그 과거의 제16왕자 중에 한명이다. (위의 문장에서) 말했던 가난한 사람은 오늘날의 중생들이다.[36]

---

33) 『妙法蓮華經』 大正藏 9, pp.22上~24上.

34) 『대반열반경』의 내용과 『묘법연화경』의 문구를 조합하여 한 문장으로 구성하여 전체적인 인용문과는 거리가 있다.

35) 『大般涅槃經』 大正藏 12, p.653中. 佛言. 譬如二人共爲親友. 一是王子. 一是貧賤. 如是二人互相往返.

36) 『妙法蓮華經』 大正藏 9, p.25下. 第十六我釋迦牟尼佛. 於娑婆國土. 成阿耨多羅三藐三菩提.

4) 넷째, 묻고 답하다

第四問曰. 此等衆生旣云流轉多劫. 然三界之中何趣[37]受身爲多. 答曰.
雖言流轉. 然於三惡道中受身偏多. 如經說[38]云. 於虛空中量取方圓八
肘.[39]從地[40]至於色究竟天.[41] 於此量內所有可見衆生. 卽多於三千大
千世界人天之身. 故知惡道身多. 何故如此. 但惡法易起. 善心難生故也.
今時但看現在衆生. 若得富貴. 唯事放逸破戒. 天中卽復着樂者多. 是故
經云. 衆生等是流轉. 恒三惡道爲常家. 人天暫來卽去. 名爲客舍故也.

넷째로 묻는다. 이와 같이 중생은 이미 많은 겁을 윤회하였다고 하였다.
그렇다면 삼계 가운데 어떤 부류에서 몸을 받은 것이 많은가?
답한다. 비록 여러 곳을 윤회하였다고 말하지만 삼악도 가운데에서
몸을 받는 것이 월등히 많다.『천수천안관세음보살모다라니신경』에서
말씀하셨다.

허공 가운데 양쪽으로 사각형으로 8주의 크기를 취하여 지거천(地居天)
에서 색구경천(色究竟天)에 이르기까지 이 사각형 안에 존재하는 많은

---

37) '취(趣)'는 '나아간다'는 의미이므로 비유하여, 윤회의 주체가 "스스로 나아간다"
   는 뜻으로 사용한 것으로 생각된다.
38) 본 문장의 내용이『천수천안관세음보살모다라니신경(千手千眼觀世音菩薩姥陀
   羅尼身經)』에 비슷한 구절이 있으므로 이 경전을 인용한 것으로 생각된다.
39) '주(肘)'는 고대 중국의 길이의 단위이다. '1주(肘)'는 1.5척(尺)에 해당하며, 현재의
   단위로는 약 38cm를 가리킨다.
40) '지(地)'는 욕계의 천상계 중에서 '지거천(地居天)'을 가리킨다. 사왕천과 도리천은
   수미산을 의지해 있기 때문에 지거천이라고 하며, 사왕천은 중턱에, 도리천은
   정상에 있다고 한다.
41) '색구경천(色究竟天)'은 색계의 18천상계 중에서 가장 높은 열여덟 번째에 있는
   천상의 세계를 가리킨다.

　　중생을 본다면 곧 삼천대천세계의 사람과 천인보다 많다.[42]

그러므로 악도의 중생도 많음을 알 수 있다. 왜 그러한가? 다만 악한
법은 일으키기는 쉬우나 착한 마음을 일으키기가 어렵기 때문이다.
오늘에 이르러 다만 현재의 중생을 보면 만약 부유하고 고귀하면 오직
일에 방일(放逸)하고 파계(破戒)할 뿐이요, 천상에서도 곧 다시 즐거움에
탐착하는 자가 많을 뿐이다. 그러므로 경전에서 말씀하셨다.

　　중생들이 이와 같이 윤회하면서 항상 삼악도로 평소에 집을 삼아
　　인간과 천상에 잠시 왔다가 곧 가버리니 손님들의 집이라고 이름하는
　　것이다.[43]

依大莊嚴論. 勸一切衆生常須繫念現前. 偈云. 盛年無患時. 懈怠不精進.
貪營衆事務. 不修施戒禪. 臨爲死所呑. 方悔求修善. 智者應觀察. 除斷
五欲[44]想. 精勤習心者. 終時無悔恨. 心意旣專至. 無有錯亂念. 智者勤
投心. 臨終意不散. 不習心專至. 臨終必散亂. 心若散亂時. 如調馬用礣.
若其鬪戰時. 迴旋不直行.

『대장엄론경』에 의거하면, 모름지기 모든 중생들에게 모름지기 항상
현재의 생각에 집중할 것[繫念]을 권장한다. 게송에서 말씀하셨다.

---

42) 본 문장과 일치하지 않으나 비슷한 구절이 있다.
　　『千手千眼觀世音菩薩姥陀羅尼身經』大正藏 20, p.100上. 方圓八肘穿去根木惡土瓦石
　　骨等.

43) 구체적으로 어떤 경전을 가리키는 것인지 알기 어렵다.

44) '오욕(五欲)'은 다섯 가지의 욕심으로 재욕(財欲)·성욕(性欲)·탐욕(食欲)·명예욕(名
　　譽欲)·수면욕(睡眠欲)을 뜻한다.

성인이 되어 근심이 없을 때에 게으르고 나태(懈怠)하면서 정진하지 않고, 여러 소임을 탐착하고 경영하면서 보시와 계율과 선정을 닦지 않는다네. 죽음이 삼키려고 할 때에 이르러서 비로소 후회하면서 선을 닦는 것을 구하네.[45]

지혜로운 자는 마땅히 관찰하여 오욕(五欲)의 생각을 끊어 없앨지어다. 정성스럽고 부지런히 마음을 닦은 자는 임종할 때에 후회와 한탄이 없으며, 마음의 뜻이 이미 오로지 지극하여 어긋나고 혼란한 생각이 없다네. 지혜로운 자는 부지런히 마음을 닦아서 임종할 때에 산란하지 않으며, 마음을 오로지 지극하게 닦지 않으면 임종할 때에 반드시 산란하다네. 마음이 만약 산란할 때에는 마치 말을 조련하는 것이 맷돌을 사용하는 것과 같으므로 만약 그 전쟁을 치를 때 (말이) 곧바로 달리지 않고 제자리서 회전하는 것과 같다네.[46]

5) 다섯째, 묻고 답하다

第五又問曰. 一切衆生皆有佛性. 遠劫以來應值多佛. 何因至今仍自輪迴生死不出火宅. 答曰. 依大乘聖敎. 良由不得二種勝法以排生死. 是以不出火宅. 何者爲二. 一謂聖道. 二謂往生淨土. 其聖道一種今時難證. 一由去大聖[47]遙遠. 二由理深解微.

다섯째로 또한 묻는다. 모든 중생에게 모두 부처의 성품[佛性]이 있어

45)『大莊嚴論經』大正藏 4, p.271下. 盛年無患時 懈怠不精進 營衆事務 不修施戒禪 後遭重病疾 諸根如火然 臨爲死所吞 方悔求修善.
46)『大莊嚴論經』大正藏 4, p.302下. 智者應繫念 除破五欲想 精勤執心者 終時無悔恨 心意旣專至 無有錯亂念 智者勤捉心 臨終意不散 專精於境界 不習心專至 臨終必散亂 心若散亂者 如調馬用磑 若其鬥戰時 迴旋不直行.
47) '대성(大聖)'은 본 문장에서 '석가세존'을 가리킨다.

먼 겁으로부터 마땅히 많은 부처님을 만났을 것인데 무슨 까닭으로 지금에 이르기까지 여전히 스스로 생사를 윤회하면서 불타는 집을 벗어나지 않는가?

답한다. 대승의 성스러운 가르침에 의거하면 진실로 두 가지의 매우 뛰어난 법을 얻지 못하여 생사를 배회한 까닭으로 불타는 집을 벗어나지 못한다.

두 가지는 어떤 것인가? 첫째는 이른바 성스러운 길[聖道]이고, 둘째는 이른바 정토에 왕생하는 것이다. 그 성스러운 길의 한 가지는 지금 증명하기가 어렵다. 첫째는 세존[大聖人]께서 가신 지가 오래된 까닭이고, 둘째는 이치는 매우 깊으나[深奧] 해석하면 미약(微弱)한 까닭이다.

是故大集月藏經[48]云. 我末法時中. 億億[49]衆生起行修道. 未有一人得者. 當今末法. 現是五濁惡世. 唯有淨土一門. 可通入路. 是故大經云. 若有衆生. 縱令一生造惡. 臨命終時. 十念相續稱我名字. 若不生者. 不取正覺.

그러므로 『대방등대집경』「월장분」에서 말씀하셨다.

나의 말법 시대에 억억의 중생이 깨달음[道]을 얻기 위해 수행하고자 하는 (마음을) 일으키지만 아직 한 사람도 (깨달음을) 얻은 자가 없다. 지금에 말법(末法)을 만났으며 현재의 오탁악세(五濁惡世)에는 오직

---

48) 『대집월장경(大集月藏經)』은 현재 전하지 않고, 大正藏에 『대방등대집경(大方等大集經)』「월장분(月藏分)」으로 46권부터 55권까지 10권으로 수록되어 있으므로 본 번역에서는 『大方等大集經』「月藏分」을 인용한다.

49) '억억(億億)'은 숫자의 단위로 억(億)에 억을 곱했다는 뜻이다. 십진법의 단위로써 10^{16}을 표시한다.

정토의 일문(一門)만이 (깨달음을) 얻는 길에 통할 수 있다.[50]

그러므로 『불설무량수경』에서 말씀하셨다.

만약 어떤 중생이 일생 동안에 악을 지었더라도 임종할 때에 십념(十念)
을 계속 이어가며[相續] 나의 명호를 부르며 염불하였는데 만약 왕생하
지 못한 자가 있다면 정각(正覺)을 성취하지 않겠노라.[51]

又復一切衆生都不自量. 若據大乘. 眞如實相第一義空曾未措心. 若論
小乘. 修入見[52]諦修道.[53] 乃至那含羅漢斷五下[54]除五上.[55] 無問道俗
未有其分. 縱有人天果報. 皆爲五戒[56]十善[57]能招此報. 然持得者甚希.
若論起惡造罪. 何異暴風駛雨. 是以諸佛大慈勸歸淨土. 縱使一形造惡.
但能繫意專精常能念佛. 一切諸障自然消除. 定得往生. 何不思量都無
去心也.

---

50) 본 문장과 일치하지 않으나 비슷한 구절이 있다.
　　『大方等大集經』大正藏 13, p.382上. 此佛世界五濁極穢. 多有衆生功德智慧悉皆減少.
51) 본 문장과 일치하지 않으나 비슷한 구절이 있다.
　　『佛說無量壽佛經』大正藏 12, p.268上. 設我得佛. 十方衆生至心信樂. 欲生我國乃至十
　　念. 若不生者不取正覺.
52) '견도(見道)'는 온갖 지식으로 인하여 일어나는 잘못된 소견(所見)을 벗어난
　　계위를 가리킨다.
53) '수도(修道)'는 '견도(見道)'에서 사제(四諦)를 명료하게 관(觀)하여 견혹(見惑)을
　　끊은 후, 다시 수행을 되풀이하여 수혹(修惑)을 끊는 계위를 가리킨다.
54) '오하(五下)'는 '오하분결(五下分結)'의 줄임말이다. 중생을 욕계에 결박하여 해탈
　　하지 못하게 하는 다섯 가지 번뇌를 뜻한다. 첫째는 오온의 일시적 화합에
　　지나지 않는 육신에 불변하는 자아가 있고, 또 오온은 자아의 소유물이라는
　　그릇된 견해인 유신견(有身見)이고, 둘째는 그릇된 계율을 바른 것으로 생각하여
　　그것에 집착하는 견해인 계금취견(戒禁取見)이며, 셋째는 바른 이치를 의심하는

또한 다시 모든 중생이 모두 스스로 헤아리지 못할지라도 만약 대승에
의거하면 진여(眞如)의 실상인 제일의공(第一義空)으로 마음에 집착하지
않을 것이다. 만약 소승을 논한다면 견도(見道)를 닦고 수도(修道)를
밝히고 나아가 아나함과 아라한에 이르러 오하분결(五下分結)을 끊고
오상분결(五上分結)을 끊는다. 수행자와 재가인에게 아직 그 분결이
남았는가를 물을 필요도 없다. 비록 인간과 천인에게 과보가 따를지라도
모두 오계와 십선으로 이 과보를 초월할 수 있다.

그러나 (제일의공을) 수지하여 증득하는 것은 매우 희박하다. 만약
악을 일으키고 죄를 짓는 것을 논한다면 어찌 폭풍과 폭우와 다르겠는
가? 이와 같은 까닭에서 모든 부처님들이 대자비로 정토에 귀의하길
권장하셨다. 일생동안 악을 지었다면 다만 오로지 마음[意]을 붙잡아

의(疑)이고, 넷째는 탐내는 마음인 탐(貪)이며, 다섯째는 성내고 노여움을 일으키
는 진에(瞋恚)이다.

55) '오상(五上)'은 '오상분결(五上分結)'의 줄임말이다. 중생을 색계·무색계에 결박하
여 해탈하지 못하게 하는 다섯 가지 번뇌를 뜻한다. 첫째는 색계의 탐욕인
색탐(色貪)이고, 둘째는 무색계의 탐욕인 무색탐(無色貪)이며, 셋째는 들뜨고
흔들리는 마음인 도거(掉擧)이고, 넷째는 오만한 것인 만(慢)이며, 다섯째는
진리를 바로 알지 못하는 어리석음인 무명(無明)이다.

56) '오계(五戒)'는 출가자와 재가자 모두가 지켜야 하는 가장 기본적인 계율을
가리킨다. 첫째는 생명을 해치지 않는 것(不殺生)이고, 둘째는 남의 것을 훔치지
않는 것(不偸盜)이며, 셋째는 음행을 하지 않는 것(不邪淫)이고, 넷째는 거짓말을
하지 않는 것(不妄語)이며, 다섯째는 정신을 산란하게 하는 술을 마시지 않는
것(不飮酒)을 뜻한다.

57) '십선(十善)'은 십악(十惡)과 반대되는 것으로 열 가지 좋은 일을 가리키며 십선도
(十善道) 또는 십선계(十善戒)라고도 한다. 첫째는 생명을 해치지 아니하고(不殺
生), 둘째는 남의 것을 훔치지 아니하며(不偸盜), 셋째는 음행을 하지 아니하고(不
邪婬), 넷째는 거짓말 아니하며(不妄語), 다섯째는 꾸며낸 말을 아니하고(不綺語),
여섯째는 나쁜 말을 아니하며(不惡口), 일곱째는 이간질하는 말을 아니하고(不兩
舌), 여덟째는 남의 것을 욕심내지 아니하며(不貪欲), 아홉째는 성내지 아니하고
(不瞋恚), 열째는 어리석지 않는 것(不癡暗) 등을 가리킨다.

정성스럽게 항상 염불할 수 있다면 모든 장애가 자연스럽게 소멸하여 제거되어 반드시 왕생할 수 있다. 어찌 (스스로의 잘못을) 헤아리지 않고서 모두 과거의 마음을 없애고자 하는가?

제4항 이행도의 쉬운 것과 난행도의 어려움을 밝히다

自下第四引聖教證成勸信求生者. 依觀佛三昧經云. 爾時會中有財首菩薩白佛言. 世尊我念過去無量劫時. 有佛出世. 亦名釋迦牟尼佛. 彼佛滅後有一王子. 名曰金幢. 憍慢邪見不信正法. 有知識比丘. 名定自在. 告王子言. 世有佛像. 極爲可愛. 可暫入塔觀佛形像. 時彼王子從善友語入塔觀像. 見像相好白言比丘. 佛像端嚴猶尙如此. 況佛眞身. 比丘告言. 王子今見佛像不能禮者. 當稱南無佛. 還宮繫念念塔中像. 卽於後夜夢見佛像. 心大歡喜. 捨離邪見歸依三寶. 隨壽命終. 由前入塔稱佛功德. 卽得値遇九百億那由他佛.

지금부터의 제4항은 성스러운 가르침으로 성취된 것을 증명하며 믿음으로써 왕생을 권장하는 것이다.『불설관불삼매해경』에 의거하여 말한다.

그때 법회 중에 재수보살(財首菩薩)이 부처님께 말씀하였다.
"세존이시여! 제가 생각하건대 과거 무량한 겁의 시절에 한 부처님께서 세상에 출현하셨는데 또한 명호가 석가모니불이셨습니다. 그 부처님께서 열반한 후에 어떤 한 왕자가 있었는데 이름이 금당(金幢)이라고 하였습니다. (왕자는) 교만과 사견으로 정법을 믿지 않았습니다.

한 선지식인 비구가 있었는데 이름이 정자재(定自在)였습니다. 왕자에게 말하기를 "세상에 불상(佛像)이 있는데 지극히 좋아할만 하니 잠시 탑에 들어가 부처님 상을 보십시오."라고 하였습니다. 그때 그 왕자는 선지식의 말에 따라 탑에 들어가 불상을 보았습니다. 불상을 뵙고 비구에게 말하길 "불상이 단정하고 장엄함이 오히려 이와 같으니 하물며 부처님의 진실된 모습은 어떠하겠습니까?"라고 하였습니다. 비구가 말하기를 "왕자는 지금 불상을 보고 예를 올릴 수 없다면 마땅히 나무불(南無佛)이라고 불러야 합니다."고 하였습니다.

왕궁으로 돌아와서 계속하여 생각하며 탑의 불상을 염(念)하니 곧 늦은 밤에 꿈속에서 불상을 보았습니다. 마음속으로 크게 기뻐하고 삿된 견해[邪見]를 버리고 삼보에 귀의하였습니다. 수명을 다하여 목숨을 마쳤을 때 전(前)에 탑에 들어가 부처님의 공덕을 일컬었던 까닭으로 곧 9백억 나유타 부처님을 만날 수 있었습니다."[58]

於諸佛所常勤精進. 恒得甚深念佛三昧.[59] 念佛三昧力故. 諸佛現前皆與授記.[60] 從是以來百萬阿僧祇劫不墮惡道. 乃至今日獲得首楞嚴三昧. 爾時王子者今我財首是也. 爾時會中即有十方諸大菩薩. 其數無量. 各說本緣. 皆依念佛得.

---

58) 『佛說觀佛三昧海經』大正藏 15, pp.689上~中. 爾時財首菩薩白佛言. 世尊. 我念過去無量世時. 有佛世尊亦名釋迦牟尼. 彼佛滅後有一王子名曰金幢. 憍慢邪見不信正法. 知識比丘名定自在. 告王子言. 世有佛像衆寶嚴飾極爲可愛. 可暫入塔觀佛形像. 時彼王子. 隨善友語入塔觀像. 見像相好白言比丘. 佛像端嚴猶尙如此. 況佛眞身. 作是語已比丘告言. 汝今見像若不能禮者. 當稱南無佛. 是時王子合掌恭敬稱南無佛. 還宮係念念塔中像. 即於後夜夢見佛像. 見佛像故心大歡喜. 捨離邪見歸依三寶. 隨壽命終. 由前入塔稱南無佛因緣功德. 恒得値遇九百萬億那由他佛.

59) '염불삼매(念佛三昧)'는 마음을 집중하여 오로지 염불함으로써 마음이 산란하지

"모든 부처님의 처소에서 항상 부지런히 정진하였으므로 항상 매우 깊은 염불삼매를 얻었고 염불삼매의 힘 때문에 모든 부처님께서 앞에 나타나[現前]시어 모두 수기[授記]를 주셨습니다. 이때부터 백만 아승기겁에 악도에 떨어지지 않았으며 오늘날에 이르러 수능엄삼매(首楞嚴三昧)를 얻었습니다. 그때 왕자는 지금에 나인 재수보살입니다. 그때 법회 중에 시방의 모든 보살이 있었는데 그 숫자가 끝이 없었고 각자 본래의 인연(과거의 전생담)을 말하였으며 모두 염불에 의지하여 (깨달음을) 증득하였습니다."[61]

佛告阿難. 此觀佛三昧是一切衆生犯罪者藥. 破戒者護. 失道者導. 盲冥者眼. 愚癡者慧. 黑闇者燈. 煩惱賊中大勇猛將. 諸佛世尊之所遊戲. 首楞嚴等諸大三昧始出生處. 佛告阿難. 汝今善持愼勿忘失. 過去未來現在三世諸佛. 皆說如是念佛三昧. 我與十方諸佛及賢劫千佛.[62] 從初發心皆因念佛三昧力故. 得一切種智.

부처님께서 아난에게 말씀하셨다.

"이 관불삼매는 일체중생이 죄를 범하는 자에게는 약이 되고, 파계한 자는 보호하며, 길을 잃은 자는 이끌어주는 길이고, 눈먼 자에게는

않고 평온하게 되어 삼매에 이른 경지를 가리킨다.

60) '수기(授記)'는 부처님이 제자들에게 미래의 어느 때에 깨달음을 얻어 부처가 될 것이라고 예언하는 것을 뜻한다.

61) 『佛說觀佛三昧海經』大正藏 15, p.689中. 於諸佛所常勤精進. 逮得甚深念佛三昧. 三昧力故諸佛現前爲其授記. 從是以來百萬阿僧祇劫不墮惡道. 乃至今日獲得甚深首楞嚴三昧. 爾時王子今我財首是也. 如是等諸大菩薩其數無量. 各說本緣依念佛得.

62) '현겁(賢劫)'은 겁의 시간적 흐름을 표현하는 단어이다. 과거를 '장엄겁(莊嚴劫)'이라 하고, 현재를 '현겁'이라 하며, 미래를 '성숙겁(星宿劫)'이라 한다. 현겁에 출세하실 부처님 명호가 大正藏 14권의 『현재현겁천불명호경(現在賢劫千佛名經)』에 실려 있다.

눈이 되며, 어리석은 자에게는 지혜가 되고, 어두운 자에게는 등불이
되며, (마음을 훔치는) 번뇌의 도적 가운데에서는 (도적을 물리치는)
큰 용맹한 장수가 되고, 모든 부처님[佛世尊]들의 놀이터가 되며, 수능엄
등의 모든 큰 삼매가 처음으로 (관불삼매에서) 태어나는 장소이니라."
부처님께서 아난에게 말씀하셨다.

"너는 이제 잘 수지하여 삼가 잊지 말라. 과거·미래·현재 삼세의 모든
부처님들께서 모두 염불삼매를 말씀하셨고, 나와 함께 시방의 모든
부처님과 현겁의 천명의 부처님들께서도 처음 발심할 때부터 모두
염불삼매의 힘 때문에 모든 종류의 지혜[一切種智]를 얻었느니라."[63]

又如目連所問經.[64] 佛告目連. 譬如萬川長流有浮草木. 前不顧後. 後不
顧前. 都會大海. 世間亦爾. 雖有豪貴富樂自在. 悉不得免生老病死. 只
由不信佛經. 後世爲人. 更甚困劇. 不能得生千佛國土. 是故我說. 無量
壽佛國易往易取. 而人不能修行往生. 反事九十五種邪道. 我說是人名
無眼人名無耳人. 經敎旣爾. 何不捨難依易行道矣.

또한 『목련소문경』에서 부처님께서 목련에게 말씀하셨다.

"비유하면 일만의 냇물이 길게 흐르는 곳에 뜬 풀과 나무가 있는데
앞에서는 뒤를 돌아보지 않고, 뒤에서는 앞을 바라보지 않아도 모두
큰 바다에 모이듯이 인간의 세상도 역시 그러하다. 비록 귀하고 부유하

---

63) 『佛說觀佛三昧海經』大正藏 15, p.689下. 佛告阿難. 此觀佛三昧. 是一切衆生犯罪者藥.
破戒者護. 失道者導. 盲冥者眼. 愚癡者慧. 黑闇者燈. 煩惱賊中是勇健將. 諸佛世尊之所
遊戲. 首楞嚴等諸大三昧始出生處. 佛告阿難. 汝今善持愼勿忘失. 過去未來三世諸佛.
是諸世尊皆說如是念佛三昧. 我與賢劫諸大菩薩. 因是念佛三昧力故. 得一切智.
64) 『목련소문경(目連所問經)』은 경전이 소실되고 전하지 않아 구체적 내용은 알
수 없다.

고 즐거움이 크게 있더라도 모두 태어나고 늙고 병들고 죽는 것을 피할 수 없다. 다만 부처님의 경전을 믿지 않는 까닭으로 후세에 사람이 되어서 다시 극심한 고통을 받고 천 부처님의 국토에 왕생할 수 없는 것이다.

이러한 까닭으로 내가 (그대에게) 말하나니 무량수불의 국토는 쉽게 가고 쉽게 취할 수 있으나 사람들이 수행하나 왕생할 수 없는 것은 95가지 삿된 길을 행하기 때문이다. 나는 이 사람들을 눈이 없는 사람이라고 부르고 귀가 없는 사람이라고 부른다.[65]

경전의 가르침이 이미 그러하니 어찌 난행도를 버리고 이행도에 의지하지 않겠는가?

---

65) 송(宋)나라 '연수(延壽)'가 저술한 『만선동귀집(萬善同歸集)』에 『목련소문경(目連所問經)』의 경전 내용을 인용하였다고 출처를 밝히고 있다.
  『萬善同歸集』 大正藏 48, p.969上. 目連所問經云 佛告目連 譬如萬川長注, 有浮草木, 前不顧後, 後不顧前, 都會大海. 世間亦爾, 雖有豪貴富樂自在, 悉不得免生老病死. 祇由不信佛經, 後世爲人, 更深困劇, 不能得生千佛國土. 是故我說無量壽佛國土, 易往易取而人不能修行往生, 反事九十六種邪道. 我說是人名無眼人名無耳人.

제4 대문(大門)

제1절 개요

第四大門中有三番料簡. 第一依中國三藏法師[1]幷此土大德等. 皆共詳審
聖敎歎歸淨土. 今以勸依. 第二據此經宗及餘大乘諸部. 凡聖修入多明念
佛三昧以爲要門. 第三問答解釋. 顯念佛者得種種功能利益不可思議.

제4대문 중에는 세 가지가 있으니 헤아려 핵심을 찾아낸다. 제1항은
인도의 삼장법사와 아울러 이 땅의 대덕들에 의거하면, 모두가 함께
성인의 가르침을 자세하게 살피고 찬탄하며 정토에 귀의하였으니 지금
이것을 의지하기를 권장한다.

제2항은 이 경전의 종지와 나머지 모든 부류의 대승경전에 의거하면
범부와 성인의 수행에 들어가며 염불삼매로서 중요한 문을 삼은 것이
많음을 밝힌다.

제3항은 묻고 답하며 해석하여 염불이란 갖가지 공적과 재능의 이익이
마음으로 헤아려 알 수 없는 것을 나타내는 것이다.

---

1) '삼장법사(三藏法師)'는 경장, 율장, 논장에 모두 정통한 스님을 이르는 말이다.

제2절 개별 해석

제1항 염불의 중요함이 스승에 의해 계승됨을 밝히다

1) 여섯 스승의 덕(德)을 찬탄하다

第一依中國及以此土大德所行者. 余五翳[2]面牆. 豈寧自輒. 但以遊歷披勘. 敬有師承. 何者. 謂中國大乘法師流支[3]三藏. 次有大德呵避名利. 則有慧寵法師.[4] 次有大德尋常敷演[5]每感聖僧來聽. 則有道場法師.[6] 次有大德和光[7]孤栖二國慕仰. 則有曇鸞法師.[8] 次有大德禪觀獨秀. 則有大海禪師.[9] 次有大德聰慧守戒. 則有齊朝上統.[10] 然前六大德並是二諦神鏡. 斯乃佛法綱維.[11] 志行殊倫. 古今實希. 皆共詳審大乘歡歸淨土. 乃是無上要門也.

---

2) '오예(五翳)'는 천태지의(天台智顗)가 저술한 『마하지관(摩訶止觀)』에서는 연기[煙]·구름[雲]·티끌[塵]·안개[霧]·아수라의 손[阿修羅之手] 등으로 햇볕을 직접 덮는 것을 말하며, 우리의 청정한 마음을 덮는 것을 비유하였다.

3) '유지(流支)'는 보리유지(菩提留支)의 줄임말이다. 남인도 출생으로 도희(道希)라 한역된다. 508년 중국의 낙양(洛陽)에 와서 북위(北魏) 선무제(宣武帝)의 후원으로 영녕사(永寧寺)에서 700명의 스님들과 경전의 번역에 종사하였으며, 『십지경론(十地經論)』을 비롯하여 『입능가경(入楞伽經)』, 『유식론(唯識論)』, 『금강반야경론(金剛般若經論)』, 『법화경론(法華經論)』 등 약 53부 111권을 번역하였다.

4) '혜총법사(慧寵法師)'는 스님들의 전기를 기록한 『고승전(高僧傳)』 및 『속고승전(續高僧傳)』 등에도 기록이 남아있지 않아서 누구를 지칭하는지 추측하기 어렵다.

5) '부연(敷演)'은 '자세히 서술하다' 또는 '부연 설명하다' 또는 '의견 등을 전개하다'는 뜻으로 번역한다.

6) '도량법사(道場法師)'는 '혜관(慧觀)'을 지칭한다. 혜관(慧觀)은 유송(劉宋)시대의 도량사(道場寺) 스님으로 『법화경』에 대한 서문인 『법화종요서(法華宗要序)』를

제1항은 인도 및 이 땅의 대덕이 수행한 것에 의지하는 것이다. 나는 오예[12]의 담장을 대면하였으니 어찌 스스로 함부로 편안히 하겠는가? 다만 지나간 역사를 살펴보니 존경하고 계승할 스승이 있으니 어떤 사람인가? 이른바 중국[13]의 대승법사인 보리유지 삼장이다. 다음의

남겨 『출삼장기집』에 수록되어 있고, 이교오시(二教五時)의 교판(教判)을 세워 길장에게 비판의 표적이 되기도 하였다. 자세한 내용은 『속고승전』 참조.

7) '화광(和光)'은 '화광동진(和光同塵)'의 줄임말이다. 이 구절은 노자(老子)의 『도덕경(道德經)』에 실려 있다. "강한 빛을 온화하게 하여 티끌과 함께 한다."는 뜻으로 비유하면 "자기의 뛰어난 지혜와 덕을 밖으로 강하게 드러내지 않고 세속인과 더불어 살아간다."는 뜻이다.

8) '담란법사(曇鸞法師)'는 북위시대의 스님으로 정토교의 시조로 일컫는다. 산서성 북부의 오대산 근처 안문(雁門)에서 태어났고, 출가 후에는 용수계열의 4론의 교학을 연구했다. 후에 『대집경』의 주석을 하고자 했는데 병이 들어서, 불로장수의 술법을 얻고자 강남에 가서, 모산의 도홍경에게 배워서 『선경(仙經)』을 얻어서 돌아왔으나 낙양에서 북인도에서 온 보리류지를 만났다. 무량수의 법이 있다고 번역된 『무량수경』을 받아서 크게 부끄러워하여 『선경』을 불태우고 정토교로 마음을 돌이켰으며, 이후에는 분주의 석벽현충사에서 살았다. 『무량수경』의 주석인 『왕생론주(往生論註)』외에 아미타불에 대한 찬탄가라고 할 수 있는 『찬아미타불게(讚阿彌陀佛偈)』를 저술하고, 난행도(難行道)를 버리고 부처님의 원력에 의지하는 이행도(易行道)를 따를 것을 주장하였다.

9) '대해법사(大海禪師)'는 스님들의 전기를 기록한 『고승전』 및 『속고승전』등에도 기록이 남아있지 않아서 누구를 지칭하는지 추측하기 어렵다.

10) '재조상통(齊朝上統)'은 당나라 홍복사(弘福寺)의 종(琮)이 찬집한 『당호법사문법림별전(唐護法沙門法琳別傳)』중(中)권, 大正藏 46권에 위나라 담모최 법사와 제조상통 법사는 수나라 역학(曆學)박사 요장겸과 같이 인명이 실려 있으나 자세한 전기는 실려 있지 않다.

11) '유나(綱維)'는 사찰을 살피고 불사(佛事)를 유지하는 역할을 하는 자를 뜻한다. 사주(寺主)·상좌(上座)·유나(維那) 등의 3인을 일컬어 삼강(三綱)이라고도 한다.

12) 『摩訶止觀』 大正藏 46, p304中. 五翳等者經論大同. 成論云. 譬如天日月其性本明淨. 煙雲塵霧等五翳則不現. 等者等取阿修羅手. 爾雅云. 陰而風曰翳. 翳謂障光. 今則通取五皆能障通名爲翳.

13) '중국(中國)'은 본 문장에서는 현재의 중국이 아닌 인도를 가리킨다.

대덕은 명리를 꾸짖어 피하는 분이 있는데 곧 혜총법사이다. 다음의
대덕은 항상 생각하고 자세히 설명하며, 매번 와서 (대중을) 감득시키는
분으로 곧 도량법사이다.

다음의 대덕은 온화한 빛처럼 자신을 드러내지 않으며 홀로 머물러
두 나라[14]에서 우러러 사모한 담란법사이다. 다음의 대덕은 선(禪)수행
에 홀로 빼어났는바, 곧 대해선사이다. 다음의 대덕은 총명하고 지혜로
우며 계를 지켰는데 곧 제조상통이다.

그러므로 앞의 여섯 대덕은 (眞·俗 二諦의) 두 진리와 함께 신비로운
모범이시고, 이에 불법의 강유이시며, 뜻과 행함은 윤리적으로 뛰어나
시고 예부터 지금까지 실제로 드문 분들이시다. 모두가 함께 대승을
자세히 살피고 찬탄하며 정토에 귀의하였으니 이것이 위없는 중요한
문인 것이다.

2) 임종할 때의 영험을 밝히다

問曰. 旣云歎歸淨土乃是要門者. 未知此等諸德臨終時皆有靈驗已不.

묻는다. 이미 찬탄하며 정토에 귀의하는 것이 중요한 문이라고 한다.
이들 모든 대덕들이 임종할 때에 모두 영험이 이미 있었는지 알 수
없는가?

---

14) '두 나라'는 '인도'와 '중국'의 두 나라를 가리킨다.

答曰. 皆有不虛. 如曇鸞法師. 康存之日常修淨土. 亦每有世俗君子來呵
法師曰. 十方佛國皆爲淨土. 法師何乃獨意注西. 豈非偏見生也. 法師對
曰. 吾旣凡夫智慧淺短. 未入地位. 念力須均. 如似置草引牛恒須繫心槽
櫪.15) 豈得縱放全無所歸. 雖復難者紛紜16)而法師獨決. 是以無問一切
道俗. 但與法師一面相遇者. 若未生正信. 勸令生信. 若已生正信者. 皆
勸歸淨國.

답한다. 모두 헛되지 않았다. 담란법사와 같이 평안한 상태에서 일상은
정토를 닦는 것이다. 또한 매번 세속의 군자가 와서 법사를 꾸짖어
말하였다.

"시방의 부처님의 국토는 모두 정토인데, 법사는 어찌 홀로 서쪽을
주시하고 있으니 어찌 편견을 일으키는 것이 아니겠는가?"

법사는 대답하였다.

"나는 이미 범부이며 지혜가 얕고 짧아 아직 지위에 들어가지 못하였으
니, 염불하는 힘으로 균등해지기를 발원한다.

비유하면 풀을 놓아두고 소를 이끌듯이 항상 마음을 소의 먹이그릇에
매어두고자 원하는 것과 같다. 어찌 귀의함이 전혀 없는 방일한 것을
좇으면서 증득함이 있겠는가?"

비록 다시 어려운 것이란 의견이 많아 혼란스러웠으나 법사만이 홀로
결단하였다. 이와 같은 까닭으로 일체의 수도자와 세속인을 물을 것도
없이 다만 법사와 함께 한 번 대면해서 서로 만나는 자에게는 만약

---

15) '조력(槽櫪)'은 가축에게 먹이를 주는 '그릇'과 '마구간'을 통틀어 이르는 말이다.

16) '분운(紛紜)'은 여러 사람의 의견이 일치하지 않고 어긋나서 시끄럽고 소란스러운
상태를 뜻한다.

아직 바른 믿음을 일으키지 않았다면 믿음을 일으키도록 권장하고,
만약 이미 바른 믿음을 일으킨 자라면 모두 청정한 국토에 귀의하기를
권장하였다.

> 是故法師臨命終時. 寺傍左右道俗皆見旛花[17]映院. 盡聞異香. 音樂迎
> 接逐往生也. 餘之大德臨命終時皆有徵祥. 若欲具談往生之相. 並不可
> 思議也.

이러한 까닭으로 법사가 임종할 때에 사찰의 좌우에서 수행자와 재가자
등 모두가 번(旛)과 하늘의 꽃[花]이 사찰을 비추고, 모두 기이한 향기를
맡았으며, 음악의 영접을 받으며 왕생하는 것을 보았다. 나머지 대덕들
도 임종할 때에 모두 미묘한 상서로움[徵祥]이 있었으니 만약 왕생의
현상(現象)을 모두 말하고자 한다면 이것은 불가사의하다.

제2항 여러 경전의 염불의 요점[要門]을 밝히다

> 第二明此彼諸經多明念佛三昧爲宗者. 就中有八番. 初二明一相三昧.
> 後六就緣依相明念佛三昧.

제2항은 정토[此]와 대승[彼]의 모든 경전들이 많이 염불삼매를 종지로
삼는 것을 밝히는 것이다. 이 가운데 여덟 가지가 있는데 앞의 두

---

17) '번화(旛花)'는 불교의식에서 사용하는 '깃발모양의 번[旛蓋]'과 '하늘을 본 뜬
꽃[天花]'을 뜻한다.

가지는 일상삼매(一相三昧)로써 밝히고, 뒤의 여섯 가지는 반연에 서로
의지하는 염불삼매(念佛三昧)를 밝힌다.

1) 『불설화수경』 요점

第一依花首經. 佛告堅意菩薩. 三昧有二種. 一者有一相三昧. 二者有衆
相三昧. 一相三昧者. 有菩薩聞其世界有其如來現在說法. 菩薩取是佛
相. 以現在前若坐道場. 若轉法輪大衆圍繞. 取如是相. 收攝諸根心不馳
散. 專念一佛不捨是緣. 如是菩薩於如來相及世界相了達無相. 常如是
觀如是行不離是緣. 是時佛像卽現在前而爲說法. 菩薩爾時深生恭敬聽
受是法. 若深若淺轉加尊重. 菩薩住是三昧. 聞說諸法皆可壞相. 聞已受
持. 從三昧起. 能爲四衆演說是法. 佛告堅意. 是名菩薩入一相三昧門.

제1은 『불설화수경』에 의거하면

부처님께서 견의보살(堅意菩薩)에게 말씀하셨다.
"삼매에는 두 가지가 있으니 첫째는 일상삼매(一相三昧)이고, 둘째는
중상삼매(衆相三昧)이다. 일상삼매는 어떤 보살이 그 세계가 있고 그
여래가 현재도 설법하고 계신다는 것을 듣고서 보살이 이 부처님의
상을 취하는 것이다. 현재에도 도량에 앉아 계시고 혹은 대중에 둘러싸
여 법륜을 굴리시고 계시다는 이러한 상을 취하는 것이다.
모든 육근[諸根]을 거두어 섭수하여 마음이 치달려 산란하지 않게
하고 오로지 한 부처님을 생각하며 이러한 반연을 버리지 않는다.
이러한 보살이 여래의 상과 세계의 상이 무상한 것을 통달하여 항상
이와 같이 비추어보고 이와 같이 수행하여 이러한 반연을 떠나지
않는다."

이때에 부처님의 모습이 현재 앞에 나타나시어 설법을 하시니 보살이
이때에 깊이 공경하면서 이 법문을 듣는다. 혹은 깊거나 혹은 얕더라도
마음을 따라 더욱 더 존중한다. 보살이 이와 같이 삼매에 머무르면
들었던 모든 법의 상을 모두 무너뜨릴 수 있다. 이미 듣고 (법문을)
수지하였으므로 삼매를 따라서 (지혜가) 일어나 사부대중을 위해서
이 법을 말씀하신다.
부처님께서 견의보살에게 말씀하셨다.
"이 보살을 일상삼매문에 들어갔다고 이름 한다."[18]

고 말씀하셨다.

2) 『문수사리소설마하반야바라밀경』의 요점

第二依文殊般若明一行三昧者. 時文殊師利白佛言. 世尊云何名爲一行
三昧. 佛言. 一行三昧者. 若善男子善女人. 應在空間處捨諸亂意. 隨佛
方所端身正向. 不取相貌繫心一佛. 專稱名字念無休息. 卽是念中能見
過現未來三世諸佛. 何以故. 念一佛功德無量無邊. 卽與無量諸佛功德
無二. 是名菩薩一行三昧.

제2는 『문수사리소설마하반야바라밀경』에 의거하여 일행삼매(一行三
昧)를 밝히는 것이다.

---

18) 『佛說華手經』大正藏 16, p.203下. 堅意. 如來所說諸三昧門爲何者是. 堅意. 有一相三昧.
有衆相三昧. 一相三昧者. 有菩薩聞某世界有某如來現在說法. 菩薩取是佛相以現在前.
若坐道場得無上菩提. 若轉法輪. 若與大衆圍遶說法. 取如是相. 以不亂念守攝諸根. 心不
馳散專念一佛不捨是緣. 亦念是佛世界之相. 而是菩薩於如來相及世界相了達無相. 常
如是行常如是觀不離是緣. 是時佛像卽現在前而爲說法. 菩薩爾時深生恭敬聽受是法.
隨所信解若深若淺. 轉加宗敬尊重如來. 菩薩住是三昧聞說諸法皆壞敗相. 聞已受持從
三昧起. 能爲四衆演說是法. 堅意. 是名入一相三昧門.

그때 문수사리보살이 부처님께 여쭈었다.

"세존이시여! 무엇을 이름하여 일행삼매라고 합니까?"

부처님께서 말씀하셨다.

"일행삼매란 만약 선남자 선여인이 마땅히 처소[空間]에 거처하며 모든 산란한 뜻을 버리고 부처님이 계신 방향을 따라 몸을 단정히 하고 바르게 향하여 (부처님의) 상호[相貌]를 취하지 않고 마음을 한 부처님께 모아서 오로지 명호를 부르며 쉬지 않고 염불한다. 곧 염불하는 가운데 과거·현재·미래의 삼세의 모든 부처님을 친견할 수 있다. 왜 그러한가? 한번 부처님을 염불하는 공덕은 셀 수가 없고 끝이 없으니 곧 셀 수가 없는 모든 부처님의 공덕과 더불어 다르지 않기 때문이다. 이것을 보살의 일행삼매라고 이름 한다."[19]

3)『대반열반경』의 요점

第三依涅槃經. 佛言. 若人但能至心常修念佛三昧者. 十方諸佛恒見此人. 如現在前. 是故涅槃經云. 佛告迦葉菩薩. 若有善男子善女人. 常能至心專念佛者. 若在山林若在聚落. 若晝若夜若坐若臥. 諸佛世尊常見此人. 如現目前. 恒與此人而住受施.

제3은『대반열반경』에 의거하면,

부처님께서 말씀하셨다.

19)『文殊師利所說摩訶般若波羅蜜經』大正藏 8, p.731上. 文殊師利言. 世尊. 云何名一行三昧. 佛言. 法界一相. 繫緣法界是名一行三昧. 若善男子善女人. 欲入一行三昧. 當先聞般若波羅蜜如說修學然後能入一行三昧. 如法界緣不退不壞. 不思議無礙無相. 善男子善女人欲入一行三昧. 應處空閑捨諸亂意不取相貌繫心一佛專稱名字. 隨佛方所端身正向. 能於一佛念念相續. 即是念中能見過去未來現在諸佛. 何以故. 念一佛功德無量無邊. 亦與無量諸佛功德. 無二不思議.

"만약 어떤 사람이 다만 지극한 마음으로 항상 염불삼매(念佛三昧)를 수행한다면 시방의 모든 부처님[諸佛世尊]께서 항상 이 사람을 보는 것이 마치 현재 눈앞에서 보고 있는 것과 같다."[20]

그러므로 『대반열반경』에서 말씀하셨다.

부처님께서 가섭보살(迦葉菩薩)에게 말씀하셨다.
"만약 선남자 선여인이 항상 지극한 마음으로 염불에 전념한 자는 혹 산 속에 있거나 혹은 마을에 있거나 혹은 낮이나 혹은 밤이나 혹은 앉았거나 혹은 누웠거나 모든 부처님께서 항상 이 사람을 보는 것이 마치 현재 눈앞에 있는 것과 같아서 항상 이 사람의 곁에 머무시며 보시(布施)를 받으신다."[21]

4) 『불설무량수경』 등의 요점

第四依觀經及餘諸部. 所修萬行但能迴願. 莫不皆生. 然念佛一行將爲要路. 何者. 審量聖敎. 有始終兩盆. 若欲生善起行. 則普該諸度. 若滅惡消災. 則總治諸障. 故下經[22]云. 念佛衆生攝取不捨. 壽盡必生. 此名始盆. 言終盆者.

제4는 『불설관무량수경』과 나머지 모든 부류의 경전에 의거하면, 수행한 만행(萬行)을 다만 회향하고 발원하므로 모두 왕생하지 않는 것이

---

20) 『대반열반경(大槃涅槃經)』「가섭보살품(迦葉菩薩品)」의 전체적인 경전의 내용을 요약하여 인용하였으므로 경문과 일치하거나 비슷한 구절을 찾기 어렵다.
21) 『대반열반경』「가섭보살품」의 전체적인 경전의 내용을 요약하여 인용하였으므로 경문과 일치하거나 비슷한 구절을 찾기 어렵다.
22) 본 문장의 '하경(下經)'은 『불설관무량수불경(佛說觀無量壽佛經)』을 말한다.

없다. 그러므로 염불의 한 수행인 (회향)은 장차 중요한 요소[要路]가
된다. 왜냐하면 성스런 가르침을 살피고 헤아리면 처음과 끝의 두
시기에 이익이 있기 때문이다. 만약 좋은 곳에 태어나고자 수행을
일으키면 널리 (방편을) 갖추어 모두를 제도(濟度)하고, 만약 악을 소멸하
고 재앙을 없애고자 하면 곧 모든 장애를 다스린다. 그러므로『불설관무
량수경』에서 말씀하셨다.

염불하는 중생을 섭수하고 취하여 버리지 않아[23] 수명이 다하면 반드시
왕생한다고 하였다. 이것을 처음의 이익이라 이름하고 끝의 이익이라
고 말하는 것이다.[24]

依觀音授記經云. 阿彌陀佛住世長久. 兆[25]載永劫亦有滅度.[26] 般涅
槃[27]時. 唯有觀音勢至. 住持安樂接引[28]十方. 其佛滅度亦與住世時節
等同. 然彼國衆生一切無有睹見佛者. 唯有一向專念阿彌陀佛往生者.
常見彌陀現在不滅. 此即是其終時益也. 所修餘行迴向皆生. 世尊滅度
有睹不睹. 勸後代審量使沾遠益也.

---

23) 『佛說觀無量壽佛經』 大正藏 12, p.343中. 念佛衆生攝取不捨.
24) 본 문장과 일치하지 않으나 비슷한 구절이 있다.
　　『佛說觀無量壽佛經』 大正藏 8, pp.343下~344上. 即見十方一切諸佛. 以見諸佛故名念
　　佛三昧. 作是觀者. 名觀一切佛身. 以觀佛身故亦見佛心. 諸佛心者大慈悲是. 以無緣慈攝
　　諸衆生. 作此觀者. 捨身他世生諸佛前. 得無生忍. 是故智者應當繫心諦觀無量壽佛.
25) '조(兆)'는 숫자의 단위로 10^{12}을 뜻한다.
26) '멸도(滅度)'는 부처님이 열반하신 것을 다르게 표현한 말이다.
27) '반열반(般涅槃)'은 첫째는 육신의 완전한 소멸, 즉 사바세계에서 육체적 죽음을,
　　둘째는 일체의 번뇌를 끊고, 다시 태어나는 일이 없는 완전하고 원만한 열반에
　　드는 구경열반(究竟涅槃)을 뜻한다. 본 문장에서는 두 번째의 뜻이 타당하다.

『관세음보살수기경』에 의거하여 말한다.

> 아미타불은 세상에 머무신 지 오래이지만 조(兆)년의 영겁이라도 또한
> 열반이 있다. 반열반(般涅槃)할 때에 오직 관세음보살과 대세지보살만
> 이 안락세계에 머물면서 시방을 (중생을) 접인하며 아미타불 부처님이
> 열반을 하나 역시 세간의 시절 등에 머물고 계신다. 그러나 저 국토의
> 모든 중생들은 부처님을 볼 수 있는 자가 없다. 오직 한 마음[一向]으로
> 오로지 아미타불을 염하여 왕생하는 자는 항상 현재에도 열반하지
> 아니한 아미타불을 친견할 수 있다. 이것이 곧 그 임종할 때의 이익이
> 다.29)

수행의 나머지 만행을 (중생들에게) 회향하면 모두 왕생할지라도 세존
의 열반 후에 친견하는 자도 있고 친견하지 못하는 자도 있다. 후대에

---

28) '접인(接引)'은 '맞이하여 안내하다'는 뜻으로 표현한 말이다.

29) 『觀世音菩薩授記經』大正藏 12, p.357上. 佛言. 善男子. 阿彌陀佛壽命無量百千億劫.
當有終極. 善男子. 當來廣遠不可計劫. 阿彌陀佛當般涅槃. 般涅槃後. 正法住世等佛壽
命. 在世滅後. 所度衆生悉皆同等. 佛涅槃後. 或有衆生不見佛者. 有諸菩薩. 得念佛三昧.
常見阿彌陀佛. 復次善男子. 彼佛滅後. 一切寶物浴池蓮花衆寶行樹. 常演法音與佛無異.
善男子. 阿彌陀佛正法滅後. 過中夜分明相出時. 觀世音菩薩. 於七寶菩提樹下. 結加趺坐
成等正覺. 號普光功德山王如來應供正遍知明行足善逝世間解無上士調御丈夫天人師
佛世尊. 其佛國土自然七寶. 衆妙合成莊嚴之事. 諸佛世尊. 於恒沙劫說不能盡. 善男子.
我於今者爲汝說譬. 彼金光師子遊戲如來國土莊嚴之事. 方於普光功德山王如來國土.
百萬千倍億倍. 億兆載倍. 乃至算數所不能及. 其佛國土無有聲聞緣覺之名. 純諸菩薩充
滿其國. 華德藏菩薩白佛言. 世尊. 彼佛國土名安樂耶. 佛言. 善男子. 其佛國土號曰衆寶
普集莊嚴. 善男子. 普光功德山王如來. 隨其壽命. 得大勢菩薩. 親覲供養. 至于涅槃.
般涅槃後. 奉持正法. 乃至法住盡. 法滅盡已. 即於其國. 成阿耨多羅三藐三菩提. 號曰善住
功德寶王如來應供正遍知明行足善逝世間解無上士調御丈夫天人師佛世尊. 如普光功
德山王如來國土. 光明壽命菩薩衆. 乃至法住等無有異. 若善男子善女人. 聞善住功德寶
王如來名者. 皆得不退於阿耨多羅三藐三菩提. 又善男子若有女人. 得聞過去金光師子
遊戲如來. 善住功德寶王如來名者. 皆轉女身. 卻四十億劫生死之罪. 皆不退轉於阿耨多
羅三藐三菩提. 常得見佛. 聞受正法. 供養衆僧. 捨此身已. 出家成無礙辯. 速得總持.

권장하나니 살피고 헤아려 멀리까지 이익을 얻도록 하여라.

5) 『반주삼매경』의 요점

第五依般舟經云. 時有跋陀和菩薩. 於此國土聞有阿彌陀佛. 數數係念.

因是念故見阿彌陀佛. 旣見佛已即從啓問. 當行何法得生彼國. 爾時阿

彌陀佛語是菩薩言. 欲來生我國者. 常念我名莫有休息. 如是得來生我

國土. 當念佛身三十二相[30]悉皆具足. 光明徹照端正無比.

---

30) '삼십이상(三十二相)'은 부처님의 서른두 가지의 모습을 구체적으로 표현한
   것이다. 본 번역에서는 『불설장아함경(佛說長阿含經)』의 「대본경(大本經)」을 인
   용한다. "첫 번째는 발바닥이 평평한 것이고, 두 번째는 발바닥에 수레바퀴살의
   무늬가 있는 것이며, 세 번째는 손가락과 발가락 사이에 거위왕처럼 생긴
   얇은 비단결 같은 막이 있는 것이고, 네 번째는 손발이 천상의 옷처럼 매우
   부드러운 것이며, 다섯 번째는 손가락과 발가락이 가늘면서도 길어 아무도
   따를 자가 없는 것이고, 여섯 번째는 발꿈치가 원만해 보기에 싫지 않은 것이며,
   일곱 번째는 장딴지가 사슴 다리 같아 아래위가 쪽 곧은 것이고, 여덟 번째는
   뼈마디가 서로 물리어 마치 쇠사슬처럼 이어져 있는 것이며, 아홉 번째는
   남근(男根)이 말처럼 오므라들어 감추어져 있는 것이고, 열 번째는 바로 서서
   팔을 드리우면 무릎 아래까지 내려오는 것이며, 열한 번째는 낱낱의 털구멍마다
   하나씩 털이 나 있고 그것이 오른쪽으로 감겼으며 빛은 감청색 유리와 같은
   것이고, 열두 번째는 검푸른 털이 오른쪽으로 감아 돌아 위로 쓸려 있는 것이며,
   열세 번째는 몸이 황금빛인 것이고, 열네 번째는 살결이 부드럽고 매끄러워
   먼지가 묻지 않는 것이며, 열다섯 번째는 두 어깨가 가지런하고 둥글며 풍만한
   것이고, 열여섯 번째는 가슴에 만(卍)자의 형상이 있는 것이며, 열일곱 번째는
   키가 보통 사람의 곱이나 되는 것이고, 열여덟 번째는 일곱 부위가 모두 판판하고
   두터우며 둥근 것이며, 열아홉 번째는 몸뚱이의 길이와 너비가 니구로(尼拘盧)
   나무와 같은 것이고, 스무 번째는 뺨이 사자와 같은 것이며, 스물한 번째는
   가슴이 방정(方整)한 것이 사자와 같은 것이고, 스물두 번째는 이가 마흔 개나
   되는 것이며, 스물세 번째는 이가 방정하고 고른 것이고, 스물네 번째는 이가
   조밀하여 틈이 나 있지 않은 것이며, 스물다섯 번째는 이가 희고 깨끗하고

제5는 『불설반주삼매경』에 의거하여 말한다.

그때 발타화보살(跋陀和菩薩)이 있었는데 이 국토에 아미타불이 계신다
는 것을 듣고서 계속하여[數數] 염불을 이어갔으며, 이 염불로 인하여
아미타불을 친견하였다. 부처님을 친견하였으므로 곧 질문을 하였다.
"마땅히 무슨 법을 수행해야 저 국토에 왕생할 수 있습니까?"
그때에 아미타불께서 이 보살에게 말씀하셨다.
"다음 생(生)에 나의 국토에 태어나고자 하는 자는 항상 나의 명호를
염불하면서 쉬지 말라. 이와 같이 하면 다음 생에 나의 국토에 태어날
수 있다. 마땅히 부처님의 몸인 32상이 모두 구족하였으며, 광명이
(시방을) 꿰뚫어 비추고 단정함은 비교할 수 없는 것을 염불하라."[31]

6) 『대지도론』의 요점

第六依大智度論. 有三番解釋. 第一佛是無上法王. 菩薩爲法臣. 所尊所
重唯佛世尊. 是故應當常念佛也. 第二有諸菩薩自云. 我從曠劫以來. 得
蒙世尊長養[32]我等法身智身大慈悲身. 禪定智慧無量行願由佛得成. 爲

고운 것이고, 스물여섯 번째는 목구멍이 깨끗하여 갖가지 음식의 맛이 입에
맞지 않는 것이 없는 것이며, 스물일곱 번째는 혀가 길고 넓어 좌우로 귀를
핥을 수 있는 것이고, 스물여덟 번째는 범음(梵音)이 맑고 깨끗한 것이며, 스물아
홉 번째는 눈이 검푸른 것이고, 서른 번째는 눈이 소의 왕[牛王]과 같고 아래위로
한꺼번에 깜박이는 것이며, 서른한 번째는 두 눈썹 사이에 보드랍고 가늘고
광택이 나는 흰 털이 있어, 펴면 한 길이나 되고 놓으면 오른쪽으로 소라처럼
감겨 진주(眞珠)와 같은 것이고, 서른두 번째는 정수리에 육계(肉髻)가 있는
것이다."

31) 『佛說般舟三昧經』 大正藏 13, p.899上. 佛言. 菩薩於此間國土. 念阿彌陀佛專念故得見
之. 卽問. 持何法得生此國. 阿彌陀佛報言. 欲來生者當念我名. 莫有休息則得來生. 佛言.
專念故得住生. 常念佛身有三十二相八十種好. 巨億光明徹照. 端正無比.

報恩故常願近佛. 亦如大臣蒙王恩寵常念其主. 第三有諸菩薩復作是
言. 我於因地遇惡知識誹謗般若. 墮於惡道經無量劫. 雖修餘行. 未能得
出. 後於一時依善知識邊. 敎我行念佛三昧. 其時即能併遣諸障方得解
脫. 有斯大益故願不離佛.

제6은『대지도론』에 의거하면 세 가지의 해석이 있다. 첫째는 부처님께
서는 위없는[無上] 진리의 왕이시고, 보살은 진리의 신하가 된다. 존귀하
고 소중한 분은 오직 부처님뿐이므로 마땅히 항상 부처님을 염불해야
한다.
둘째는 모든 보살이 있어서 스스로 말하였다.

　　우리는 오랜 겁으로부터 지금까지 세존의 법의 몸[法身]과 지혜의
　　몸[智身]과 큰 자비의 몸[大慈悲身]의 가르침을 받았고, 선정(禪定)과
　　지혜와 헤아릴 수 없는 발원의 실천을 부처님에 의탁하여 성취할
　　수 있었다. (이러한 부처님의) 은혜를 갚기 위하여 항상 부처님께서
　　(나의 곁에) 가까이 계시기를 발원하는 것이다. 또한 대신이 국왕의
　　총애를 입어서 항상 그의 주인인 (국왕을) 생각하는 것과 같다.[33]

셋째는 모든 보살이 있는데 다시 다음과 같이 말하였다.

　　우리가 (수행) 시작의 위치[地]에서 악지식을 만나 반야(般若)를 비방하
　　여 악도에 떨어져서 셀 수 없는 겁을 지내면서 비록 나머지의 수행을

---

32) '장양(長養)'은 '포살'의 다른 표현이다. 스님들이 매월 15일과 30일에 모여
　　계경(戒經)을 말하고 들으면서, 보름 동안 지은 죄가 있으면 참회하여 선 기르고
　　악을 없애는 수행법을 가리킨다.
33)『대지도론』의 전체적인 경전의 내용을 요약하여 인용하였으므로 본문과 일치하
　　거나 비슷한 구절을 찾기 어렵다.

하였지만 아직 벗어날 수 없었다. 훗날 어느 때 선지식의 방편[邊]을 의지하므로 우리에게 염불삼매를 가르치셨다. (염불삼매를 실천한) 그때에 곧 능히 모든 장애를 떠나고 아울러 방편을 얻어서 해탈할 수 있었다. 이와 같이 큰 이익이 있기 때문에 부처님 곁을 떠나지 않기를 발원한다.[34]

7) 『대방광불화엄경』의 요점

第七依華嚴經云. 寧於無量劫具受一切苦. 終不遠如來不睹自在力.[35] 又云. 念佛三昧必見佛. 命終之後生佛前. 見彼臨終勸念佛. 又示尊像令瞻敬.

제7은 『대방광불화엄경』에 의거해서 말한다.

오히려 셀 수 없는 겁에 일체의 고통을 갖추어 받을지라도, 끝까지 여래를 멀리하지 않으며 자재력(自在力)을 보려고 하지 않겠습니다.[36]

또한 말씀하셨다.

염불삼매는 반드시 부처님을 친견하고 목숨을 마친 후에 부처님 앞에 태어나는 것이다. 그가 임종하려는 때를 보고 염불을 권하는 것은 또한 (부처님의) 존귀한 형상을 보고 우러러 공경하게 하려는 것이다.[37]

---

34) 『대지도론』의 전체적인 경전의 내용을 요약하여 인용하였으므로 본문과 일치하거나 비슷한 구절을 찾기 어렵다.

35) '자재력(自在力)'은 내 스스로가 부처님들과 동일한 능력을 가졌다고 생각하는 것을 가리킨다.

36) 『大方廣佛華嚴經』 大正藏 9, p.487下. 寧於無量劫 具受一切苦 終不遠如來 不睹自在力.

37) 『大方廣佛華嚴經』 大正藏 9, p.437中. 念佛三昧必見佛 命終之後生佛前 見彼臨終勸念佛 又示尊像令瞻敬.

又善財童子求善知識. 詣功德雲比丘所白言. 大師云何修菩薩道歸普賢
行[38]也. 是時比丘告善財曰. 我於世尊智慧海中唯知一法. 謂念佛三昧
門. 何者. 於此三昧門中. 悉能睹見一切諸佛及其眷屬嚴淨佛刹. 能令衆
生遠離顚倒.[39] 念佛三昧門者. 於微細境界中. 見一切佛自在境界. 得諸
劫不顚倒. 念佛三昧門者. 能起一切佛刹. 無能壞者. 普見諸佛. 得三世
不顚倒. 時功德雲比丘告善財言. 佛法深海廣大無邊. 我所知者唯得此
一念佛三昧門. 餘妙境界出過數量. 我所未知也.

또한 선재동자가 선지식을 구하여 공덕운(功德雲) 비구에게 나아가
여쭈었다.

"큰스님께서는 무슨 보살도를 수행하여 보현행에 귀의합니까?"

이때 비구는 선재동자에게 말하였다.

"나는 세존의 지혜의 바다 가운데 오직 한 법만을 알 뿐이니 이른바
염불삼매문이다. 왜냐하면 이 삼매문 가운데서 일체의 모든 부처님들
과 그 권속(眷屬)들이 장엄하고 청정한 부처님의 국토를 모두 볼 수
있으므로 중생들이 뒤집힌[顚倒] 생각을 멀리 하게끔 하기 때문이다.
염불삼매문이란 미세한 경계 중에서 모든 부처님의 자재한 경계를
보고 모든 겁에도 뒤집힌 생각을 하지 않는다. 염불삼매문이란 일체
부처님의 국토를 일으키는 것이니 무너뜨릴 수 없는 것이며, 넓게는
모든 부처님을 친견하여 삼세(전생·현생·내생)에 생각이 뒤집히지 않
는 지혜를 얻는다."

그때 공덕운 비구가 선재동자에게 말하였다.

---

38) '보현행(普賢行)'은 한 가지 행을 닦으면 일체의 행을 갖춘다는 화엄의 원융한
   묘행을 가리킨다.

39) '전도(顚倒)'는 번뇌 때문에 잘못된 생각을 가지거나 현실을 잘못 이해하는
   현상을 가리킨다.

"부처님 가르침의 깊은 바다는 매우 크고 경계가 없다. 내가 아는 것은 오직 이 일념의 염불삼매문을 얻었을 뿐이고, 나머지 미묘한 경계는 (셀 수 있는) 숫자를 벗어나서 나는 아직 알지 못한다."[40]

8) 『불설해룡왕경』의 요점

第八依海龍王經. 時海龍王白佛言. 世尊弟子求生阿彌陀佛國. 當修何
行得生彼土. 佛告龍王. 若欲生彼國者. 當行八法. 何等爲八. 一者常念
諸佛. 二者供養如來. 三者咨嗟[41]世尊. 四者作佛形像修諸功德. 五者迴
願往生. 六者心不怯弱. 七者一心精進. 八者求佛正慧. 佛告龍王. 一切
衆生具斯八法. 常不離佛也.

제8은 『불설해룡왕경』에 의거하면

그때 해룡왕(海龍王)이 부처님께 여쭈었다.
"세존이시여! 제자는 아미타불의 국토에 왕생하기를 구하옵니다. 마땅히 어떤 수행을 하여야 저 국토에 왕생할 수 있습니까?"
부처님께서 해룡왕에게 말씀하셨다.
"만약 저 국토에 태어나고자 하는 자는 마땅히 여덟 가지 법을 수행해야 한다.
어떤 것들이 여덟 가지인가? 첫째는 항상 모든 부처님을 염(念)하는 것이다. 둘째는 여래를 공양하는 것이다. 셋째는 세존을 찬탄하는 것이다. 넷째는 불상을 조성하여 모든 공덕을 닦는 것이다. 다섯째는

---

40) 『大方廣佛華嚴經』의 많은 내용을 요약하여 인용하였으므로 전체적인 문구는 생략한다. 『大方廣佛華嚴經』 大正藏 10, pp.334上~335上.
41) '자차(咨嗟)'는 본래 '애석하게 여겨서 탄식한다'의 뜻이었으나, 본 문장에서는 변용하여 세존의 덕(德)을 '찬탄한다'라고 번역하였다.

회향하여 왕생을 발원하는 것이다. 여섯째는 마음에 겁먹음과 나약함
이 없는 것이다. 일곱째는 한마음[一心]으로 정진하는 것이다. 여덟째는
부처님의 바른 지혜를 구하는 것이다."
부처님께서 용왕에게 말씀하셨다.
"모든 중생이 이 여덟 가지 법을 구족하며 항상 부처님을 (마음에서)
떠나지 않아야 하는 것이다."[42]

問曰. 不具八法. 得生佛前不離佛不. 答曰. 得生不疑何以得知. 如佛說
寶雲經時. 亦明十行具足得生淨土常不離佛. 時有除蓋障菩薩白佛. 不
具十行[43]得生已不. 佛言. 得生. 但能十行之中一行具足無闕. 餘之九行
悉名淸淨. 勿致疑也.

묻는다. 여덟 가지 법을 갖추지 않고서도, 부처님을 (마음에서) 떠나지
않으면 부처님 전에 왕생할 수 있는가?
답한다. 이것으로써 무슨 지혜를 얻었는가를 의심하지 않아야 왕생할
수 있다. 부처님께서 『불설보운경』을 말씀하셨을 때에도 역시 십행을
구족하고 항상 정토에 왕생하면 항상 부처님을 떠나지 않는다고 밝히셨
다.

그때에 제개장보살(除蓋障菩薩)이 부처님께 여쭈었다.
"십행을 구족하지 못하면 왕생할 수 없는 것이 아닙니까?"

---

42) 『佛說海龍王經』大正藏 15, p.133上. 復有八事不離諸佛. 何等八. 常念諸佛. 供養如來.
嗟歎世尊. 作佛像形勸化衆生使見如來. 其所向方聞佛之名. 願生彼國志不怯弱. 常樂微
妙佛之正慧. 是爲八事.
43) '십행(十行)'은 보살이 수행하는 단계로서 52위(位) 가운데 21위에서 30위까지를
뜻한다.

부처님께서 왕생할 수 있다고 말씀하셨다.

"다만 십행 가운데서 일행만 구족하여도 모자람이 없으며, 나머지 구행(九行)은 모두 청정하다고 이름하니 의심하지 말지니라."[44]

又大樹緊那羅王經云. 菩薩行四種法. 常不離佛前. 何等爲四. 一者自修善法. 兼勸衆生皆作往生見如來意. 二者自勸勸他樂聞正法. 三者自勸勸他發菩提心. 四者一向專志行念佛三昧. 具此四行. 一切生處常在佛前不離諸佛.

또한 『대수긴나라왕소문경』에서 말씀하셨다.

보살은 네 가지 법을 수행하면서 항상 부처님 앞을 떠나지 않아야 하나니 네 가지는 무엇인가? 첫째는 스스로 선법을 수행하고 겸(兼)하여 중생에게 모두 왕생하여 여래를 친견하고자 하는 뜻을 권장하는 것이다. 둘째는 스스로 권장하고 타인에게 권장하여 정법을 즐겁게 듣게 하는 것이다. 셋째는 스스로에게 권장하고 남에게도 권장하여 보리심을 일으키는 것이다. 넷째는 한 마음으로 뜻을 전념하여 염불삼매를 수행하는 것이다. 이 네 가지 수행을 갖추면 일체 중생하는 곳에서 항상 부처님 앞에 있게 되고 모든 부처님을 떠나지 않는 것이다.[45]

---

44) 『佛說寶雲經』大正藏 16, p.236下. 除蓋障菩薩白佛言. 世尊. 若十事不具能生淨土不. 佛卽答言. 善男子. 若能於一事具足無闕. 當知十事悉皆淸淨. 以是義故. 名具十事得生淨土.

45) 『大樹緊那羅王所問經』大正藏 16, p.370上. 不離見佛. 何等四. 自往見佛亦勸衆生. 自往聽法亦勸衆生. 自發菩提心亦勸衆生發菩提心. 常不捨離念佛三昧. 是爲四. 善男子. 菩薩成就四法.

又經云. 佛說菩薩行法有三十二器. 何者. 布施是大富器. 忍辱是端正器. 持戒是聖身器. 五逆不孝是刀山[46]劍樹[47]鑊湯[48]器. 發菩提心是成佛器. 常能念佛往生淨土是見佛器. 略擧六門. 餘者不述. 聖敎旣爾. 行者願生. 何不常念佛也.

또한 『대수긴나라왕소문경』에서 말씀하셨다.

부처님께서는 보살의 수행하는 법에 32가지 그릇이 있다고 말씀하셨다. 어떠한 것인가? 보시는 큰 부유함의 그릇이고, 인욕은 단정(端正)함의 그릇이며, 지계는 성스런 몸의 그릇이고, 오역죄(五逆罪)와 불효는 도산지옥·검수지옥·확탕지옥의 그릇이며, 보리심을 일으키는 것은 부처가 될 수 있는 그릇이고, 항상 염불하는 것은 정토에 왕생하며 부처님을 볼 수 있는 그릇이다.[49]

---

46) '도산(刀山)'은 '도산지옥(刀山地獄)'의 줄임말이다. 살생과 악업을 많이 지어 과보로 받는 지옥으로 산에 칼들이 빽빽이 들어차서 급히 도망을 하다 칼에 베이는 고통이 끊임없는 고통을 겪는 지옥을 가리킨다.

47) '검수(劍樹)'는 '검수지옥(劍樹地獄)'의 줄임말이다. 살생을 많이 지어 과보를 받는 지옥으로 들판이고 언덕이고 칼로 된 숲속을 헤매다 잘리고 베이는 끊임없는 고통을 겪는 지옥을 가리킨다.

48) '확탕(鑊湯)'은 '확탕수지옥(鑊湯樹地獄)'의 줄임말이다. 주색잡기와 갖가지 악업을 많이 지어 과보로 받는 지옥으로 용암 불구덩이가 부글부글 끓는 곳에서 끊임없이 몸이 타고 또다시 몸이 생겨나서 또 타고 끊임없이 불에 타죽는 고통을 겪는 지옥을 가리킨다.

49) 『大樹緊那羅王所問經』 大正藏 16, p.385中. 菩薩法器有三十二. 何等三十二. 佛所護持是菩提心器. 專心質直是無僞器. 增長志意是善根器. 修行於道是菩提柱器. 正意思念是多聞器. 慧是出道器. 進是集義器. 施是大富器. 戒是滿願器. 忍是三十二丈夫相器. 進是一切佛法之器. 禪是練心器. 慧是度障器. 大慈是等諸衆生器. 大悲是救拔貧窮器. 大喜是喜樂佛法器. 大捨是捨離愛恚器. 善知識是諸善根器. 修進多聞是般若波羅蜜器. 出家是離縛礙之器. 阿練兒處是少事務無惱亂器. 樂於寂靜是諸禪定神通之器. 四攝法是化衆生器. 護持諸法是照明器. 陀羅尼是聞於一切未聞法器. 辯才是斷一切疑器. 念佛是得見

간략히 여섯 문을 (예시로) 옮겼고 나머지는 기술하지 않는다. 성스러운 가르침이 이미 이와 같으니 수행자가 왕생을 발원하면서 어찌 항상 염불하지 않겠는가?

> 又依月燈三昧經云. 念佛相好及德行. 能使諸根不亂動. 心無迷惑與法 合. 得聞得智如大海. 智者住於是三昧攝念行. 於經行所能見千億諸如 來. 亦值無量恒沙佛.

또한 『월등삼매경』에 의지해서 말한다.

부처님의 상호(相好)와 덕행을 염불하면 모든 육근[諸根]이 산란하고 동요하지 않아서 마음에 미혹(迷惑)이 없으므로 법에 부합한다. 얻어 들은 것과 얻은 지혜가 큰 바다와 같으니 지혜로운 사람은 이 삼매에 머물러 염불하는 수행을 섭수한다. 수행을 해 가면서 천억의 모든 부처님을 친견할 수 있고 또한 역시 셀 수 없는 항하사의 부처님들께서 (이 수행자의) 곁에 계신다.[50]

諸佛器. 無惱害心是護一切善根之器. 空法是斷我見之器. 因緣是捨諸所珍器. 無生法忍 是捨諸障礙授記器. 緣不退地是無畏器. 善男子. 是爲菩薩三十二法器.

50) 『月燈三昧經』 大正藏 15, p.553上. 念佛相好及德行 能使諸根不亂動 心無迷惑與法合 得聞得智如大海 智者住於此三昧 攝念行於經行所 能見千億諸如來 亦值無量恒沙佛.

제3항 염불의 이익을 밝히다

1) 간략히 설명하다[略說]

第三問答解釋顯念佛三昧有種種利益. 有其五番.

제3항은 묻고 답하며 해석하는 것으로 염불삼매는 여러 가지의 이익이
있는데, 그 종류는 다섯 가지이다.

2) 염불삼매를 수행하는 법을 밝히다

第一問曰. 今云常修念佛三昧. 仍不行餘三昧也. 答曰. 今言常念. 亦不言
不行餘三昧. 但行念佛三昧多故. 故言常念. 非謂全不行餘三昧也.

첫째로 묻는다. 지금 항상 염불삼매를 수행하고 이에 나머지 삼매의
수행을 하지 않아야 하는가?
답한다. 지금 항상 염(念)하라고 말하는 것은 역시 나머지 삼매를 수행하
지 말라고 말하는 것이 아니다. 다만 염불삼매를 많이 수행하라는
의미이다. 그러므로 항상 염하라고 말하는 것은 이른바 완전히 나머지
삼매를 수행하지 말라는 것이 아니다.

3) 염불의 매우 뛰어난 이익을 밝히다

第二問曰. 若勸常修念佛三昧. 與餘三昧能有階降以不. 答曰. 念佛三昧
勝相不可思議. 此云何知. 如摩訶衍中說[51]云. 諸餘三昧非不三昧. 何以
故. 或有三昧. 但能除貪. 不能除瞋癡. 或有三昧. 但能除瞋. 不能除癡貪.
或有三昧. 但能除癡. 不能除貪瞋. 或有三昧. 但能除現在障. 不能除過
去未來一切諸障. 若能常修念佛三昧. 無問現在過去未來. 一切諸障悉
皆除也.

둘째로 묻는다. 만약 항상 염불삼매를 수행하라고 권하는 것과 더불어
나머지 삼매로써 계위를 오를 수 있는가?

답한다. 염불삼매의 매우 뛰어난 모습은 (중생들의) 생각으로는 알
수 없다[不可思議]. 이것을 어떻게 알 수 있는가? 저 『석마하연론』에서
말씀하신 것과 같다. 모든 나머지 삼매는 삼매가 아닌 것이 아니다.
왜 그러한가? 혹 어떤 삼매는 다만 욕심내는 것을 제거하므로 성내는
것과 어리석은 것을 제거할 수 없다. 혹은 어떤 삼매는 다만 성내는
것을 제거할 뿐이고, 어리석음과 욕심내는 것은 제거하지 못한다. 혹은
어떤 삼매는 다만 어리석음만 제거할 뿐이고, 욕심내는 것과 성내는
것은 제거하지 못한다. 혹은 어떤 삼매는 다만 현재의 장애만 제거할
뿐이고, 과거, 미래의 일체의 장애는 제거할 수 없기 때문이다. 만약
항상 염불삼매를 수행할 수 있다면 현재와 과거와 미래를 물을 것도
없이 모든 장애를 모조리 제거할 수 있다.

---

51) '마하연(摩訶衍)'은 용수보살이 찬술한 『석마하연론(釋摩訶衍論)』을 가리키나,
  전체적인 뜻을 함축하여 인용하였으므로 본문과 일치하거나 비슷한 구절을
  찾기 어렵다.

4) 염불삼매가 수명을 늘리는 것을 밝히다

第三問曰. 念佛三昧旣能除障. 得福功利大者. 未審亦能資益行者. 使延
年益壽以不. 答曰必得. 何者. 如惟無三昧經[52]云. 有兄弟二人. 兄信因
果. 弟無信心. 而能善解相法.[53] 因其鏡中自見面上. 死相已現不過七
日. 時有智者敎往問佛. 佛時報言. 七日不虛. 若能一心念佛修戒. 或得
度難. 尋卽依敎繫念. 時至六日卽有二鬼來. 耳聞其念佛之聲竟無能前
進. 還告閻羅王. 閻羅王索符.[54] 已注云. 由持戒念佛功德生第三炎
天.[55]

셋째로 묻는다. 염불삼매는 이미 장애를 제거할 수 있고 복의 공덕과
큰 이익을 얻는 것이라고 하였다. 아직도 역시 능히 수행자들에게
도움이 되는 이익을 모르겠다. 나이를 늘려 목숨에 이익을 줄 수 있는가?
답한다. 반드시 얻는다. 왜냐하면 『유무삼매경』에서 말씀하셨다.

어떤 형제 두 사람이 있었는데 형은 인과를 믿었고, 아우는 신심이
없었으나 관상법에 대해서는 잘 이해하고 있었다. 이러한 까닭으로
거울에 비추어 얼굴을 스스로 보았을 때 죽는 모습이 이미 나타났고
7일이 남지도 않았다. 그때 어떤 지혜로운 자가 있어서 가서 부처님께
묻도록 가르쳐 주었다. 부처님께서는 그때 과보에 대해서 말씀하셨다.

---

52) 『법원주림(法苑珠林)』大正藏 53, p.552上에 『유무삼매경(惟無三昧經)』을 인용하
    였다고 기록되어 있으나 현재 경전이 소실되어 자세한 내용은 알 수 없다.
53) '상법(相法)'은 관상을 보는 방법을 뜻한다.
54) '부(符)'는 '생사부(生死符)'의 줄임말 표현이다. 저승의 문서로 인간의 수명을
    기록한 것을 말한다.
55) '염천(炎天)'은 욕계 6천 가운데 제3천이며, 수미산 꼭대기에 있는 도리천(忉利天)
    위에 위치하며, 수야마천(須夜摩天)·염마천(焰摩天)이라고도 한다.

"7일은 허망하지 않으니 만약 일심으로 염불하고 계를 닦을 수 있다면 환란을 벗어날 수도 있다."

이 가르침에 깊이 의지하여 염불에 열중하고 있을 때 6일이 지나서 곧 두 귀신이 오고 있었는데 귀로 그 염불하는 소리를 듣고 마침내 앞으로 나아갈 수가 없었다. 돌아와 염라왕에게 보고하니 염라왕은 생사부(生死符)를 찾아 적으면서 말하였다.

"지계와 염불의 공덕으로 말미암아 제3천 염마천에 태어날 것이다.[56]"

又譬喩經[57]中. 有一長者不信罪福. 年已五十. 忽夜夢見. 刹鬼索符來欲取之不過十日. 其人眠覺惶怖非常. 至明求覓相師占夢. 師作卦兆云. 有刹鬼必欲相害不過十日. 其人惶怖倍常. 詣佛求請. 佛時報云. 若欲攘此. 從今已去專意念佛. 持戒燒香. 然燈懸繒幡蓋. 信向三寶. 可免此死. 即依此法專心信向. 刹鬼到門. 見修功德遂不能害. 鬼即走去. 其人緣斯功德. 壽滿百年. 死得生天. 復有一長者. 名曰執持. 退戒還佛. 現被惡鬼打之.

또한 『잡비유경』 가운데

한 장자가 죄와 복을 믿지 않고 나이가 이미 50세가 되었을 때 문득 밤에 꿈을 꾸었는데 나찰 귀신이 생사부를 살펴보고 그의 목숨을 취하고자 찾아오는 날짜가 10일도 남지 않음을 알았다. 그 사람이 잠에서 깨어 몹시 두려워서 평소와는 다르게 날이 밝자 관상가를 찾아 꿈을 해몽해 주길 원하였다. 관상가는 해몽하여 괘의 징조를

---

56) 『유무삼매경』은 소실되고 현재 전하지 않아서 자세한 내용은 알 수 없다. 각주 52번 참조.

57) 『경율이상(經律異相)』大正藏 53, p.201中에 『잡비유경(雜譬喩經)』을 인용하였다고 기록하고 있다.

말하기를, "나찰 귀신이 반드시 10일 이내에 서로 해치고자 할 것이다." 그 사람은 평소보다 두 배나 두려워서 부처님께 나아가 목숨을 구할 수 있도록 청하였다. 부처님께서 그때 과보에 대해서 말씀하셨다. "만약 이것을 물리치고자 한다면 지금 이후로 뜻을 전념하여 부처님을 염불하고, 계를 지키며 향을 사르고 등불을 밝혀 비단으로 만든 번개[幡蓋]에 매달고 삼보를 향해서 믿음을 일으키면 이 죽음을 벗어날 수 있을 것이다."

곧 이 가르침에 의지하여 마음을 전념하여 믿음에 향하였다. 나찰 귀신이 문에 이르러 그가 공덕을 닦는 것을 보고서 마침내 해칠 수 없어 곧 달아났다. 그 사람이 이 공덕을 인연하여 수명이 백년을 채우고 죽어서 천상에 태어날 수 있었다.

다시 한 장자가 있었는데 집지(執持)라고 한다. 계를 지키지 않고 부처님을 배신하자, 나타난 악귀에게 공격을 받았다.[58]

5) 모든 업장을 다스리다

第四問曰此念佛三昧但能對治[59]諸障唯招世報. 亦能遠感出世無上菩提以不.

넷째로 묻는다. 이 염불삼매는 다만 모든 장애를 다스리고 오직 세상에 과보를 부를 뿐이니, 또한 세간을 벗어나는 무상보리(無上菩提)를 멀리까

---

58) 본 문장과 일치하지 않으나 비슷한 구절이 있다.
『經律異相』大正藏 53, p.201中. 昔人不信罪福. 年已五十. 夢見殺鬼欲來取之. 眠覺惶怖求師占夢. 師作卦兆云. 有殺鬼必欲相害不過十日. 若欲攘此. 從今已去十日中間. 受佛五戒燒香燃燈懸繒幡蓋. 信向三寶可免此死. 即依此法專心信向. 殺鬼到門見作功德不能得害. 鬼即走去. 其人緣斯壽滿百歲. 死得生天(出雜譬喩經).

59) '대치(對治)'는 수행으로 '번뇌'와 '악'을 끊는 것을 말한다. 본 문장에서는 '맞이하여 다스린다'고 번역한다.

지 감응(感應)할 수 있는가?

答曰得. 何者. 如華嚴經十地品云. 始從初地乃至十地. 於一一地中. 皆
說入地加行道.[60] 地滿功德利. 己不住道訖. 卽皆結云. 是諸菩薩雖修餘
行. 皆不離念佛念法念僧. 上妙樂具供養三寶.

답한다. 얻을 수 있다. 왜 그러한가?『화엄경』「십지품」에서 말씀하셨다.

초지(初地)로부터 시작해서 십지(十地)에 이르기까지 하나하나의 지위
중에서 모두 가행도(加行道)의 지위에 들어가는 것이며, 각 지위의
공덕이 원만하여지고 (중생들에게) 이익이 될지라도 스스로 깨달음을
얻었다고 머무르지 아니한다.[61]

결론적으로 말한다면, 이것은 모든 보살이 비록 다른 수행을 하더라도
모두 염불(念佛)·염법(念法)·염승(念僧)을 떠나지 아니하고 최상의 오묘
한 즐거움[妙樂]을 갖추어 삼보에 공양하는 것이다.

以斯文證得知. 諸菩薩等乃至上地. 常學念佛念法念僧. 方能成就無量
行願[62]滿功德海. 何況二乘[63]凡夫求生淨土. 不學念佛也. 何以故. 此念
佛三昧卽具一切四攝[64]六度.[65] 通行通伴故.

---

60) '가행도(加行道)'는 유식사상(唯識思想)의 오위(五位) 중에 두 번째인 가행위(加行
位)에서 번뇌가 없는 지혜를 얻기 위해 모든 대상과 그것을 인식하는 주관은
모두 허구라고 주시하며 수행하는 것을 말한다.

61)『大方廣佛華嚴經』大正藏 10, p.183中. 始於初地. 起行不斷. 如是乃至入第十地. 無有斷
絶.

이 문장으로써 증명하여 알 수 있다. 모든 보살들이 높은 지위를 증득하였을지라도 항상 염불·염법·염승을 수행해야 비로소 끝이 없는 행원(行願)을 성취하고, 공덕의 바다를 원만히 구족할 수 있다. 하물며 성문승과 연각승과 범부는 정토에 왕생을 구하면서도 염불을 배우지 아니하니 무슨 까닭인가? 이 염불삼매는 곧 모든 4섭법과 6바라밀이 갖추어져야 수행과 통하고 도반66)과 통하는 까닭이니라.

6) 부처님 집안[佛家]에 태어나다

第五問曰. 初地已上菩薩與佛同證眞如之理. 名生佛家. 自能作佛濟運衆生. 何須更學念佛三昧願見佛也. 答曰. 論其眞如. 廣大無邊. 與虛空等. 其量難知. 譬如一大闇室若然一燈二燈. 其明雖遍. 猶爲闇也. 漸至多燈雖名大明. 豈及日光. 菩薩所證智雖地地相望自有階降. 豈得比佛如日明也.

---

62) '행원(行願)'은 부처님께 서원하고 이것을 스스로 수행하는 것을 뜻한다.

63) '이승(二乘)'은 성문승·연각승을 가리킨다.

64) '사섭(四攝)'은 '사섭법(四攝法)'의 줄임말이다. 사섭법은 보시섭(布施攝)·애어섭(愛語攝)·이행섭(利行攝)·동사섭(同事攝)을 뜻한다. 보시섭은 중생들이 재물이나 진리를 구할 때 보시를 베풀어 중생으로 하여금 친애하는 마음을 가지게 하여 중생을 교화하는 것이고, 애어섭은 중생을 진리의 세계로 들어오게 하기 위하여 여러 사람들에게 듣기 좋은 말을 하여 친애하는 정을 일으키게 하는 것이며, 이행섭은 몸과 말과 생각으로 중생들을 위하여 이익이 되고 보람이 있는 선행을 베풀어서 그들로 하여금 진리에 이르게 교화하는 것이고, 동사섭은 보살이 중생들과 일심동체가 되어 고락을 함께 하고 화복을 같이하여 대중들을 깨우치고 바른 길로 인도하는 적극적 실천행을 뜻한다.

65) '육도(六度)'는 본 문장에서는 '육바라밀'의 다른 표현법이다.

66) '도반(同伴)'은 수행의 길을 같이 가는 동반자를 뜻한다.

다섯째로 묻는다. 초지(初地)에 이미 오른 보살은 부처님과 똑같은 진여(眞如)의 이치를 증득하였으니 부처님의 집에 태어났다고 이름 한다. 스스로 능히 부처님이 되고 중생을 구제하는데, 어떻게 비로소 다시 염불삼매를 배워서 부처님을 친견하기를 발원하겠는가?

답한다. 그 진여를 논한다면 매우 크고 경계가 없어 허공과 같다. 그것을 헤아려 알기는 어렵다. 비유하면, 하나의 큰 암실에 만약 등이 하나 둘 밝혀지면 그 밝음이 비록 두루 비치더라도 오히려 어둡다고 느낄 것이다. 점점 등이 많아져서 비록 크게 밝지만 어떻게 태양에 미칠 수 있겠는가? 보살이 증득한 지혜는 비록 지위마다 서로 바라보았을 때 스스로 높고 낮음이 있으니 어찌 부처님이 증득하신 태양과 밝음에 비교하겠는가?

제5 대문(大門)

제1절 개요

第五大門中有四番料簡. 第一汎明修道延促.[1] 欲令速獲不退. 第二此彼
禪觀比挍勸往. 第三此彼淨穢二境亦名漏無漏比挍. 第四引聖教證成.
勸後代生信求往.

제5대문 중에서는 4부분으로 살펴보고 헤아려 핵심을 찾는다. 제1항은
수행의 길고 짧음을 밝히고, 불퇴(不退)의 지위를 빠르게 얻게 하고자
하는 것이고, 제2항은 이것과 저것의 선의 관법[禪觀]을 비교하여 왕생을
권하는 것이며, 제3항은 이 예토와 정토의 두 경계를 비교하고 또한
유루(有漏)와 무루(無漏)라 이름하는 것을 비교하는 것이고, 제4항은
성인의 가르침을 인용하여 (왕생을) 증득하게 하고 후대 사람들에게
권장하여 신심을 일으켜 왕생을 구하게 하는 것이다.

---

1) '연촉(延促)'은 『채근담(菜根譚)』에 '延促由於一念 寬窄係之寸心(길고 짧음과 넓고
좁음은 모두 마음에 달려 있다)'에 실려 있는 구절이다. 본 문장에서는 '수행의
기간이 길고 짧음'이라고 번역한다.

제2절 개별 해석

제1항 수행의 길고 짧음을 밝히다

第一汎明修道延促者. 就中有二. 一明修道延促. 二問答解釋.

제1항은 무릇 수행의 길고 짧음을 밝히는 것으로 그 가운데 두 가지가 있으니, 첫 번째는 수행의 길고 짧음을 밝히는 것이고, 두 번째는 묻고 답하며 해석하는 것이다.

1) 길고 짧음을 밝히다

一明延促者. 但一切衆生莫不厭苦求樂畏縛求解. 皆欲早證無上菩提者. 先須發菩提心爲首. 此心難識難起. 縱令發得此心. 依經[2]終須修十種行謂信進念戒定慧捨護法發願迴向進詣菩提. 然修道之身相續不絶. 逕一萬劫始證不退位. 當今凡夫現名信想輕毛. 亦曰假名. 亦名不定聚.[3] 亦名外凡夫. 未出火宅. 何以得知.

첫 번째는 (수행의) 길고 짧음을 밝힌다. 다만 일체 중생이 고통을 싫어하고 쾌락을 추구하며 속박을 두려워하고 해탈을 추구하는 것은 모두 빨리 최상의 깨달음[無上菩提]을 증득하고자 하기 때문이다. 먼저 모름지기 보리심을 일으키는 것이 우선이지만 (보리심이라는)

---

2) 본 경전은 『보살영락경(菩薩瓔珞經)』을 가리킨다.

3) '부정취(不定聚)'는 '삼취(三聚)'의 한 종류이며, 열반에 이르거나 지옥에 떨어지거나 아직 과보가 정해지지 않은 중생의 부류를 가리킨다.

이 마음을 알기도 어렵고 일으키기도 어렵다. 그러므로 가령 보리심을 증득하여 일으켰어도 경전에 의지하여 모름지기 열 종류의 행을 닦을지니, 이를테면 믿음[信]·정진[進]·염불[念]·계율[戒]·번뇌를 그침[止: 즉, 定(사마타)]·지혜[慧: 위빠사나]·집착을 버림[捨]·호법(護法)·발원(發願)·회향(迴向) 등으로 깨달음에 나아가는 것이다. 그러나 수행을 닦는 몸이 계속 이어져 끊어지지 않게 하여 일만 겁이 지나면 비로소 불퇴위를 증득할 것이다.

마땅히 지금 범부의 신심이 터럭만큼 가볍다고 생각하여도 또한 거짓으로 이름한 것[假名]이라 말할 수 있다. (이것을) 또한 부정취(不定聚)라고 이름하며, 또한 외도(外道)의 범부라 이름 한다. 아직 스스로 불구덩이[火宅]에서 나오지 못하였는데 어찌 지혜를 얻으리오?

據菩薩瓔珞經. 具辨入道行位法爾. 故名難行道. 又但以. 一劫之中受身生死尚不可數知. 況一萬劫中徒受痛燒. 若能明信佛經願生淨土. 隨壽長短一形即至位階不退. 與此修道一萬劫齊功. 諸佛子等何不思量不捨難求易也.

『보살영락경』에 의거하면

분별하여 깨달음에 들어가려면 계위를 수행할 때 법을 갖추어야 하기 때문에 난행도라고 부른다. 또한 단지 이와 같이 일겁 가운데 생사의 몸 받은 것을 오히려 숫자로 세서 알 수 없으니, 하물며 일만 겁 중에서 불타는 고통은 얼마이겠는가?

만약 부처님의 경전을 밝히고 믿어서 정토에 왕생을 발원할 수 있다면 (다만) 목숨의 길고 짧음에 따르는 하나의 모습[一形]은 곧 불퇴위의 지위에 이를 것이다. 이와 더불어 1만 겁의 깨달음을 수행한 이 공덕으로 (중생을) 교화[齊]하면 모든 불자들이 어찌 난행도를 버리지 않고 이행 도를 구하려고 생각하지 않겠는가?[4]

如俱舍論中. 亦明難行易行二種之道. 難行者. 如論說云. 於三大阿僧祇 劫. 一一劫中皆具福智資糧[5]六波羅蜜一切諸行. 一一行業皆有百萬難 行之道. 始充一位. 是難行道也. 易行道者. 即彼論云若由別有方便有解 脫者. 名易行道也. 今旣勸歸極樂. 一切行業悉迴向彼但能專至. 壽盡必 生. 得生彼國. 即究竟淸涼. 豈可不名易行之道. 須知此意也.

『아비달마구사론』에서 또한 난행도와 이행도라는 두 가지의 수행법[道] 이 있는 것을 밝혔다. 난행도(難行道)라는 것에 대해서는 『아비달마구사 론』에서 말씀하셨다.

세 개의 큰 아승기 겁의 하나하나의 겁 중에서 모든 복덕과 지혜의 선근과 육바라밀의 일체의 행을 갖추었고, 하나하나의 수행의 업 중에 모두 다 백만 난행도가 있다. 처음부터 하나의 계위부터 채워가니 이것이 난행도이다.[6]

---

4) 『보살영락경(菩薩瓔珞經)』의 전체적인 경전의 내용을 요약하여 인용하였으므로 본문과 일치하거나 비슷한 구절을 찾기 어렵다.

5) '자량(資糧)'은 수행의 기본이 되는 선근(善根) 또는 공덕(功德)을 뜻한다.

6) 『阿毘達磨俱舍釋論』 大正藏 29, p.221下. 由六波羅蜜百萬難行道. 於大劫三阿僧祇中. 無上正覺果諸菩薩方得. 若由別方便. 有解脫理何用久修此大難行道. 爲他故須如此大 功用.

易行道者. 卽彼論云若由別有方便有解脫者. 名易行道也. 今旣勸歸極
樂. 一切行業悉迴向彼但能專至. 壽盡必生. 得生彼國. 卽究竟淸涼. 豈
可不名易行之道. 須知此意也.

이행도(易行道)라는 것은 『아비달마구사론』에서

만약 구별되어 방편이 있고 해탈이 있으면 이행도라고 하였다. 지금은
이미 극락에 귀의하기를 권장하였고 모든 수행한 업(業)을 모두 정토에
회향하며 다만 전념하여 그곳에 이르고자 하면 목숨을 마친 후에
반드시 왕생할 것이다. 정토에 왕생하면 결국에는 청량(淸涼)하리니,
어찌 이행도라 이름하지 아니하겠는가?[7]

고 말씀하셨으니, 모름지기 이러한 뜻을 알아야 한다.

2) 묻고 답하며 해석하다

二問曰. 旣言願往生淨土. 隨此壽盡卽得往生者. 有聖敎證不. 答曰. 有
七番. 皆引經論證成.

두 번째로 묻는다. 이미 말하기를 정토에 왕생을 발원하면 이에 따라
목숨을 마친 후에 바로 왕생할 수 있다고 하였는데, 이 말을 성인의
가르침으로 증명할 수 있는가?
답한다. 일곱 가지가 있으니 모두 경장과 논장을 인용하여 증명하겠다.

---

7) 『아비달마구사론(阿毘達磨俱舍論)』의 전체적인 경전의 내용을 요약하여 인용하
였으므로 본문과 일치하거나 비슷한 구절을 찾기 어렵다.

一依大經云. 佛告阿難. 其有衆生. 欲於今世見無量壽佛者. 應發無上菩
提之心. 修行功德願生彼國. 卽得往生. 故大經讚云. 若聞阿彌陀德號.
歡喜讚仰心歸依. 下至[8]一念得大利. 則爲具足功德寶. 設滿大千世界
火. 亦應直過聞佛名. 聞阿彌陀不復退. 是故至心稽首禮. 二依觀經.[9] 九
品之內皆言. 臨終正念[10]卽得往生.

첫째는 『불설무량수경』에서 부처님께서 아난에게 말씀하셨다.

어떤 중생이 지금의 세상에서 무량수불[아미타불]을 친견하고자 하면
마땅히 최상의 보리[無上菩提]의 마음을 일으키고 수행한 공덕으로
정토에 왕생을 발원하면 곧 왕생할 수 있다.[11]

이러한 까닭으로 『불설무량수경우바제사왕생게주』에서 말씀하셨다.

만약에 아미타불의 덕의 명호를 들으면 기뻐하고 찬탄하여 마음으로
우러러 귀의하면 그 중간의 한마음에 큰 이익을 얻어 공덕의 보배를

---

8) '하지(下至)'는 많은 것부터 적은 것으로 향해가는 경우에 그 중간이나 많은
   것을 줄인 것을 말한다.

9) '관경(觀經)'은 『불설관무량수경(佛說觀無量壽經)』을 가리키나 본 경전에는 비슷
   한 내용이 없고 『불설무량수경(佛說無量壽經)』에 비슷한 내용이 실려 있어 도작
   스님이 인용할 때에 오류를 범한 듯하다.

10) 『왕생론(往生論)』에서는 극락왕생을 위한 수행으로 찬탄문(讚歎門)·예배문(禮拜
    門)·작원문(作願門)·관찰문(觀察門)·회향문(回向門)의 오념문(五念門)을 언급하
    면서 염불을 찬탄문으로 설명하였다.

11) 『佛說無量壽經』 大正藏 29, p.221下. 佛語阿難. 其中輩者. 十方世界諸天人民. 其有至心
    願生彼國. 雖不能行作沙門大修功德. 當發無上菩提之心. 一向專念無量壽佛. 多少修善.
    奉持齋戒. 起立塔像. 飯食沙門. 懸繪然燈. 散華燒香. 以此迴向願生彼國. 其人臨終.
    無量壽佛. 化現其身. 光明相好具如眞佛. 與諸大衆現其人前. 卽隨化佛往生其國. 住不退
    轉. 功德智慧次如上輩者也.

구족할 것이다. 설령 삼천대천세계를 불로 태울지라도 또한 마땅히 (이곳을) 지나가고 아미타불의 명호를 듣게 되리라. 아미타불의 명호를 듣고 다시 퇴전하지 아니하니, 이러한 까닭으로 지극한 마음으로 아미타불께 머리를 조아려 예불할지니라.12)

둘째는『불설무량수경』에 의거하면

구품의 안에서 말씀하시길 목숨을 마칠 때 정념이 있으면 곧 왕생한다.13)

三依起信論云. 敎諸衆生勸觀眞如平等一實. 亦有始發意菩薩. 其心軟弱. 自謂不能常値諸佛親承供養. 意欲退者. 當知如來有勝方便攝護信心. 謂以專意念佛因緣. 隨願往生. 以常見佛故. 永離惡道.

셋째는『대승기신론』에서 말씀하셨다.

모든 중생을 가르치고 권장하여 진여의 성품이 평등하고, 하나이고, 진실함을 관(觀)하게 하라.14) 또한 처음 발심을 시작한 보살은 그 마음이 연약해서 스스로 생각하기를 항상 모든 부처님을 만날 수 없다고

---

12)『무량수경우바제사원생게주(無量壽經優婆提舍願生偈註)』의 전체적인 경전의 내용을 요약하여 인용하였으므로 본문과 일치하거나 비슷한 구절을 찾기 어렵다.『無量壽經優婆提舍願生偈註』大正藏 40, pp.827上~中.

13) 본 문장과 일치하지 않으나 비슷한 구절이 있다.『佛說無量壽經』大正藏 12, p.279上. 佛語彌勒. 其有得聞彼佛名號. 歡喜踊躍乃至一念. 當知此人爲得大利. 則是具足無上功德. 是故彌勒. 設有大火充滿三千大千世界. 要當過此. 聞是經法. 歡喜信樂. 受持讀誦. 如說修行.

14)『大乘起信論』大正藏 32, p.575下. 卽示摩訶衍體故. 是心生滅因緣相. 能示摩訶衍自體相用故. 所言義者. 則有三種. 云何爲三. 一者體大. 謂一切法眞如平等不增減故.

말하므로, 친히 공양을 이어가도록 하라.[15] 불법에서 물러날 뜻이 있는 자는 마땅히 알지니라. 부처님들의 매우 뛰어난 방편이 있어서 그들의 신심을 섭수하고 보호하게 하신다. 이른바 전념하여 염불한 인연으로 원력을 따라서 왕생하나니, 항상 부처님을 친견할 수 있는 까닭으로 영원히 악도를 떠날 수 있느니라.

四依鼓音陀羅尼經云. 爾時世尊告諸比丘. 我當爲汝演說. 西方安樂世界今現有佛. 號阿彌陀. 若有四衆.[16] 能正受持彼佛名號. 堅固其心憶念不忘. 十日十夜除捨散亂. 精勤修習念佛三昧. 若能令念念不絶. 十日之中必得見彼阿彌陀佛. 皆得往生.

넷째는 『아미타고음성왕다라니경』에서 말씀하셨다.

이때 세존께서 모든 비구에게 말씀하셨다. 내가 마땅히 너희를 위하여 법을 말한다. 서방의 안락세계에 지금 현재 머무르시는 부처님이 계시니 명호가 아미타불이다. 만약 사부대중이 저 부처님의 명호를 바르게 수지하고 그 마음이 견고하고 생각하여 잊지 않으며 십일 밤낮을 계속하면 모든 산란이 제거되고 염불삼매를 쉬지 않고 부지런히 닦고 익힐 수 있다. 만약 생각을 계속 이어가 끊어지지 않으면 십일 중에 반드시 아미타불을 친견할 수 있고 왕생할 수 있다.[17]

---

15) 본 문장과 일치하지 않으나 비슷한 구절이 있다.
   『大乘起信論』大正藏 32, p.580中. 信業果報能起十善. 厭生死苦欲求無上菩提. 得值諸佛親承供養修行信心. 經一萬劫信心成就故.

16) '사중(四衆)'은 '사부대중(四部大衆)'의 줄임말이다. 불교교단을 구성하는 네 부류의 구성원들을 일컬으며, 출가자인 비구·비구니와 재가자인 우바새, 우바이를 가리킨다.

17) 『阿彌陀鼓音聲王陀羅尼經』大正藏 12, pp.352中~下. 爾時世尊告諸比丘. 今當爲汝演說. 西方安樂世界. 今現有佛. 號阿彌陀. 若有四衆. 能正受持彼佛名號. 以此功德. 臨欲終

五依法鼓經[18]云. 若人臨終之時不能作念. 但知彼方有佛作往生意. 亦
得往生.

다섯째, 『대법고경』에 의거하면

> 어떤 사람이 목숨을 마칠 때가 되어 염불을 할 수 없으면 다만 서방에
> 부처님이 계시는 것을 알아 마음으로 왕생을 발원하면 또한 왕생을
> 얻을 수 있다.[19]

라고 말씀하셨다.

時. 阿彌陀卽與大衆往此人所. 令其得見. 見已尋生慶悅. 倍增功德. 以是因緣. 所生之處.
永離胞胎穢欲之形. 純處鮮妙寶蓮花中. 自然化生. 具大神通. 光明赫弈. 爾時十方恒沙諸
佛. 皆共讚彼安樂世界. 所有佛法不可思議. 神通現化種種方便不可思議. 若有能信如是
之事. 當知是人不可思議. 所得業報亦不可思議. 阿彌陀佛與聲聞俱. 如來應正遍知. 其國
號曰淸泰. 聖王所住. 其城縱廣十千由旬. 於中充滿刹利之種. 阿彌陀佛如來應正遍知.
父名月上轉輪聖王. 其母名曰殊勝妙顔. 子名月明. 奉事弟子名無垢稱. 智慧弟子名曰賢
光. 神足精勤名曰大化. 爾時魔王名曰無勝. 有提婆達多. 名曰寂靜. 阿彌陀佛. 與大比丘
六萬人俱. 若有受持彼佛名號. 堅固其心憶念不忘. 十日十夜. 除捨散亂. 精勤修集念佛三
昧. 知彼如來常恒住於安樂世界. 憶念相續勿令斷絶. 受持讀誦此鼓音聲王大陀羅尼. 十
日十夜. 六時專念. 五體投地禮敬彼佛. 堅固正念悉除散亂. 若能令心念念不絶. 十日之中
必得見彼阿彌陀佛. 并見十方世界如來及所住處. 唯除重障鈍根之人. 於今少時所不能
睹. 一切諸善皆悉迴向. 願得往生安樂世界. 垂終之日. 阿彌陀佛與諸大衆. 現其人前安慰
稱善. 是人卽時甚生慶悅. 以是因緣. 如其所願尋得往生.

18) 본 경전명은 『대법고경(大法鼓經)』이다.

19) 『대법고경』에는 본 문장의 내용과 일치하거나 비슷한 구절을 찾기 어려우며,
『대방광불화엄경(大方廣佛華嚴經)』에 비슷한 구절이 있어 도작 스님이 경전을
인용할 때에 오류를 범한 듯하다.
『大方廣佛華嚴經』 大正藏 9, p.437中. 念佛三昧必見佛 命終之後生佛前 見彼臨終勸念
佛 又示尊像令瞻敬.

六如十方隨願往生經[20]云. 若有臨終及死墮地獄. 家內眷屬爲其亡者.
念佛及轉誦齋福. 亡者卽出地獄往生淨土. 況其現在自能修念. 何以不
得往生者也. 是故彼經云. 現在眷屬爲亡者追福. 如餉遠人定得食也.

여섯째, 『불설관정수원왕생시방정토경』에서 말씀하셨다.

만약에 임종 때나 죽은 후 지옥에 떨어졌을 때 집안의 가족이 죽은
자를 위해서 염불하고 (경전을) 독송하며 (스님들께) 공양을 올리는[齋]
등의 복을 지으면 죽은 자가 바로 지옥에서 나와 정토에 왕생하느니
라.[21]

하물며 지금 스스로 염불삼매를 닦으면 어찌 왕생하지 않으랴? 이러한
까닭으로 『불설관정수원왕생시방정토경』에서 말씀하셨다.

현재의 권속들이 죽은 자를 위하여 복을 구하고, 멀리 음식을 보내면
멀리 있는 사람까지 반드시 그것을 먹을 수 있다.[22]

第七廣引諸經證成. 如大法鼓經說. 若善男子善女人. 常能繫意稱念[23]
諸佛名號者. 十方諸佛一切賢聖常見此人. 如現目前. 是故此經名大法
鼓. 當知此人十方淨土隨願往生.

---

20) 본 경전명은 『불설관정수원왕생시방정토경(佛說灌頂隨願往生十方淨土經)』이다.
21) 『佛說灌頂隨願往生十方淨土經』大正藏 21, p.498上. 愚癡之人信邪倒見. 爲邪師所誤死
　　入地獄備受諸痛. 哀哉可傷甚可憐愍. 是故吾今爲其演說灌頂章句十二部要藏. 拔除邪
　　惡令得長生.
22) 본 문장과 일치하지 않으나 비슷한 구절이 있다.
　　『佛說灌頂隨願往生十方淨土經』大正藏 21, p.498上. 汝將家中大小眷屬. 詣於村中平
　　淨地處祠祀壇所. 使人人跪拜. 請命求護然後乃安.

일곱째, 널리 모든 경의 말씀을 인용하여 증명하리라. 『대법고경』에서
말씀하셨다.

만약 선남자와 선여인이 항상 뜻을 모아서 모든 부처님의 명호를
부르는 자는 시방의 모든 부처님과 일체의 성인과 현자가 이 사람을
보시고 마치 눈앞에 나타나시는 것과 같아서 이와 같은 까닭으로
이 경전을 '대법고'라고 이름 하였다. 마땅히 알지니라. 이 사람은
시방 정토에 원력을 따라 왕생한다.[24]

又大悲經云何名爲大悲. 若專念佛相續不斷者. 隨其命終定生安樂. 若
能展轉[25]相勸行念佛者. 當知此等悉名行大悲人也.

또 『대비경』에서 말씀하셨다.

어떤 것을 말하여 대비라고 이름 하는가? 만약에 오로지 마음으로
염불하기를 이어서 계속하여 끊어지지 않게 하는 자는 그 목숨이
마침에 따라 이후 반드시 안락국에 태어날 것이다. 만약 능히 차례에
따라 이어지게 하며 서로 권장하여 염불수행하게 하는 자는 마땅히
이러한 것을 모두 대비를 수행하는 사람이라 이름 한다는 것을 알지니
라.[26]

---

23) '칭념(稱念)'은 입으로 아미타불을 부르고 마음으로 아미타불을 관(觀)하는 염불
　　방법을 뜻한다.
24) 본 문장과 일치하지 않으나 비슷한 구절이 있다.
　　『大法鼓經』大正藏 9, p.300上. 若善男子善女人. 聞說一乘大法鼓經. 戲笑而往. 乃至一
　　念. 所得功德勝前福業. 不可稱記算數譬喩. 所不能計. 如有咒王名曰焰炤. 一說此咒.
　　四月善護. 迦葉當知. 世間凡咒勢力如是.
25) '전전(展轉)'은 '순서대로 연속하는 것' 또는 '차례대로 이어지는 것'을 뜻한다.
26) 본 문장과 일치하지 않으나 비슷한 구절이 있다.

是故涅槃經云. 佛告大王. 假令開大庫藏. 一月之中布施一切衆. 所得功德不如有人稱佛一口功德. 過前不可挍量.

이러한 까닭으로 『열반경』에서 말씀하셨다.

부처님께서 대왕에게 말씀하셨다. 가령 아주 큰 창고를 열어서 한 달 안에 모든 중생에게 보시(布施)하여 공덕을 짓더라도 어떤 사람이 부처님을 한 번 부른 공덕만 못합니다. 과거에 재물을 보시한 공덕은 헤아릴 수 없도록 많습니다.[27]

又增一阿含經[28]云. 佛告阿難. 其有衆生. 供養一閻浮提人衣服飮食臥具湯藥. 所得功德寧爲多不. 阿難白佛言. 世尊甚多甚多. 不可數量. 佛告阿難. 若有衆生. 善心相續稱佛名號. 如一㩧牛乳頃. 所得功德過上不可量. 無有能量者.

또 『불설장아함경』에서 부처님께서 아난에게 말씀하셨다.

"어떤 중생이 한 염부제의 사람들에게 의복·음식·와구(臥具 : 이불)·탕약 등을 공양한 공덕이 얼마나 되겠느냐?"

『大悲經』大正藏 12, p.956中. 阿難. 如是衆生從前際來. 劫數長遠生死流轉不可得知. 於未來際亦復如是. 若有衆生以至誠心念佛功德. 乃至一花散於空中. 於未來世當得釋天王梵天王轉輪聖王. 於其福報亦不能盡. 以其善根福報邊際不可盡故. 要當入般涅槃. 何以故. 阿難. 施佛福田不以有爲果報所能盡邊. 我說是人必得涅槃盡涅槃際.

27) 『대반열반경』에는 본 문장의 내용과 일치하거나 비슷한 구절을 찾기 어렵다. 도작 스님이 인용할 때 다른 종류의 『열반경』을 인용한 것으로 생각된다.

28) 『증일아함경(增一阿含經)』에는 경전의 내용과 일치하거나 비슷한 구절을 찾기 어렵고 『불설장아함경(佛說長阿含經)』에 비슷한 구절이 있으므로 도작 스님이 인용할 때에 오류를 범한 듯하다.

아난이 부처님께 말하였다.

"세존이시여, 굉장히 많고 많아서 숫자로 헤아릴 수가 없습니다."

부처님께서 아난에게 말씀하셨다.

"만약 어떤 중생이 착한 마음으로 끊임없이 부처님의 명호를 부른다면 마치 소젖을 손으로 쥐어서 짜는 것과 같은 짧은 시간일지라도 얻는 공덕이 앞의 공덕과 비교할 수 없으며 능히 헤아려 알 수 없느니라."[29]

大品經云. 若人散心念佛. 乃至畢苦. 其福不盡. 若人散花念佛. 乃至畢苦. 其福不盡. 故知念佛利大不可思議也. 十往生經諸大乘經等並有文證. 不可具引也.

『대반야바라밀다경』에서 말씀하셨다.

어떤 사람이 산란한 마음으로 염불하여도 이에 고통을 벗어날 것이며 그 복이 다하지도 않는다. 또 어떤 사람이 꽃을 뿌리며 염불하여도 이에 반드시 고통을 벗어날 것이며 그 복이 다하지도 않는다.[30]

그러므로 염불하는 이익은 매우 크고 감히 헤아릴 수 없느니라. 『십왕생경』·『제대승경』 등에서 논증하였으나, 모두 갖추어 인용할 수 없다.

---

29)『佛說長阿含經』大正藏 1, p.100上. 佛言. 若能以慈心念一切衆生. 如搆牛乳頃. 其福最勝.

30) 본 문장과 일치하지 않으나 비슷한 구절이 있다.
　『大般若波羅蜜多經』大正藏 12, p.84上. 終不捨於念佛作意. 是爲菩薩摩訶薩以無所得而爲方便修治. 愛樂佛身業. 云何菩薩摩訶薩以無所得而爲方便. 修治開闡法敎業.

제2항 선(禪)의 관법[觀]을 비교하다

第二次明此彼禪觀比挍勸往生者. 但此方穢境亂想難入. 就令修得. 唯
獲事定. 多喜味染. 又復但能伏業報生. 上界壽盡多退. 是故智度論云.
多聞持戒禪未得無漏法.31) 雖有此功德. 是事未可信. 若欲向西修習. 事
境光淨定觀32)易成. 除罪多劫永定速進究竟淸涼. 如大經廣說.

제2항은 다음으로 이 세계와 정토와 선의 관법[禪觀]의 다른 점을 밝혀서
왕생하기를 권한다. 다만 이곳(사바세계)은 예토이고 (중생들의) 경계가
마음이 산란하여 선정에 들어가기가 어렵고, 나아가 수행을 하여 증득하
였어도 단지 현상적인 선정을 얻었을 뿐이다. 많이 오염된 맛[삿된
선정]에 즐거워할 뿐이고, 또한 다만 업력(業力)에 굴복하여 천상계에
태어날지라도 목숨을 마친 후에 다분히 퇴전한다.
이러한 까닭으로 『대지도론』에서 말씀하셨다.

> 많이 듣고 계를 잘 지키고, 선정을 닦더라도 무루법을 얻지 못하면
> 비록 이러한 공덕은 있으나 이 일(정토의 왕생)은 확신할 수 없다.33)
> 만약에 서쪽(정토세계)을 향해 수행하면 수행의 경계가 밝고 맑아서[光
> 淨] 정진의 관법[定觀]이 쉽게 성취되며, 많은 겁에 지은 죄업이 영원히
> 소멸되어 선정 가운데에 빨리 나아가 마지막 경지에는 번뇌를 벗어난다
> [淸涼].34)

---

31) '무루법(無漏法)'은 번뇌를 벗어나 열반에 이른 경지를 가리킨다.
32) '정관(定觀)'은 초기 불교의 두 가지 수행법을 가리킨다. '정(定)'은 '사마타(止)'를
    뜻하고, '관(觀)'은 '위빠사나(慧)'를 뜻한다.
33) 『大智度論』大正藏 25, p.189上. 多聞持戒禪 未得無漏法 雖有此功德 此事不可信.
34) 『대지도론(大智度論)』의 전체적인 경전의 내용을 요약하여 인용하였으므로

이러한 내용은 『불설무량수경』에서 널리 말하고 있다.

問曰. 若西方境界勝可爲禪定感. 此界色天劣. 不應爲禪定招. 答曰. 若
論修定因. 該通於彼此. 然彼界位是不退. 幷有他力持. 是故說爲勝. 此
處雖復修定剋. 但有自分因. 闕無他力攝. 業盡不免退. 就此說不如.

묻는다. 만약 서방정토의 환경은 매우 뛰어나 선정을 감득(感得)할 수
있으나 이 세간의 색계(色界)의 천상은 열악하므로 선정에 드는 것이
어렵지 않겠는가?

답한다. 만약 선정의 인연을 닦는 것을 논한다면, 이 세계와 정토는
서로 통한다. 그러나 정토는 과보의 계위[果位]는 불퇴(不退)와 타력(他力)
의 힘을 가지고 있으므로 더 뛰어나다고 말한다. 이 세계도 비록 선정을
더욱더 닦을지라도 다만 자신의 인연의 부분을 의지해야 하고, 그러한
타력의 섭수함이 없으니, 이 일생의 업이 다하면 퇴전을 벗어나지
못한다. 그러므로 정토와 같지 않다고 말한다.

제3항 유루(有漏)의 예토를 싫어함을 밝히다

第三據此彼淨穢二境亦名漏無漏者. 若論此處境界. 唯有三塗丘坑. 山
澗沙鹵. 棘刺水旱. 暴風惡觸. 雷電霹靂. 虎狼毒獸. 惡賊惡子. 荒亂破散.
三災[35]敗壞. 語論正報.[36] 三毒[37]八倒.[38] 憂悲嫉妬. 多病短命. 飢渴寒

본문과 일치하거나 비슷한 구절을 찾기 어렵다.

熱. 常爲司命害鬼之所追逐. 深可穢惡. 不可具說. 故名有漏. 深可厭也.

제3항은 이곳과 저곳을 예토와 정토의 두 경계로써 의거하면, 유루(有漏)와 무루(無漏)라고 이름 한다. 만약 이곳의 경계를 논한다면 오직 삼악도[三塗]와 언덕·구덩이, 산의 계곡·소금기가 들어 있는 모래 땅, 가시나무의 가시, 물의 부족, 폭풍(暴風), 나쁜 접촉, 우뢰·벼락, 호랑이·이리, 독충(毒蟲), 악한 도적, 악인[惡子], 황폐하고 어지러우며 파산한 것, 삼재·파괴가 있을 뿐이다.

과거에 따르는 업을 논한다면, 삼독(三毒)·팔도(八倒)·근심·슬픔·시기와 질투, 또 항상 병이 많고 목숨이 짧으며 배고프고 목마르며 춥고 더운 것 등이 있다. (또한) 귀신이 항상 목숨을 해치고자 꾀하니 매우 더럽고 악함은 말로써 표현할 수 없다. 그러므로 (이와 같은 것 등을) 유루(有漏)라고 이름하며 매우 싫어하는 것이다.

往生彼國勝者. 據大經云. 十方人天但生彼國者. 莫不皆獲種種利益也.
何者. 一生彼國者. 行則金蓮捧足. 坐則寶座承軀. 出則帝釋在前. 入則

---

35) '삼재(三災)'는 물의 재앙(水災)·불의 재앙(火災)·바람의 재앙(風災) 등 세 가지를 가리킨다.
36) '정보(正報)'는 과거에 지은 업의 원인[業因]에 따라 받는 결과[果報]를 뜻한다.
37) '삼독(三毒)'은 근본적으로 수행을 방해하는 세 가지 요소인 욕심[貪]·성냄[瞋]·어리석음[痴]을 가리킨다.
38) '팔도(八倒)'는 범부와 이승(二乘)이 집착하는 여덟 종류의 망령된 생각이다. 생겨나고 사라지는 법을 상(常)·낙(樂)·아(我)·정(淨)하다고 집착하는 범부(凡夫)의 네 가지 견해와, 실체적인 본질[實相]의 법을 무상(無常)·무락(無樂)·무아(無我)·부정(不淨)이라고 집착하는 이승(二乘)의 네 가지 견해를 말한다.

梵王從後. 一切聖衆與我親朋. 阿彌陀佛爲我大師. 寶樹寶林之下任意
翶翔. 八德[39]池中遊神濯足. 形則身同金色. 壽則命與佛齊. 學則衆門並
進. 止則二諦虛融. 十方濟運則乘大神通. 晏安暫時則坐三空門.[40] 遊則
入八正[41]之路. 至則到大涅槃. 一切衆生但至彼國者皆證此益. 何不思
量不速去也.

저 국토에 왕생하는 것이 매우 뛰어나다는 것을 『불설무량수경』에
의거하여 말한다.

시방의 인간과 천인이 다만 저 국토에 왕생한다면, 얻어지는 여러
가지의 모든 이익을 다 말할 수 없다. 어떤 것인가? 한번 저 국토에
왕생하게 되어 걸어 다니면 금빛 연꽃이 발을 받들고, 앉아 있으면
보배 의자가 몸을 받들고, 밖으로 나가면 제석천이 앞에 서 있고,
안으로 들어오면 범천왕이 뒤를 따른다. 모든 성인의 무리가 나와
더불어 친한 벗이 되며, 아미타불은 나의 큰 스승이 되는 것이다.
보배나무와 보배의 숲을 아래에 두고 자유자재로 날아다니며 여덟
가지 덕의 연못에서 노닐며 발을 씻는다. 몸의 모습은 금색이고, 수명은

---

39) '팔덕(八德)'은 인(仁)·의(義)·예(禮)·지(智)·충(忠)·신(信)·효(孝)·제(悌)의 여덟 가
지 덕을 뜻한다.

40) '삼공문(三空門)'은 깨달음에 이르는 세 가지 방법을 의미하는 것으로서 삼삼매(三
三昧)라고도 부른다. 실천하는 방법으로는 첫째는 공문(空門)으로 일체 만유(萬
有)가 공하다고 관(觀)하는 공해탈문(空解脫門)이고, 둘째는 무상문(無相門)으로
상대적 차별이 없다고 관하는 무상해탈문(無相解脫門)이며, 셋째는 무작문(無作
門)으로 일체가 구할 것이 없다고 관하는 무작해탈문(無作解脫門) 등이다.

41) '팔정(八正)'은 '팔정도(八正道)'의 줄임말이다. 중생 고통의 원인인 탐·진·치를
없애고 해탈하여 깨달음의 경지인 열반의 세계로 나아가기 위해서 수행해야
하는 8가지 방법으로 정견(正見)·정사유(正思惟)·정어(正語)·정업(正業)·정명(正
命)·정정진(正精進)·정념(正念)·정정(正定) 등을 가리킨다.

부처님의 수명과 같고, 배움에 있어서는 모든 법문을 동시에 수행하고, 지관[42]을 수행하면 진제와 속제가 허공과 같고 원융하니라.

시방세계에 가서 모든 중생을 구제할 때는 큰 신통을 쓰고, 편안하게 잠시 쉴 때는 삼공문(三空門)에 앉으며, 유행하면 팔정도의 길에 들어가 대열반에 이르느니라. 모든 중생이 정토에 이르는 자는 이러한 이익을 증득하나니, 어찌 마음속으로 헤아리지 않으며, 어찌 빨리 가지 않겠는가?[43]

제4항 인용하여 증명하고 믿도록 권장하다

> 第四引聖教證成. 勸後代生信求願往者. 依觀佛三昧經云. 爾時會中有十方諸佛. 各於華臺中結跏趺坐. 於空中現. 東方善德如來爲首告大衆言. 汝等當知. 我念過去無量世時. 有佛名寶威德上王. 彼佛出時. 亦如今日說三乘法. 彼佛滅後末世之中有一比丘. 將弟子九人往詣佛塔禮拜佛像.

제4항은 성스러운 가르침을 인용하여 증명하고 후대에 믿음을 일으키며 발원하여 왕생을 구하기를 권장하는 것이다. 『관불삼매경』에 의거하여 말한다.

---

42) 정토의 '지관(止觀)'은 아미타불을 관(觀)하는 것이다. 즉 지관을 통하여 정토의 경계인 의보장엄(依報莊嚴)과 정보(正報)의 장엄의 법상(法相)인 지혜의 광명(光明)을 관하는 것을 말한다. 이와 같이 경계를 관찰하는 염불을 관상염불(觀相念佛)이라고 부르며, 또한 관상염불은 보신(報身)의 경계를 관찰하는 염불을 뜻한다.

43) 『佛說無量壽經』의 전체적인 경전의 내용을 요약하여 인용하였으므로 경문과 일치하거나 비슷한 구절을 찾기 어렵다.

이때에 법회 중에 시방의 모든 부처님이 계시니 각각 연화대 가운데에
가부좌를 하시고 허공 가운데 출현하시니라. 동방선덕여래(東方善德如
來)께서 상수(上首)[44]가 되어 대중에게 말씀하셨다.

"너희들은 마땅히 알지니라. 내가 생각해보건대 과거의 셀 수 없는
시절에 부처님이 계셨으니 보위덕상왕불(寶威德上王佛)이라고 이름
하셨다. 그 부처님께서 세상에 출현하셨을 때에도 역시 오늘과 같은
삼승법을 말씀하셨다. 그 부처님께서 열반에 드신 후에 말세 중에
한 비구가 있었다. (비구가 입적한 후) 미래에 제자 아홉 명이 와서
불탑(佛塔)과 불상(佛像)에 나아가서 예배하였다."[45]

見一寶像嚴顯可觀. 觀已敬禮. 目諦觀之. 各說一偈用爲讚歎. 隨壽修短
各自命終. 卽命終已卽生佛前. 從此已後恒得値遇無量諸佛. 於諸佛所廣
修梵行得念佛三昧海. 旣得此已. 諸佛現前卽與授記. 於十方面隨意作
佛. 東方善德佛者. 卽我身是. 自餘九方諸佛者. 卽是本昔弟子九人是. 十
方佛世尊因由禮塔一偈讚故得成爲佛. 豈異人乎. 我等十方佛是. 是時十
方諸佛從空而下. 放千光明顯現色身白毫相光. 各各皆坐釋迦佛床.

"그들은 보배의 불상을 친견하니 장엄함이 드러나는 것을 볼 수 있었다.
보는 것을 마치고 그 불상에 예배하였다. 눈으로 자세히 불상을 살펴본
후에 각각 게송으로써 부처님을 찬탄하였고, 자기의 수명에 따라서
각각 목숨을 마쳤다. 목숨을 마친 후에 곧 부처님 앞에 왕생하니 이후에

---

44) '상수(上首)'는 법회가 열리는 장소에서 중심이 되는 불보살님을 뜻한다.

45) 『佛說觀佛三昧海經』 大正藏 15, p.688中. 是諸天華當於佛上化爲華臺. 於華臺內有十方
佛結加趺坐 東方善德佛告大衆言. 汝等當知我念過去無量世時. 有佛世尊. 名寶威德上
王如來應正遍知. 彼佛出時亦如今日說三乘法. 時彼佛世有一比丘有九弟子. 與諸弟子
往詣佛塔禮拜佛像.

는 항상 셀 수 없는 모든 부처님을 친견하고, 모든 부처님의 처소에서
널리 범행을 닦아 염불삼매의 바다를 얻었다. 이미 염불삼매의 바다를
얻었으니 모든 부처님들이 현전하시어 그들에게 수기를 주셨으니
시방의 세계에서 (자기의) 뜻에 따라 부처가 되었다.

동방선덕불(東方善德佛)은 곧 나의 몸이며 나를 제외한 아홉 방위의
모든 부처님들이란 옛날 비구의 아홉 제자들이다. 시방의 불세존께서
도 불탑에서 예배를 올리고 게송을 지어 부처님을 찬탄한 까닭으로
성불하였으니 어찌 다른 사람이겠는가? 우리들이 이 시방의 부처들이
다.

이때에 시방 모든 부처님들이 허공으로부터 내려오시어 천 가지의
광명을 놓으시고 색신(色身)을 나타내셨으며, 백호상에서 광명을 놓으
시고 모두가 각각의 석가모니불의 평상(平床)에 앉으셨다."[46]

告阿難言. 汝知. 釋迦文佛無數精進百千苦行. 求佛智慧報得是身. 今爲
汝說. 汝持佛語. 爲未來世天龍大衆[47]四部弟子. 說觀佛相好及念佛三
昧. 說是語已. 然後問訊[48]釋迦文佛. 問訊訖已各還本國.

---

46) 『佛說觀佛三昧海經』大正藏 15, p.688中. 見一寶像嚴顯可觀. 旣敬禮已目諦視之說偈讚
歎. 隨壽脩短各自命終. 旣命終已生於東方寶威德上王佛國土. 在大蓮華結加趺坐忽然
化生. 從此已後恒得値遇無量諸佛. 於諸佛所淨修梵行. 得念佛三昧海. 旣得此已諸佛現
前卽與授記. 於十方面隨意作佛. 東方善德佛者則我身是. 南方栴檀德佛. 西方無量明佛.
北方相德佛. 東南方無憂德佛. 西南方寶施佛. 西北方華德佛. 東北方三乘行佛. 上方廣衆
德佛. 下方明德佛. 如是等十佛世尊. 因由禮塔一讚偈故. 於十方面得成爲佛. 豈異人乎.
我等十方佛是. 時十方佛從空而下放千光明. 顯現色身白毫相光. 各各皆坐釋迦佛床.
47) '천룡대중(天龍大衆)'이란 불법을 수호하는 천룡팔부(天龍八部)의 불법을 옹호하
는 신중(神衆)을 뜻한다.
48) '문신(問訊)'은 불보살님들이나 윗분들께 예를 갖추는 불교적인 문안(問安)하는
방법이다.

아난에게 말씀하셨다.

"그대는 알지니라. 석가모니불은 셀 수 없는 겁을 정진하고 백천 가지의 고행으로 부처님의 지혜를 구하여 이 불신(佛身)의 과보를 얻었다. 이제 그대를 위해 설법하리라. 그대는 부처님의 말씀을 수지하고 미래의 세상에 천룡의 무리[天龍大衆]와 사부대중의 제자를 위하여 부처님의 32상과 80종호와 염불삼매를 관하는 법을 말해주어라."

말씀을 마친 후에 석가세존께 문신(問訊)하였다. 문신을 마치고 각각 본국으로 돌아갔다.[49)]

---

49) 『佛說觀佛三昧海經』 大正藏 15, p.688下. 阿難頂告言. 法子. 汝師和上釋迦牟尼. 百千苦行無數精進. 求佛智慧報得是身. 光明色相今爲汝說. 汝持佛語爲未來世天龍大衆比丘比丘尼優婆塞優婆夷. 廣說觀佛法及念佛三昧. 說是語已然後問訊釋迦文佛起居安隱. 旣問訊已放大光明各還本國.

제6 대문(大門)

제1절 개요

第六大門中有三番料簡. 第一十方淨土共來比挍. 第二義推. 第三辨經
住滅.

제6대문 중에서는 세 부분으로 살펴보고 헤아려 핵심을 찾는다. 제1항은
시방의 정토를 함께 비교하는 것이고, 제2항은 뜻으로 추론하는 것이며,
제3항은 경전에서 머무르시는 것과 열반하시는 것을 분별한다.

제2절 개별 해석

제1항 시방(十方)의 정토와 비교하다

第一十方淨土共來比挍者有其三番. 一如隨願往生經1)云. 十方佛國皆
悉嚴淨. 隨願並得往生. 雖然悉不如西方無量壽國. 何意如此. 但阿彌陀
佛與觀音大勢至. 先發心時. 從此界去. 於此衆生偏是有緣. 是故釋迦處
處歡歸.

제1항은 시방의 정토를 함께 비교하는 것으로, 세 가지가 있다. 그
첫 번째로 『수원왕생경』에서 말씀하셨다.

시방의 부처님 국토가 모두 장엄하고 청정하니 원력에 따라 더불어
왕생을 얻는다. 비록 그러하나 이러한 정토는 서방의 무량수불(아미타
불)의 국토만 못하다. 어떤 뜻에서 그러한가? 단지 아미타불과 관세음보
살·대세지보살이 먼저 발심할 때는 이 (예토의) 세계에서 발심하였으니,
특별히 이 세계의 중생들과 인연이 있기 때문이다. 이러한 까닭으로
석가세존을 곳곳에서 찬탄하며 귀의하였다.2)

---

1) 『중경목록(衆經目錄)』 제4권, 大正藏 55, p.172下에 『수원왕생경(隨願往生經)』
　 1권이 있다. 일명 『보광경(普廣經)』이라고도 하는데, 중국 찬술의 위경(僞經)이라
　 고 기록되어 있다.
2) 『수원왕생경(隨願往生經)』은 소실되고 현재 전하지 않아 자세한 내용은 알 수
　 없다.

二據大經. 法藏菩薩因中. 於世饒王佛所具發弘願取諸淨土. 時佛爲說
二百一十億諸佛刹土天人善惡國土精麤. 悉現與之. 於時法藏菩薩願取
西方成佛. 今現在彼. 是二證也.

두 번째로 『불설무량수경』에 의거하면.

> 법장보살이 과거 인행(因行) 중에 세요왕불(世饒王佛)의 처소에서 큰
> 서원을 발원하여 모든 정토를 성취하였다. 이때 세요왕불이 이백십
> 억 모든 부처님의 국토와 착하고 악한 천인들과 국토의 아름답고
> 추잡한 것을 모두 나타내어 보이신 것이다.[3]

이때 법장보살이 서방의 정토를 취하여 성불하기를 발원하였으니 현재
의 서방정토는 이 두 가지의 (인연을) 증명하는 것이다.

三依此觀經中. 韋提夫人復請淨土. 如來光臺爲現十方一切淨土. 韋提
夫人白佛言. 此諸佛土雖復淸淨皆有光明. 我今樂生極樂世界阿彌陀佛
所. 是其三證. 故知諸淨土中安樂世界最勝也.

세 번째로 『불설관무량수불경』에 의거하면

> 위제희 부인이 다시 정토를 청하니 이때에 부처님의 광명이 연화대에

---

3) 『佛說無量壽經』大正藏 12, p.267下. 比丘白佛. 斯義弘深非我境界. 唯願世尊廣爲敷演
諸佛如來淨土之行. 我聞此已. 當如說修行成滿所願. 爾時世自在王佛. 知其高明志願深
廣. 卽爲法藏比丘而說經言. 譬如大海. 一人斗量經歷劫數尙可窮底得其妙寶. 人有至心
精進求道不止會當剋果. 何願不得於是世自在王佛. 卽爲廣說二百一十億諸佛刹土天人
之善惡國土之粗妙. 應其心願悉現與之. 時彼比丘聞佛所說嚴淨國土. 皆悉睹見超發無
上殊勝之願. 其心寂.

비추어 시방의 모든 정토에 나타내 보이셨다. 위제희 부인이 부처님께
말하였다.
"이와 같이 모든 부처님의 국토가 매우 다시금 청정하고 모두 광명이
있으니, 내가 이제 극락세계의 아미타불의 처소에 즐거이 왕생하고자
합니다."4)

이것은 세 번째 증명이다. 그러므로 모든 정토 중에 안락세계[극락세계]
가 가장 뛰어난 것임을 알라.

제2항 정토의 뜻을 밝히다

第二義推者. 問曰. 何故要須面向西坐禮念觀者. 答曰. 以閻浮提云日出
處名生沒處名死. 藉於死地神明5)趣入其相助便. 是故法藏菩薩願成佛在
西悲接衆生. 由坐觀禮念等面向佛者. 是隨世禮儀. 若是聖人得飛報自
在. 不辨方所. 但凡夫之人身心相隨. 若向餘方. 西往必難.

제2항은 뜻으로 추론(推論)하는 것이다. 묻는다. 무슨 까닭으로 서쪽을
향하여 좌선·예불·염불·관상(觀相)을 하는 것이 중요한가?
답한다. 염부제 사람들이 말하기를 해가 뜨는 곳을 말하여 태어나는
것이라 이름하고, 해가 지는 곳을 말하여 죽음이라 이름 한다. 죽은

---

4) 본 문장의 내용과 일치하지 않으나 비슷한 구절이 있다.
   『佛說觀無量壽佛經』大正藏 12, p.341中. 有如是等無量諸佛國土嚴顯可觀. 令韋提希
   見時韋提希白佛言. 世尊. 是諸佛土. 雖復淸淨皆有光明. 我今樂生極樂世界阿彌陀佛所.
   唯願世尊. 敎我思惟敎我正受. 爾時世尊卽便微笑. 有五色光從佛口出.
5) '신명(神明)'은 '생명' 또는 '생명의 정화로서의 정신'을 뜻한다.

곳에서 혼백[神明]이 나아가서 (다른 세계로) 들어가는 것을 서로 돕는 방편이라고 한다. 이러한 까닭으로 법장보살이 서원하여 부처를 이루신 서방정토에서 자비심으로써 중생을 이끌어 가는 것[接引]을 발원하는 것이다.

좌선·예불·염불·관상·칭념 등이 아미타불이 계신 곳을 향하는 이유는 세간의 예절과 의례를 따르는 것이다. 성인이 자유자재로 하늘을 나는 신통을 얻어서 여러 곳을 가리지 않고 다닐 수 있으나, 다만 범부들은 몸과 마음이 서로 향하는 곳이 만약에 다른 방향이면 서방정토에 왕생하기 어렵기 때문이다.

> 是故智度論云. 有一比丘. 康存之日誦阿彌陀經. 及念般若波羅蜜. 臨命終時告弟子言. 阿彌陀佛與諸聖衆今在我前. 合掌歸依須臾捨命. 於是弟子依火葬法. 以火焚屍. 一切燒盡. 唯有舌根一種與本不異. 逐即收取起塔供養.

이러한 까닭으로 『대지도론』에서 말씀하셨다.

> 한 비구가 평상시에 아미타경을 독송하고 반야바라밀을 염불하더니 목숨을 마칠 때 제자들에게 말하였다.
> "아미타불과 모든 성중들이 지금 나의 앞에 있느니라."
> 하고는 합장하고 귀의하며 잠깐 사이에 목숨을 마쳤다. 이에 제사들이 비구를 계율[法]에 의거하여 화장(火葬)하니 몸이 모두 불탔으나 오직 혓바닥만이 본래와 같이 불타지 않았다. 그러므로 혓바닥을 거두어서 탑을 세우고 공양하였다.[6]

---

6) 『大智度論』大正藏 25, p.127上. 遍吉法華經名爲普賢)復有一國有一比丘. 誦阿彌陀佛經

龍樹菩薩釋云. 誦阿彌陀經故. 是以垂終佛自來迎. 念般若波羅蜜故. 所
以舌根不盡. 以斯文證. 故知一切行業但能迴向. 無不往也.

용수보살이 해석하여 말씀하셨다.

> 『아미타경』을 독송한 까닭으로 목숨을 마칠 때에 아미타불이 스스로
> 와서 맞이하여 간 것이고, 『대반야바라밀경』을 염불한 까닭으로 혓바닥
> 이 불에 타지 아니하였다.[7]

이러한 문장으로 증명하였으니 그러므로 모든 행업(行業)을 알고 능히
회향하지 않으면 왕생할 수 없다.

故須彌四域經[8]云. 天地初開之時. 未有日月星辰. 縱有天人來下. 但用
項光照用. 爾時人民多生苦惱. 於是阿彌陀佛遣二菩薩. 一名寶應聲. 二
名寶吉祥. 即伏犧[9]女媧[10]是. 此二菩薩共相籌議. 向第七梵天[11]上取
其七寶. 來至此界造日月星辰二十八宿.[12] 以照天下. 定其四時春秋冬
夏. 時二菩薩共相謂言. 所以日月星辰二十八宿西行者. 一切諸天人民
盡共稽首阿彌陀佛. 是以日月星辰皆悉傾心向彼. 故西流也.

及摩訶般若波羅蜜. 是人欲死時語弟子言. 阿彌陀佛與彼大衆俱來. 即時動身自歸. 須臾
命終. 命終之後弟子積薪燒之. 明日. 灰中見舌不燒. 誦阿彌陀佛經故. 見佛自來. 誦般若
波羅蜜故. 舌不可燒. 此皆今世現事. 如經中說. 諸佛菩薩來者甚多.

7) 『대지도론』의 전체적인 경전의 내용을 요약하여 인용하였으므로 본문과 일치하
거나 비슷한 구절을 찾기 어렵다.

8) 『수미사역경(須彌四域經)』은 중국 찬술의 위경으로 중국 재래의 유교와 도교를
불교와 조화시켜 민심을 선도할 목적으로 보응성보살과 보길상보살을 복희(伏羲)
와 여와(女媧)의 전신(前身)으로 각각 설정하는 경전이다. 『중경목록(衆經目錄)』
권4, 大正藏 55, p.173下. 『수미사역경(須彌四域經)』 1권에는 '五分疑偽(名雖似正義

그러므로 『수미사역경』에서 말씀하셨다.

하늘과 땅이 처음에 열릴 때에는 해와 달과 별들이 없었고 천인들이
인간의 세상에 내려와서는 다만 목에서 비추는 빛을 사용하였다. 이때
에 사람들이 많은 괴로운 번뇌[苦惱]가 생겨나 이 때문에 아미타불이
두 보살을 보내니 한 분은 이름이 보응성보살(寶應聲菩薩)이며, 다른
분은 이름이 보길상보살(寶吉祥菩薩)이니, 이 보살들이 바로 복희(伏犧)
와 여와(女媧)이니라.
이 두 보살이 서로 의논하여 결론을 내리고, 천상의 제7천인 범천에
올라가서 그 칠보를 가지고 이 세계에 내려와서 해와 달과 별들과

涉人造)'라고 기록되어 있다.

9) '복희(伏犧)'는 고대 중국에서 홍수의 전설에 관계되는 제왕으로 삼황오제(三皇五
帝)의 첫째 황제이며, 팔괘(八卦)를 처음으로 만들고 그물을 발명하여 고기잡이
방법을 가르쳤다고 한다. 자세한 기록은 사마천이 저술한 『사기(史記)』를 참조할
것.

10) '여와(女媧)'는 고대 중국에서 홍수의 전설에 관계되는 제왕으로 복희와는 남매지
간이다. 남매가 부부가 되어 인류의 시조가 되었다고 하며, 삼황오제 중 두
번째 제왕이다. 오색 돌을 빚어서 하늘의 갈라진 곳을 메우고 큰 거북의 다리를
잘라 하늘을 떠받치고 갈짚의 재로 물을 빨아들이게 하였다고 한다. 자세한
기록은 사마천이 저술한 『사기(史記)』를 참조할 것.

11) '범천(梵天)'은 색계 초선천(初禪天)의 첫 번째 세계를 말하며, 천상계의 28천
가운데 일곱 번째 천계를 가리킨다.

12) '이십팔수(二十八宿)'는 '성수(星宿)'라고도 하며, 달이 매일 유숙하는 곳이라는
뜻에서 유래한 말이다. 달에 내한 공진주기가 27.32일이라는 것에서 적도대를
28구역으로 나눈 것으로 이 각 구역이 각각 수이다. 그러나 각 수의 폭은
모두 다르다. 28수는 편의상 7개씩 묶어서 4개의 7사(舍)로 구별하여 각각
동·서·남·북을 상징하였는데, 이 4개의 7사에 속하는 별은 다음과 같다. 첫째,
동방 7사는 갱(亢)·저(氐)·방(房)·심(心)·미(尾)·기(箕) 등이고 둘째, 북방 7사는
우(牛)·여(女)·허(虛)·위(危)·실(室)·벽(壁) 등이며, 셋째, 서방 7사는 수(婁)·위(胃)·
고(昴)·필(畢)·자(觜)·참(參) 등이고, 넷째, 남방 7사는 귀(鬼)·유(柳)·성(星)·장(張)·
익(翼)·수(軫) 등의 성수들을 가리킨다.

이십팔수를 만들어 천하를 비추니 그때에 4계절[四時]인 봄·여름·가을·
겨울이 생겨난 것이다.

그 때에 두 보살이 서로 말하기를, "해와 달과 별들과 이십팔수가
서쪽으로 가는 것은 모든 천인과 사람들이 모두 다 같이 아미타불에게
머리를 조아려 귀의하는 것이다. 이와 같이 해와 달과 별들이 모두
아미타불을 향하는 마음이 있으므로 서쪽을 향하여 흐른다."[13]고 하였
다.

제3항 경전에서 머무름과 사라짐을 분별하다

第三辨經住滅者. 謂釋迦牟尼佛一代正法五百年. 像法一千年. 末法一
萬年.[14] 衆生滅盡諸經悉滅. 如來悲哀痛燒衆生. 特留此經止住百年. 以
斯文證. 故知彼國雖是淨土. 然體通上下. 知相無相. 當生上位. 凡夫火
宅一向乘相往生也.

제3항은 경전에서 머무르고 사라짐을 분별하는 것이다. 이른바 석가모
니불의 일대의 정법은 5백년이고, 상법은 1천년이며, 말법은 1만년이다.
중생이 태어나고 죽는 것이 끊임이 없듯이 모든 경전도 모두 소멸하지만
부처님께서 중생들이 불타는 고통을 겪는 것을 불쌍히 여기시고 자비로
써 특별히 『불설무량수경』을 남기시어 백년을 세상에 머무르게 한

---

13) 『수미사역경(須彌四域經)』은 소실되고 현재 전하지 않아 자세한 내용은 알
    수 없다.
14) 아함부의 여러 경전이나 율장에 의거하면 '정법은 5백년이고, 상법은 1천년이며,
    말법은 1천 5백년이다'라고 말하고 있으므로 이 부분은 인용할 때에 오류를
    범한 것이다.

것을 이 문장으로 증명하였다.

그러므로 저 국토는 비록 정토이지만, (실체는) 상위와 하위가 통하는 것임을 알라. 유상(有相)과 무상(無相)을 알면 마땅히 상위에 태어나지만, 범부의 불타는 번뇌[火宅]는 한 쪽으로 치우친 모습으로 왕생하고자 하느니라.

제7 대문(大門)

제1절 개요

第七大門中有兩番料簡. 第一門中此彼取相料簡縛脫. 第二次明此彼修
道用功輕重而獲報眞僞. 故勸向彼.

제7대문 중에서는 두 항으로 살펴보고 헤아려 핵심을 찾는다. 제1항은
예토와 정토에서 상을 취하여 잘 생각하여 핵심을 찾아 얽매임을 벗어나
는 것이다. 제2항은 다음으로 예토와 정토에서 수행하는 것에 공력의
가볍고 무거움을 사용하여 과보를 얻는 진실과 거짓을 밝히고 저곳으로
회향하는 것을 권장한다.

제2절 개별 해석

제1항 예토와 정토의 모습을 밝히다

> 第一此彼取相料簡縛脫者. 若取西方淨相. 疾得解脫. 純受極樂. 智眼開
> 朗. 若取此方穢相. 唯有妄樂. 癡盲厄縛憂怖.

제1항은 예토와 정토에서 상을 취하여 잘 생각하여 핵심을 찾아 얽매임
을 벗어나는 것이다. 만약 서방의 청정한 모습을 취해서 빠르게 해탈할
수 있다면 극락을 순수하게 수용하여 지혜의 눈이 밝게 열릴 것이다.
만약 이 세계의 오염된 모습을 취해서 오직 허망한 즐거움만 있다면
어리석은 맹인이 액운으로 근심과 두려움에 얽매이는 것이다.

> 問曰. 依大乘諸經. 皆云無相乃是出離要道. 執相拘礙不免塵累. 今勸衆
> 生捨穢忻淨. 是義云何. 答曰. 此義不類. 何者. 凡相有二種. 一者於五塵
> 欲境妄愛貪染. 隨境執著. 此等是相名之爲縛. 二者愛佛功德願生淨土
> 雖言是相. 名爲解脫. 何以得知.

묻는다. 대승의 모든 경전에 의거하면 모두 무상(無相)으로 이에 (상을)
떠나는 것이 중요한 수행[要道]인 것을 말한다. 상(相)에 집착하여 구속된
장애는 번뇌가 쌓임을 벗어나지 못할 것이다. 지금 중생에게 오염된
마음을 버리고 청정함을 좋아하도록 권장하는 이 뜻은 무엇인가?
답한다. 이 뜻은 옳지 않다. 왜 그러한가? 무릇 상에는 두 가지가 있다.
첫째는 다섯 가지 티끌 같은 욕망의 경계로 허망하게 사랑하고 욕심내어

오염되어 경계를 따라서 집착한다. 이것들의 이러한 상은 그것을 얽매임이라고 이름 한다. 둘째는 부처님의 공덕을 좋아하여 정토에 왕생을 발원하는 것이 비록 이것이 상이라고 하지만 해탈이라고 이름하니 무엇으로 알 수 있는가?

> 如十地經云. 初地菩薩尙自別觀二諦. 勵心作意. 先依相求. 終則無相. 以漸增進體大菩提. 盡七地終心相心始息. 入其八地. 絶於相求. 方名無功用[1]也. 是故論云. 七地已還惡貪爲障. 善貪爲治. 八地已上善貪爲障. 無貪爲治. 況今願生淨土. 現是外凡. 所修善根皆從愛佛功德生. 豈是縛也.

『불설십지경』에서 말씀하였다.

초지보살은 오히려 스스로 구별하여 진제와 속제를 관(觀)하고 마음을 힘써 뜻을 지으며 먼저 상에 의지해서 구하고 마침내 곧 무상으로 점진적으로 (지혜를) 증진시켜 큰 깨달음을 체득한다. 7지를 증득하여 마침내 마음의 상을 처음으로 쉬며, 그 8지에 들어간다. 상을 구하는 것이 끊어지니 비로소 공용(功用)이 없다고 이름 한다.[2]

---

1) '무공용(無功用)'은 차별하고 분별하는 의식 작용이 끊어진 상태 또는 분별과 망상이 일어나지 않는 마음 상태를 가리킨다.

2) 본 문장과 일치하지 않으나 비슷한 구절이 있다.
　『佛說十地經』大正藏 10, p.559中. 唯諸佛子若是菩薩. 於七地中善修決擇. 以慧方便善淨諸道. 善集資糧善結大願. 善蒙安住如來加持. 得自善根力所持性. 隨順如來力無所畏不共佛法作意而行. 善淨增上意樂思察. 由福智力之所涌起. 以大慈悲於諸有情. 不捨加行隨於無量智道而行. 入一切法本來無生無起無相無成無壞. 無斷盡無流轉無止息性爲性. 初中後位皆悉平等以眞如中無分別故入一切智. 卽此菩薩. 遠離一切心意及識分別妄想無所執着. 與虛空等顯然入性. 名爲已得無生法忍. 佛子菩薩成就如是無生法忍. 纔證菩薩不動地故. 得甚深住雖可了知. 同無差別離一切相. 止息一切想之執着無量無邊. 以諸聲聞及以獨覺不可映奪寂靜現前.

그러므로 『십지경론』에서 말씀하셨다.

> 7지 이하에서는 악한 것을 욕심내는 것이 장애가 되고 착한 것을
> 욕심내는 것이 다스림이 된다. 8지 이상에서는 착한 것을 욕심내는
> 것이 장애가 되고, 욕심이 없는 것이 다스림이 된다. 하물며 지금
> 정토에 왕생을 발원하는 외도와 범부가 선한 것을 수행하고 부처님들의
> 공덕을 좋아하고 쫓으면서 왕생을 구하는데 어찌 이것이 얽매임이
> 아니겠는가?[3]

故涅槃經云. 一切衆生有二種愛. 一者善愛. 二者不善愛. 不善愛者. 唯愚
求之. 善法愛者. 諸菩薩求. 是故淨土論云. 觀佛國土淸淨味. 攝受衆生大
乘味. 類事起行願[4]取佛土味. 畢竟住持不虛作味. 有如是等無量佛道味.
故雖是取相. 非當執縛也. 又彼淨土所言相者. 卽是無漏相實相相也.

그러므로 『대반열반경』에서 말씀하셨다.

> 일체 중생은 두 가지 좋아하는 것이 있다. 첫째는 착한 것을 좋아하는
> 것이고, 둘째는 착하지 않은 것을 좋아하는 것이다. 오직 어리석은

---

3) 『십지경론(十地經論)』의 전체적인 경전의 내용을 요약하여 인용하였으므로
경문과 일치하거나 비슷한 구절을 찾기 어렵다.

4) 『불설관무량수불경(佛說觀無量壽佛經)』에 부처님이 위제희에게 "상품상생(上品
上生)이란, 만약 어떤 중생이 그 나라에 태어나기를 원하는 자는 세 가지의
마음[三種心]을 일으켜야 곧 왕생할 수 있으니 첫째는 지극한 마음[至誠心]이요,,
둘째는 깊이 믿는 마음[深心]이요, 셋째는 회향하고 발원하는 마음[回向發願心]
이다. 이 삼심을 갖춘 자는 반드시 저 나라에 태어나리라."고 말씀하였다.
또한 "극락국에 태어나고자 하면 마땅히 삼덕을 닦으라. 첫째는 부모에게
효도하고, 둘째는 스승을 잘 모시는 것이며, 셋째는 자비스런 마음으로 살생하지
않으며 십선업을 닦는 것이다."라고 말씀하셨다.

자만이 착하지 않은 것을 구한다. 착한 법을 좋아하는 자는 모든 보살이 구제한다.5)

그러므로 『무량수경우바제사원생게주』에서 말씀하셨다.

부처님 국토의 청정한 맛을 관하면 중생의 대승의 맛을 섭수한다. 불사(佛事)의 종류를 행원(行願)에 비슷하게 일으키어 불국토의 맛을 취하게 하며 마침내 헛되지 않는 맛을 짓는 것에 머무른다. 이와 같은 여러 셀 수 없는 불법 수행[佛道]의 맛이 있기 때문에 비록 이렇게 상을 취하더라도 마땅히 집착하여 얽매이는 것이 아니다. 또한 저 정토에서 말하는 상이란 것은 곧 무루의 상으로 실체[實相]의 상(相)이다.6)

제2항 예토와 정토의 수행의 깊고 얕음[輕重]을 밝히다

第二段中明此彼修道用功輕重而獲報眞僞者. 若欲發心歸西者. 單用少時禮觀念等. 隨壽長短. 臨命終時. 光臺迎接. 迅至彼方. 位階不退. 是故大經云. 十方人天來生我國. 若不畢至滅度7)更有退轉者. 不取正覺. 此方多時具修施戒忍進定慧. 未滿一萬劫已來. 恒未免火宅. 顚倒墜墮. 故名用功至重獲報僞也.

---

5) 『大般涅槃經』大正藏 12, p.440上. 愛有二種. 一者善愛二不善愛. 不善愛者. 惟愚求之. 善法愛者諸菩薩求.

6) 『無量壽經優婆提舍願生偈註』大正藏 40, p.843中. 第四門者以專念觀察彼妙莊嚴修毗婆舍那故得到彼處受用種種法味樂是名入第四門 種種法味樂者. 毗婆舍那中有觀佛國土淸淨味攝受衆生大乘味畢竟住持不虛作味類事起行願取佛土味. 有如是等無量莊嚴佛道味故言種種. 是第四功德相.

제2항에서는 예토와 정토의 수행의 공덕을 사용하는 것이 가볍고 무거움과 얻은 과보의 진실과 거짓을 밝힌다. 만약 발심하여 서방에 귀의하는 자는 단지 짧은 시간이라도 예불과 관상과 염불 등에 사용하여야 한다. 목숨의 길고 짧음을 따라서 목숨을 마치려 할 때에 광명의 누대(樓臺)가 맞이하여 신속하게 저 정토에 이르게 하는 계위가 불퇴위이다. 그러므로 『불설무량수경』에서 말씀하셨다.

> 시방의 인간과 천인이 나의 국토에 왕생하여 만약 마침내 열반에 이르지 못하고 다시 퇴전하는 자가 있다면 정각을 성취하지 않겠노라.[8]

이 국토에서는 많은 시간에 걸쳐서 보시와 지계와 인욕과 정진과 선정과 지혜를 닦아 갖추지만 1만 겁 이래로부터 항상 아직 불타는 번뇌(火宅)를 벗어나지 못하고 뒤집히고[顚倒] 타락한다. 그러므로 지극히 소중한 공덕을 사용하여 과보를 얻었다고 하는 것은 거짓이라고 이름 한다.

大經復云. 生我國者橫[9]截五惡趣.[10] 今此約對彌陀淨刹. 娑婆五道齊[11]名惡趣. 地獄餓鬼畜生純惡所歸. 名爲惡趣. 娑婆人天雜業所向. 亦名惡趣. 若依此方修治斷除. 先斷見惑.[12] 離三塗因.

滅三塗果. 後斷修惑.[13] 離人天因. 絶人天果. 此皆漸次斷除. 不名橫截. 若得往生彌陀淨國. 娑婆五道一時頓捨. 故名橫截.

다시 『불설무량수경』에서 말씀하셨다.

---

7) '멸도(滅度)'는 모든 번뇌를 남김없이 소멸한 열반의 경지를 뜻한다.

8) 『佛說無量壽經』大正藏 12, p.269中. 設我得佛. 他方國土諸菩薩衆. 聞我名字. 不卽得至不退轉者. 不取正覺設我得佛. 他方國土諸菩薩衆. 聞我名字. 不卽得至第一第二第三法忍. 於諸佛法不能卽得不退轉者. 不取正覺.

나의 국토에 태어나는 자는 더 나아가서 오악취를 끊었다.[14]

이제 국토를 간략히 아미타불의 청정한 국토와 비교하면 사바세계의
5도(道)는 똑같이 악취라고 부른다. 지옥·아귀·축생은 순전히 악한 곳에
돌아감으로 악취라고 이름 한다. 사바세계의 인간과 천인이 여러 업으로
향하는 것도 역시 악취라고 이름 한다.

만약 이 세계에 의지하여 수행으로 다스리며 끊고 제거하려면, 먼저
견혹을 끊고 삼악도의 원인을 떠나서 삼악도의 과보를 소멸한 후에
수혹을 끊은 후 인간과 천인의 원인을 떠나 인간과 천인의 과보를
끊어야 한다. 이것은 모두 점진적으로 끊어 없애므로 합하여 끊는다고
이름 하지 않는다. 만약 아미타불의 청정한 국토에 왕생할 수 있으면
사바세계의 5도는 한순간에 곧바로 버릴 수 있기 때문에 합하여 끊는다
고 이름 한다.

---

9) '횡(橫)'은 '연횡(連橫)'의 줄임말이다. 외교 정책의 하나로 전국(戰國)시대 동서의
한·위·조·연·초·제의 여섯 국가가 연합하여 군사동맹을 맺어 진(秦)나라에 대응
한다는 장의(張儀, ?~BC 309)의 주장을 말한다. 본 문장에서는 '합하다'의 의미로
번역한다.

10) '오악취(五惡趣)'는 육도 가운데 천상계를 제외한 지옥·아귀·축생·아수라·인간의
세계를 뜻한다.

11) '제(齊)'의 뜻은 '가지런하다', '이치에 맞다' 등이다. 비유하여 본 문장에서는
'같다'는 의미로 번역한다.

12) '견혹(見惑)'은 사제(四諦)를 명확하게 인식하지 못함으로써 일어나는 번뇌로써
유신견(有身見)·변집견(邊執見)·사견(邪見)·견취견(見取見)·계금취견(戒禁取見)·
탐(貪)·진(瞋)·치(癡)·만(慢)·의(疑) 등을 가리킨다.

13) '수혹(修惑)'은 대상에 집착함으로써 일어나는 번뇌로 욕계의 탐(貪)·진(瞋)·치
(癡)·만(慢) 등과, 색계와 무색계에서 각각 탐(貪)·치(癡)·만(慢) 등의 열 가지를
뜻한다.

14) 『佛說無量壽經』 大正藏 12, p.274中. 往生安養國. 橫截五惡趣.

五惡趣者. 截其果也. 惡趣自然閉者. 閉其因也. 此明所離. 昇道無窮極
者彰其所得. 若能作意迴願向西. 上盡一形下至十念. 無不皆往. 一到彼
國. 卽入正定聚. 與此修道一萬劫齊功也.

오악취란 그 과보를 끊는 것이다. 악취가 자연히 없어지면 그 원인도
없어진다. 여기서 떠난다고 밝히는 것은 깨달음에 올라 끝이 없는
것으로 그 얻은 것을 밝힌 것이다. 만약 마음으로 발원하여 서방에
회향할 수 있다면 위로 한 번의 삶을 마치고, 아래로는 십념에 이르러
모두 왕생하지 않는 것이 없다. 한 번 저 국토에 이르러 정정취[15]에
들어가면 이 수행의 도는 1만 겁과 그 공덕이 같아진다.

---

15) 제2대문 각주 81번 참조.

제8 대문(大門)

제1절 개요

第八大門中有三番料簡. 第一略擧諸經. 來證. 勸捨此忻彼. 第二彌陀釋

迦二佛比挍. 第三釋往生意.

제8대문 중에는 세 가지로 살피고 헤아려 핵심을 찾는다. 제1항은
간략히 여러 경전을 예를 들어 증명한다. 이곳을 버리고 저곳을 기뻐하
기를 권장한다. 제2항은 아미타불과 석가불의 두 부처님을 비교한다.
제3항은 왕생의 뜻을 해석한다.

제2절 개별 해석

제1항 여러 경전을 인용하여 증명하다

第一略擧諸大乘經來證皆勸捨此忻彼者. 一謂耆闍崛山[1]說. 大經二卷.
二觀經一部. 王宮耆闍兩會正說. 三小卷無量壽經. 舍衛[2]一說. 四復有
十方隨願往生經明證. 五復有無量淸淨覺經二卷一會正說. 六更有十往
生經一卷. 諸餘大乘經論指讚處多. 如請觀音大品經等. 又如龍樹天親
等論. 歎勸非一. 餘方淨土皆不如此丁寧.[3]

제1항에서는 간략히 여러 대승경전을 인용하여 증명하고 모두 예토를
버리고 정토를 바라기를 권장한다. (그 경전들의) 첫째는 이른바 기사굴
산에서 말씀하신 『불설무량수경』 두 권이다. 둘째는 『불설관무량수경』
한 부로, 사위성 왕궁과 기사굴산 등에서 2회에 걸쳐 직접 말씀하셨다.
셋째는 소권(小卷) 『불설무량수경』으로 사위성에서 한 번 말씀하신
것이다. 넷째는 다시 『불설관정수원왕생시방정토경』에서 명확하게 증
명하고 있다. 다섯째는 또한 『무량청정각경』[4] 두 권은 1회에 걸쳐

---

1) '기사굴산(耆闍崛山)'은 한역으로 영취산(靈鷲山)·취두산(鷲頭山)·취봉(鷲峰)이라
   번역되며 세존의 재세시 마가다국의 도읍지인 왕사성(王舍城)의 동쪽에 있는
   산을 가리킨다.
2) '사위(舍衛)'는 '사위성(舍衛城)'의 줄임말이다. 지금의 네팔 남서쪽에 인접해
   있던 코살라국의 도읍지였다. 석가 부처님이 이 세계에 머무르실 때 사위성의
   남쪽에 기수급고독원이 있었다.
3) '정녕(丁寧)'은 본 문장에서는 '추측하건대 틀림없이'의 뜻으로 번역한다.
4) 『무량청정각경(無量淸淨覺經)』은 소실되어 현재 전하지 않고 있다. 본래 경전명
   인 『불설무량청정평등각경(佛說無量淸淨平等覺經)』을 줄여서 부른 것으로 생각
   된다.

말씀하셨다는 것이 정설(正說)이다. 여섯째는 다시 『시왕생경』 1권[5]이 있다. 나머지 모든 대승 경장과 논장을 지칭하여 찬탄한 곳이 많은데 저 『청관음대품경』[6]과 같다. 또한 용수와 천친 등의 논서[7]처럼 찬탄하여 권장한 것이 하나가 아니다. 나머지 방면의 정토는 추측하건대 틀림없이 모두 이것과 같지 않은 것이 없을 것이다.

제2항 아미타불과 석가불을 비교하다

第二彌陀釋迦二佛比挍者. 謂此佛釋迦如來八十年住世. 暫現卽去. 去而不返. 比於忉利諸天.[8] 不至一日. 又釋迦在時. 救緣亦弱. 如毘舍離國救人現患等. 何者. 時毘舍離國[9]人民遭五種惡病. 一者眼赤如血. 二者兩耳出膿. 三者鼻中流血. 四者舌噤無聲. 五者所食之物化爲麤澁. 六識閉塞猶如醉人. 有五夜叉. 或名訖拏迦羅. 面黑如墨而有五眼. 狗牙上出吸人精氣. 良醫耆婆[10]盡其道術. 所不能救. 時有月蓋長者. 爲首部領病人. 皆來歸佛叩頭[11]求哀.

---

5) 본 문장에 인용된 경전이나 번역된 시대와 번역자도 분명하지 않고, 소실되어 현재 전하지 않아 자세한 내용을 알기 어렵다.

6) 본 문장에 인용된 경전이나 번역된 시대와 번역자도 분명하지 않고, 소실되어 현재 전하지 않아 자세한 내용을 알기 어렵다.

7) 용수보살이 찬술한 『대지도론(大智度論)』, 『무량수경우바제사원생게(無量壽經優婆提舍願生偈)』등의 논서를 가리킨다.

8) '도리천(忉利天)'은 욕계 6천계의 제2천이다. '도리'는 33이란 숫자의 음사(音寫)이며, 일반적으로 '삼십삼천(三十三天)'으로 한역된다.

9) '비사리국(毘舍離國)'은 현재의 인도의 바이살리를 가리킨다. 갠지스 강 중류에

제2항에서 아미타불과 석가모니불 두 부처님을 비교한 것은 이른바 이곳의 부처님인 석가모니불께서는 80년을 이 세상에서 머무시었고 잠시 나투셨다가 곧 열반하신 후 돌아오지 않으셨다. 도리천과 여러 천에 비교하면 하루에도 미치지도 못한다. 또한 석가모니불께서 계실 때의 반연을 구하신 것도 역시 빈약하다. 저 비사리국의 사람들에게 근심이 나타났을 때 구제한 정도 등이다.

어떤 것인가? 그때 비사리국의 백성들이 다섯 가지 나쁜 병을 만났다. 첫째는 눈이 붉어서 피와 같았고, 둘째는 두 귀에서 고름이 나왔으며, 셋째는 코에서 피가 흘렀고, 넷째는 혀가 닫혀서 소리를 내지 못했으며, 다섯째는 먹은 음식물이 변하여 거칠어지고 떫어지고, 여섯째는 정신이 혼미하여 마치 술에 취한 사람과 같았다.

다섯 야차(夜叉)가 있어 혹은 흘나가라(訖拏迦羅)라고 부르는데 얼굴이 검어 먹물과 같았고 눈은 다섯 개 있으며, 개[狗]와 같은 어금니가 위로 뻗어 나와 사람의 정기를 흡수한다. 뛰어난 의사인 기바(耆婆)가 모든 의술을 사용하여도 구제할 수가 없었다. 그때 월개장자(月蓋長者)가 병자들의 우두머리가 되어 부처님께 (병자들을) 모두 이끌고 와서 귀의하고 머리를 조아려 애절하게 (병의 치료를) 구하였다.[12]

있으며 세존이 이 세계에 머무르실 때에 당시의 인도 6대도시의 하나로 16국가의 하나인 밧지국을 형성한 리차비 족의 도읍이기도 하였다.

10) '기비(耆婆)'는 사위성에 살던 의사로 세존께 귀의하여 부처님의 풍병과 아나율의 눈병, 아난의 창병 등을 치료하여 많은 존경을 받았다. 특히 아사세 왕이 부왕(父王)을 살해한 후 뉘우치고 있을 때, 아사세 왕을 부처님께 귀의시킨 일화는 널리 알려져 있다.

11) '고두(叩頭)'는 머리를 땅에 조아려 경의를 표하던 고대 인도의 예법을 가리킨다. 세존이 이 세계에 머무르실 때에 인도에서의 최상의 예법이다.

12) 『請觀世音菩薩消伏毒害陀羅尼咒經』 大正藏 20, p.34中. 時毘舍離國一切人民遇大惡病. 一者眼赤如血. 二者兩耳出膿. 三者鼻中流血. 四者舌噤無聲. 五者所食之物化爲麤爾時世尊起無量悲愍. 告病人曰. 西方有阿彌陀佛觀世音大勢至菩薩.
汝等一心合掌求見. 於是大衆皆從佛勸合掌求哀. 爾時彼佛放大光明.
觀音大勢一時俱到說大神咒. 一切病苦皆悉消除. 平復如故. 然二佛神
力應亦齊等. 但釋迦如來不申己能. 故顯彼長. 欲使一切衆生莫不齊歸.
是故釋迦處處歎歸. 須知此意也.

그때 세존께서 셀 수 없는 자비와 애민을 일으켜 병자에게 말씀하셨다.
"서방에 아미타불과 관세음보살과 대세지보살이 계시니 그대들은 일
심으로 합장하고 친견하기를 구하라."

여기에 있는 모든 대중이 부처님이 권하는 것을 따라서 합장하고
애절하게 (친견하기를) 구하였다. 그때 아미타불께서 큰 광명을 놓으시
고 관세음보살과 대세지보살께서 한꺼번에 모두 위대하고 신비로운
주문을 갖추어 말씀하시니 모든 병이 모두 사라지고 제거되어 평소처럼
회복되었다.[13]

그러므로 석가불과 아미타불의 신통력은 상응하므로 또한 같은 능력이
다. 다만 석가여래께서는 자기의 능력을 펼치지 않으셨기 때문에 아미타
불의 장점이 나타나는 것이다. 모든 중생으로 하여금 모두 귀의하지

澀. 六識閉塞猶如醉人. 有五夜叉名訖拏迦羅. 面黑如墨而有五眼. 狗牙上出吸人精氣.
時毘舍離大城之中. 有一長者名曰月蓋. 與其同類五百長者. 俱詣佛所到佛所已頭面作
禮卻住一面. 白言世尊. 此國人民遇大惡病. 良醫耆婆盡其道術所不能救.

13) 『請觀世音菩薩消伏毒害陀羅尼咒經』大正藏 20, p.34下. 唯願天尊慈愍一切. 救濟病苦
令得無患. 爾時世尊告長者言. 去此不遠正主西方. 有佛世尊名無量壽. 彼有菩薩名觀世
音及大勢至. 恒以大悲憐愍一切救濟苦厄. 汝今應當五體投地向彼作禮. 燒香散華繫念
數息. 令心不散經十念頃. 爲衆生故當請彼佛及二菩薩. 說是語時於佛光中. 得見西方無
量壽佛幷二菩薩. 如來神力佛及菩薩俱到此國. 往毘舍離住城門閫. 佛二菩薩與諸大衆
放大光明. 照毘舍離皆作金色. 爾時毘舍離人. 卽以楊枝淨水. 授與觀世音菩薩. 大悲觀世
音. 憐愍救護一切衆生故而說咒曰. 普敎一切衆生而作是言.

않음이 없게 하고자 하셨으니 이와 같은 까닭으로 석가세존께서는
여러 곳에서 찬탄하시고 귀의하도록 하셨다. 모름지기 이러한 뜻을
알아야 하느니라.

> 是故曇鸞法師正意歸西故. 傍大經奉讚云. 安樂聲聞菩薩衆. 人天智慧
> 咸洞達. 身相. 莊嚴無殊異. 但順他方故列名. 顏容端正無可比. 精微妙
> 軀非人天. 虛無之身無極體. 是故頂禮平等力.[14]

이와 같은 까닭으로 담란법사가 뜻을 바르게 세워 서방에 귀의한 것이
다. 『불설무량수경』을 받들어 곁에서 찬탄하여 말씀하셨다.

안락세계의 성문과 보살의 대중들이 인간과 천인들은 지혜를 모두
통달하여 몸의 모습이 장엄되어 (인간과 천인들과) 특별히 다른 것이
없으나 다만 인간과 천인들의 세계를 따르기 때문에 명호를 나열할
뿐이다. 얼굴과 용모는 단정하여 비교할 수 없고, 정교하고 미묘한
몸은 인간과 천인들의 모습이 아니며 허공과 같이 실체적인 몸은
없고 끝이 없는 몸이다. (즉 몸이 허공과 같고 우주와 같다)[15] 그러므로
평등한 힘을 갖추신 부처님께 머리를 조아려 예배한다.

---

14) '평등력(平等力)'은 세존이 모든 법이 평등한 이치를 깨달아 아시며, 또 평등하게
온갖 중생들을 제도하는 힘을 갖추었음을 뜻한다.

15) 『佛說無量壽經』大正藏 12, p.271下. 其諸聲聞菩薩人天. 智慧高明神通洞達. 咸同一類
形無異狀. 但因順餘方故有人天之名. 顏貌端正超世希有. 容色微妙非天非人. 皆受自然
虛無之身無極之體.

제3항 왕생의 뜻을 해석하다

第三釋往生意者. 就中有二. 一釋往生意. 二問答解釋. 第一問曰. 今願
生淨土. 未知作何意也. 答曰. 只欲疾成自利利他利物深廣. 十信[16]三
賢[17]攝受正法. 契會不二. 見證佛性. 明曉實相. 觀照暉心. 有無二諦.
因果先後. 十地[18]優劣. 三忍[19]三道.[20] 金剛無礙. 證大涅槃. 大乘寬運.
欲無限時住. 爲盡無邊生死海故.

제3항은 왕생의 뜻을 해석한다는 것으로 그 가운데 두 가지가 있다.
첫 번째는 왕생의 뜻을 해석하고, 두 번째는 묻고 답하며 해석한다.
첫 번째로 묻는다. 지금 정토에 왕생을 발원하는데 어떻게 뜻을 지어야

---

16) '십신(十信)'은 『대방광불화엄경』에서 보살이 수행하는 단계로서, 52위(位) 가운
데 처음의 10위를 가리킨다. 구체적인 계위는 신심(信心)·염심(念心)·정진심(精進
心)·정심(定心)·혜심(慧心)·계심(戒心)·회향심(廻向心)·호법심(護法心)·사심(捨
心)·원심(願心) 등이다.

17) '삼현(三賢)'은 『대방광불화엄경』에서 보살이 수행하는 계위인 십주(十住)·십행
(十行)·십회향(十廻向)을 수행하는 보살들을 일컫는다.

18) '십지(十地)'는 『대방광불화엄경』의 52위에서 제41~50에 해당한다. 구체적인
계위는 환희지(歡喜地)·이구지(離垢地)·발광지(發光地)·염혜지(燄慧地)·난승지
(難勝地)·현전지(現前地)·원행지(遠行地)·부동지(不動地)·선혜지(善慧地)·법운지
(法雲地) 등을 일컫는다.

19) '삼인(三忍)'은 진리를 깨달아 안락함에 머무르는 세 가지 방법으로, 첫째는
음향인(音響忍)으로 부처님의 음성을 듣고 진리를 확실히 아는 것이고, 둘째는
유순인(柔順忍)으로 스스로 사유하여 진리를 확실히 아는 것이며, 셋째는 무생법
인(無生法忍)으로 불생불멸의 진리를 확실히 아는 것 등을 가리킨다.

20) '삼도(三道)'는 진리의 깨달음을 실현하는 세 가지 과정을 일컫는다. 첫째는
견도(見道)로써 세존이 가장 먼저 설법한 것으로, 사제의 도리를 깨닫는 수행
과정을 말하고, 둘째는 수도(修道)로 사제와 연기를 체험적으로 실천하는 것이
며, 셋째는 무학도(無學道)로 수행의 결과로써 열반을 얻는 것을 뜻한다.

하는지 아직 알 수 없는가?

답한다. 단지 빠르게 자리이타(自利利他)를 이루어 만물을 이롭게 하고자 한다면 깊고 넓은 십신(十信)과 삼현(三賢)으로 정법을 섭수해야 한다. 계합(契合)되어 둘이 아니고, 불성을 증득하여 보면 실상이 밝게 빛나며, 빛나는 마음을 관조하면 이제가 없고, 인과는 앞과 뒤가 있으며, 십지는 우열이 있고, 삼인(三忍)과 삼도(三道) 등이 있으니, 금강같이 걸림이 없어야 대열반을 증득한다. 대승을 널리 실천하여 끝이 없는 시간에 머물고자 하는 것은 경계가 없는 태어남과 죽음[生死]의 바다를 벗어나려고 하기 때문이다.

> 問有三番. 問曰. 願生淨土擬欲利物者. 若爾. 所拔衆生今現在此. 已能發得此心. 只應在此拔苦衆生. 何因得此心竟. 先願生淨土. 似如捨衆生自求菩提樂也.

세 가지 물음이 있다. 묻는다. 정토에 왕생을 발원하는 것은 만물을 이롭게 하고자 헤아리는 것이다. 만약 그렇다면, (고통에서) 건져낸 중생이 지금 현재 여기에 있다면 이미 발원하였으므로 정토에 왕생하고자 하는 마음을 얻었는가? 단지 마땅히 여기에서 고통스런 중생을 건져내었다면 정토에 왕생하고자 하는 마음의 경계에서 얻는 것은 어떤 인연인가? 먼저 정토에 왕생을 발원하는 것은 마치 중생을 버리고 스스로 보리(菩提)의 즐거움을 구하는 것과 비슷한가?

答曰. 此義不類. 何者. 如智度論云. 譬如二人俱見父母眷屬沒在深淵.
一人直往. 盡力救之. 力所不及. 相與俱沒. 一人遙走. 趣一舟船. 乘來濟
接. 並得出難. 菩薩亦爾. 若未發心時. 生死流轉與衆生無別. 但已發菩
提心時. 先願往生淨土. 取大悲船乘無礙辯才. 入生死海濟運衆生.

답한다. 이 뜻은 알맞지 않다. 왜 그런가? 『대지도론』에 이렇게 나온다.

비유하자면, 마치 두 사람이 부모와 권속이 깊은 연못에 빠져있는
것을 보았을 때, 한 사람은 곧바로 가서 힘을 다하여 그들을 구하려
해도 힘이 미치지 못하여 서로 함께 연못에 빠졌다. 다른 사람은 멀리
달려가 배 한 척을 구해서 배를 타고 접근하여 구조해서 어려움을
벗어날 수 있는 것과 같다.21)

고 말씀하셨다. 보살도 또한 이와 같아서 만약 아직 발심하지 않았을
때는 삶과 죽음을 윤회하여 중생과 구별되는 것이 없다. 다만 이미
보리심을 일으켰을 때에는 먼저 정토에 왕생을 발원하여 대비의 배를
취하여 타고서 걸림이 없는 재능으로 삶과 죽음의 바다에 들어가 (배를)
운행하며 중생을 구제하는 것이다.

二大論復云. 菩薩生淨土. 具大神通. 辯才無礙. 敎化衆生時. 尚不能令
衆生生善滅惡. 增道進位. 稱菩薩意. 若卽在穢土拔濟者. 闕無此益. 如
似逼雞入水. 豈能不濕也.

---

21) 본 문장과 일치하지 않으나 비슷한 구절이 있다.
『大智論』大正藏 25, p.415下. 行者先求自度, 然後度人 ; 若未能自度而欲度人者,
如不知浮人, 欲救於溺, 相與俱沒.

둘째, 『대지도론』에서 다시 말씀하셨다.

> 보살이 정토에 왕생하여 큰 신통을 갖추고 재능이 걸림이 없어 중생을
> 교화할 때에는 오히려 중생으로 하여금 선을 일으키고 악을 소멸시키
> 며, 깨달음을 증장하고 계위를 높이는 등을 능히 하지 않는 것을 보살의
> 뜻이라고 말한다. 곧 예토에서 (중생들을) 건져내어 구제하는 것이
> 이익이 없기 때문이다.[22]

마치 닭에게 억지로 물에 들어가게 하는 것과 같은데 어찌 젖지 않겠는
가?

三大經讚[23]云. 安樂佛國諸菩薩. 夫可宣說隨智慧. 於己萬物亡我所. 淨
若蓮華不受塵. 往來進止若汎舟. 利安爲務捨適莫. 彼己猶空斷二想然
智慧炬照長夜. 三明[24]六通[25]皆已足. 菩薩萬行觀心眼. 如是功德無邊
量. 是故至心願生彼.

---

22) 『대지도론』의 전체적인 경전의 내용을 요약하여 인용하였으므로 본문과 일치하
   거나 비슷한 구절을 찾기 어렵다.
23) 본 문장의 '찬(讚)'은 후위(後魏)의 담란(曇鸞) 법사가 찬술한 『찬아미타불게(讚阿彌
   陀佛偈)』를 가리킨다.
24) '삼명(三明)'은 세존이나 아라한이 갖추고 있는 세 가지의 지혜를 뜻한다. 첫째는
   나와 남의 전생을 모두 아는 지혜인 숙명지증명(宿命智證明)이고, 둘째는 중생의
   미래의 생사와 과보를 모두 아는 지혜인 생사지증명(生死智證明)이며, 셋째는
   번뇌를 모두 끊어서 내세에 미혹한 생명을 받지 않음을 아는 지혜인 누진지증명
   (漏盡智證明)이다.
25) '육통(六通)'은 아라한 이상의 계위에서 나타나는 여섯 가지 신통을 뜻한다.
   첫째는 어떤 장소에나 임의로 갈 수 있는 능력인 신족통(神足通)이고, 둘째는
   무엇이든 꿰뚫어볼 수 있는 천안통(天眼通)이며, 셋째는 모든 소리를 분별해
   들을 수 있는 천이통(天耳通)이고, 넷째는 타인의 마음속을 알 수 있는 타심통(他

셋째로 『찬아미타불게』에서 찬탄하여 말하였다.

극락[安樂]세계 부처님 국토의 모든 보살은 마땅히 지혜를 따라서
말하고, 스스로 만물에 대해 나의 소유라는 마음이 없으며, 청정함이
연꽃과 같아 티끌을 받아들이지 않고, 가고 오며 나아가고 그치는
것이 돛단배와 같으며, 소임을 버려 마주침이 없으니 이익이 되고
안락하며, 남과 자기라는 두 생각을 끊어 오히려 허공과 같으니 지혜의
횃불이 긴 밤을 비춘다. 삼명(三明)과 육통(六通)이 모두 이미 구족되어
보살은 만 가지를 행하고 마음의 눈으로 본다. 이와 같은 공덕이 셀
수 없고 경계가 없기 때문에 지극한 마음으로 정토에 왕생하기를
발원한다.26)

心通)이며, 다섯째는 전생의 모습을 알 수 있는 숙명통(宿命通)이고, 여섯째는
모든 번뇌를 소멸하고 이 세상에 다시 태어나지 않는다는 것을 아는 누진통(漏盡
通)이다.

26) 『讚阿彌陀佛偈』大正藏 25, p.422上. 安樂佛國諸菩薩 夫可宣說隨智慧 於己萬物亡我所
淨若蓮華不受塵 往來進止若汎舟 利安爲務捨適莫 彼已猶空斷二想 然智慧炬照長夜
三明六通皆已足 菩薩萬行貫心眼 如是功德無邊量.

제9 대문(大門)

제1절 개요

第九大門中有兩番料簡. 第一苦樂善惡相對. 第二明彼此壽命長短比挍
就初段中有二. 一苦樂善惡相對. 二引大經¹⁾爲證.

제9대문 가운데는 두 가지로 살피고 헤아려 핵심을 찾는다. 제1항은
고통과 즐거움과 착함과 악함을 서로 대조(對照)한다. 제2항은 정토와
예토의 수명의 길고 짧음을 비교하여 (정토에) 나아가는데 처음의 단계
에 두 가지가 있다는 것을 밝힌다. 첫 번째는 고통과 즐거움과 착함과
악함을 서로 비교하고, 두 번째는 『불설무량수경』을 인용해서 증거를
삼는다.

---

1) 『불설무량수경(佛說無量壽經)』에는 본 문장을 찾기 어렵고,『불설관무량수경(佛
   說觀無量壽經)』에 비슷한 내용이 실려 있으므로 도작 스님이 인용할 때에 오류를
   범한 듯하다.

제2절 개별 해석

제1항 고통과 즐거움, 착함과 악함을 서로 비교하다

初言苦樂善惡相對者. 在此娑婆世界. 雖有苦樂二報. 恒以樂少苦多. 重則三塗痛燒. 輕則人天刀兵[2]疾病相續連注. 遠劫已來無有斷時. 縱有人天少樂. 猶如泡沫電光速起速滅. 是故名爲唯苦唯惡. 彌陀淨國水鳥樹林常吐法音明宣道敎. 具足淸白能令悟入.

첫 번째로 말한 고통과 즐거움, 착함과 악함을 서로 대조(對照)한다. 이 사바세계에서 머무는 것은 비록 고통과 즐거움의 두 과보가 있지만 항상 즐거움은 적고 고통은 많다. (업이) 무거우면 삼악도에 불타는 고통이고, (업이) 가벼우면 인간과 천인의 전쟁과 질병이 끊임없이 이어지고 연속되며 흘러왔다. 먼 겁으로부터 (고통이) 끊어진 때가 없어서 비록 인간과 천인이 작은 즐거움이 있으나 오히려 물거품과 번갯불이 빠르게 일어났다가 빠르게 사라지는 것과 같다. 그러므로 오로지 괴로운 것뿐이라고 이름하고 오로지 악한 것뿐이라고 이름한다.

아미타불의 청정한 국토에는 물과 새와 나무와 수풀에서 항상 법음(法音)을 토하고 불도(佛道)의 가르침을 밝게 나타낸다. 맑고 순수함을 구족하여 (인간과 천인으로) 하여금 깨달아 들어가게 한다.[3]

---

2) '도병(刀兵)'은 '무기와 병사'를 뜻하나, 본 문장에서는 비유하여 '전쟁'으로 번역한다.

3) 『佛說無量壽佛經』大正藏 12, p.344中. 水鳥樹林及與諸佛. 所出音聲皆演妙法. 與十二

고 하였다.

二引聖教爲證者. 淨土論云. 十方人天生彼國者. 即與淨心菩薩無二. 淨
心菩薩即與上地菩薩畢竟同得寂滅忍.⁴⁾ 故更不退轉. 又引大經四十八
願中有五番大益. 第一大經云. 有十方人天來生我國. 不悉眞金色者. 不
取正覺. 二云. 十方人天來生我國. 若形色不同有好醜者. 不取正覺. 三
云. 十方人天來生我國. 不得宿命智.⁵⁾ 下至不知百千億那由他諸劫事
者. 不取正覺. 四云. 十方人天來生我國. 不得天耳通. 下至不聞百千億
那由他諸佛所說. 不悉受持者. 不取正覺. 五云. 十方人天來生我國. 不
得他心智. 下至不知百千億那由他諸佛國中衆生心念者. 不取正覺. 欲
論彼國利益之事. 難可具陳. 但當願生. 必不可思議. 是故彼方唯善唯樂.
無苦無惡也.

둘째는 성인의 가르침을 인용하여 증거를 삼는다. 『무량수경우바제사』
에서 말씀하셨다.

시방의 인간과 천인이 저 국토에 왕생하면 곧 정심보살(淨心菩薩)은
둘이 아니다. 정심보살은 곧 상지보살(上地菩薩)과 함께 결국 동일하게
적멸의 법인을 증득하기 때문에 다시 퇴전하지 않는다.⁶⁾

部經合. 若出定時憶持不失. 見此事已. 名見無量壽佛極樂世界.
4) '적멸인(寂滅忍)'은 모든 번뇌를 끊어 몸과 마음이 흔들림이 없이 매우 고요한
경지에 안주하는 계위를 뜻한다.
5) '숙명지(宿命智)'는 '숙명통(宿命通)'을 다르게 표현한 말이다.
6) 『無量壽經優波提舍』大正藏 24, p.232中. 與淨心菩薩無異. 淨心菩薩與上地諸菩薩.
畢竟同得寂滅平等故.

또한 『불설무량수경』의 48원을 인용하여 다섯 가지 큰 이익이 있는 것을 살펴보겠다. 『불설무량수경』에서 제1발원은

시방의 인간과 천인이 나의 국토에 와서 태어남에 모두 진실로 금색이 아닌 자가 있으면 정각을 성취하지 아니하겠습니다.[7]

제2발원은

시방의 인간과 천인이 나의 국토에 와서 태어남에 만약 모습과 빛깔이 같지 않고 좋고 나쁜 자가 있다면 정각을 성취하지 아니하겠습니다.[8]

제3발원은

시방의 인간과 천인이 나의 국토에 와서 태어남에 숙명통을 얻지 못하고, 아래에 이르기까지 백천억 나유타의 모든 겁의 일을 모르는 자가 있다면 정각을 성취하지 아니하겠습니다.[9]

제4발원은

시방의 인간과 천인이 나의 국토에 와서 태어남에 천이통을 얻지 못하고 아래에 이르기까지 백천억 나유타의 모든 부처님께서 말씀하신 법을 모두 수지하지 못하는 자가 있다면 정각을 성취하지 아니하겠습니다.[10]

---

7) 『佛說無量壽佛經』大正藏 12, p.267下. 設我得佛. 國中人天. 不悉眞金色者. 不取正覺.

8) 『佛說無量壽佛經』大正藏 12, p.267下. 設我得佛. 國中人天. 形色不同有好醜者. 不取正覺.

9) 『佛說無量壽佛經』大正藏 12, p.267下. 設我得佛. 國中人天. 不悉識宿命. 下至知百千億那由他諸劫事者. 不取正覺.

10) 『佛說無量壽佛經』大正藏 12, p.267下. 設我得佛. 國中人天. 不得天耳. 下至聞百千億那

제5발원은

> 시방의 인간과 천인이 나의 국토에 와서 태어남에 타심통을 얻지
> 못하고, 아래에 이르기까지 백천억 나유타의 모든 부처님의 국토 가운
> 데 중생이 마음으로 염하는 것을 알지 못하는 자가 있다면 정각을
> 성취하지 아니하겠습니다.[11]

저 국토의 유익한 일을 논하고자 하면 모두 갖추어 말하기 어려우니,
다만 왕생을 발원해야 한다. 반드시 마음으로는 헤아릴 수 없기 때문에
정토는 오직 선하고 오직 즐거울 뿐이므로 고통이 없고 악한 것이
없다.

제2항 수명(壽命)의 길고 짧음[長短]을 밝히다

第二明壽命長短者. 此方壽命大期不過百年. 百年之內少出多減. 或生
年夭喪. 乃至童子身亡. 或腹胞胎傷墮. 何意然者. 良由衆生作因時雜.
是以受報亦不得齊同也. 是故涅槃經云. 作業時黑. 果報亦黑. 作業業時
白. 果報亦白. 淨雜亦爾.

제2항에서는 수명의 길고 짧음을 밝힌다. 남염부제의 수명은 크게
기대해도 백년에 지나지 않는다. 백년의 이내에서도 수명을 채우는
자는 적고 채우지 못하는 자가 많으며 혹은 태어난 해에 요절하고,

由他諸佛所說. 不悉受持者. 不取正覺.

11) 『佛說無量壽佛經』大正藏 12, p.268上. 設我得佛. 國中人天. 不得見他心智. 下至知百千
億那由他諸佛國中衆生心念者. 不取正覺.

더 자라서 동자의 몸으로 죽거나 혹은 뱃속의 태중에서 피해를 당하여 낙태된다. 어찌하여 그러한가? 진실로 중생이 인(因)을 지을 때 잡스러움을 확실한 이유로 하여 이와 같이 과보를 받는 것도 역시 다르게 받는 것이다. 그러므로 『대반열반경』에서 말씀하셨다.

업을 지을 때 악[黑]하면 과보도 역시 악하고, 업을 지을 때 선[白]하면 과보도 역시 선하다고 하였다. 청정하고 잡스러움도 역시 그렇다.[12]

又據淨度菩薩經[13]云. 人壽百歲. 夜消其半. 即是減卻五十年. 就五十年內. 十五已來未知善惡. 八十已去昏耄虛劣. 故受老苦. 自此之外唯有十五年在. 於中外則王官逼迫長征遠防. 或繫在牢獄. 內則門戶吉凶衆事牽纏. 勞勞忪忪常求不足. 如斯推計. 可有幾時得修道業. 如此思量. 豈不哀哉. 何得不厭.

또한 『정도보살경』에 의거하여 말한다.

사람의 수명이 백 살이지만 밤에 그 반을 소모하며(그중 반은 잠을 잔다), 곧 (50년을) 소모하니 즉 50년만 남게 되고, 더 나아가 50년 중에서도 15살에 이르기까지는 아직 선과 악을 구분하지 못한다. 또 80살이 넘어가면 혼미하고 늙어 허약하기 때문에 노화(老化)의 고통을 받는다. 그러므로 스스로가 (활동하는) 외부의 삶은 오직 15년 안쪽에

---

12) 『大般涅槃經』大正藏 12, p.258中. 四者不黑不白不黑不白果報. 黑黑果報者. 作業時垢果報亦垢. 白白果報者. 作業時淨果報亦淨. 雜雜果報者. 作業時雜果報亦雜.

13) 『정도보살경(淨度菩薩經)』은 『정도삼매경(淨度三昧經)』 또는 『정도경(淨度經)』으로 불리며, 중국 북위시대에 찬술되었다고 『출삼장기집』과 『중경목록』에 수록되어 있다. 『出三藏記集』 제4권, 大正藏 55, p.21下에 『淨度三昧經』 二卷(或云淨度經)이 위경이라고 밝히고 있다.

그친다. 이러한 외부에서 (활동하는) 가운데서도 곧 왕과 관료에게
핍박받고, 오랫동안 전쟁에 참여하며, 멀리서 (국경을) 지키거나 혹은
(세상일에) 얽혀 감옥에 갇혀 있다.

또 집안의 생활에서도 곧 집안에 좋고 나쁜 많은 일이 생기고 얽혀
근심하고 또 근심하며 정신없고 또 정신이 없어, 항상 구하여도 만족하
지 못한다. 이와 같이 유추하여 헤아리면 어느 때에 불법을 수행[道業]할
수 있겠는가? 이와 같이 헤아리니 어찌 슬프지 아니 하리오? 어찌
(세상의 모든 일을) 싫어하지 않을 수 있겠는가?[14]

又彼經云. 人生世間. 凡經一日一夜. 有八億四千萬念. 一念起惡. 受一
惡身. 十念念惡. 得十生惡身. 百念念惡. 受一百惡身. 計一衆生一形之
中. 百年念惡. 惡卽遍滿三千國土. 受其惡身. 惡法旣爾. 善法亦然. 一念
起善. 受一善身. 百念念善. 受一百善身. 計一衆生一形之中. 百年念善.
三千國土善身亦滿. 若得十年五年念阿彌陀佛. 或至多年. 後生無量壽
國. 卽受淨土法身. 恒沙無盡不可思議也. 今旣穢土短促命報不遠. 若生
阿彌陀淨國. 壽命長遠不可思議.

또한 『정도보살경』에서 말씀하셨다.

인생살이 가운데에는 대개 하루를 지낼 때 8억4천만의 생각이 있다.
한 번 생각에 악을 일으키면 1생(生)의 악한 몸을 받고, 열 번 생각에
악을 생각하면 10생의 악한 몸을 얻으며, 백 번 생각에 악을 생각하면

1백 생의 악한 몸을 받는다.15)

한 중생이 그 한 생애의 가운데에서 백년 동안 악을 염(念)하면 악이 곧 삼천대천의 국토에 두루 가득하여 그 악한 몸을 (삼천대천의 국토만큼) 받는다. 악한 법이 그러하듯이 착한 법도 역시 그러하다. 한 생각이 선을 일으키면 1생의 선한 몸을 받고 백의 생각이 선을 생각하면 1백 생의 선한 몸을 받는다.

한 중생이 그 한 생애 중에서 백년의 선을 생각하면 선이 곧 삼천대천의 국토에 두루 가득하여 그 선한 몸을 받는다. 만약 10년 또는 5년을 아미타불을 염(念)하거나 혹은 많은 해[年]를 염한다면 후에 무량수불(아미타불)의 국토에 왕생한다.

즉 정토의 법신을 받는 것이 항하사의 모래와 같이 많으며 생각으로는 헤아릴 수 없다. 이제 이미 예토의 짧고 촉박(促迫)한 수명의 과보가 멀지 않으나 만약 아미타불의 청정한 국토에 왕생하면 수명이 길고 멀어서 생각으로는 헤아릴 수 없다.

> 是故無量壽經云. 佛告舍利弗. 彼佛何故號阿彌陀. 舍利弗. 十方人天往生彼國者. 壽命長遠億百千劫. 與佛同等. 故號阿彌陀. 各宜量此利大皆願往生也.

그러므로 『불설무량수경』에서 말씀하셨다.

---

15) 『유무삼매경(惟無三昧經)』은 소실되고 현재 전하지 않아 구체적 내용은 알기 어렵다. 그러나 『제경요집(諸經要集)』에서 『유무삼매경』을 인용했다는 내용이 일부 전하고 있어 여기에 그 내용을 인용한다.
  『諸經要集』大正藏 54, p.268上. 又惟無三昧經云. 佛告阿難. 善男子人求道安禪. 先當斷念. 人生世間所以不得道者但坐思想穢念多故. 一念來一念去. 一日一宿. 有八億四千萬念. 念念不息. 一善念者亦得善果報. 一惡念者亦得惡果報. 如響應聲. 如影隨形. 是故善惡罪福各別.

부처님께서 사리불에게 말씀하셨다.

"저 부처님은 무엇 때문에 아미타불이라고 부르는가? 사리불이여!
시방의 인간과 천인이 저 국토에 왕생하는 자는 수명이 길고 멀어서
백억의 천 겁 등으로 부처님과 더불어 똑같으므로 아미타불이라고
부른다."16)

각자 마땅히 이 큰 이익을 헤아려 모두 왕생을 발원하여라.

又善王皇帝尊經17)云. 其有人. 學道念欲往生西方阿彌陀佛國者. 憶念
晝夜一日若二日或三日若四日若五日. 至六日七日. 若復於中欲還悔
者. 聞我說是善王功德. 命欲盡時. 有八菩薩. 皆悉飛來迎取此人. 到西
方阿彌陀佛國中. 終不得止. 自此已下又引大經偈爲證.

또한 『선왕황제존경』에서 말씀하였다.

어떤 사람이 도(道)를 배워 서방의 아미타불의 국토에 왕생하고자
한다면 하루 밤낮, 혹은 2일 혹은 3일 혹은 4일 혹은 5일 나아가
6일과 7일에 이르기까지 생각하며 염불하라. 만약 다시 그 가운데
자기를 뒤돌아보고 참회하고자 하는 자는 내가 말하는 이 선왕(善王)의
공덕을 들어라. 목숨이 마치려 할 때에 8보살이 모두 다 날아와서
이 사람을 맞이하고 접인하여 서방 아미타불의 국토 가운데 이르니

---

16) 본 문장과 일치하지 않으나 비슷한 구절이 있다.
　　『佛說無量壽經』大正藏 12, p.308下. 所以者何. 阿彌陀佛壽命極長. 國土甚好. 故能爾
　　耳. 其佛尊壽. 却後無數劫. 重復無數劫.

17) 『선왕황제경(善王皇帝經)』은 소실되고 현재 전하지 않아 구체적 내용은 알기
　　어렵다. 그러나 『중경목록(衆經目錄)』제4권, 大正藏 55, p.172下에 『선왕황제경』
　　2권(일명 善王皇帝功德尊經 或爲一卷)은 위경이라고 수록하고 있다.

마침내 목숨이 마치는 일이 없다.[18]

이하의 문장은 또한『불설무량수경』의 게송을 인용하여 증거로 삼는다.

讚云. 其有衆生生安樂. 悉具三十有二相. 智慧滿足入深法. 究暢道要無
障礙. 隨根利鈍成就忍. 三忍乃至不可說. 宿命五通常自在. 至佛不更雜
惡趣. 除生他方五濁世. 示現[19]同如大牟尼. 生安樂國成大利. 是故至心
願生彼.

『찬아미타불게』에서 찬탄하였다.

그 어떤 중생이 안락세계에 왕생하면 모두 32상호를 갖추고, 지혜가
가득하여 깊은 진리에 들어 궁극적인 깨달음의 요체를 밝힘에 장애가
없네. 근기가 예리(銳利)하거나 둔탁(鈍濁)함을 따라서 법인(法印)을
성취하나 삼인(三忍)의 지극함은 모두 말할 수 없으며, 숙명통과 5신통
이 항상 자재하고 부처님에 이르기까지 다시 잡스런 악취(惡趣)가
없네. 타방의 오탁악세에 왕생하는 것을 제외하고 동일하게 시현함이
위대한 석가모니불과 같다네. 안락국토에 왕생하면 큰 이익을 성취하
기에 지극한 마음으로 정토에 왕생을 발원합니다.[20]

---

18) 각주 17번 참조

19) '시현(示現)'은 부처님들과 보살님들이 중생을 제도할 목적으로 중생들의 모습으
로 태어나 중생들을 교화하는 것을 뜻한다.

20)『讚阿彌陀佛偈』大正藏 47, p.421下. 其有衆生生安樂 悉具三十有二相 智慧滿足入深法
究暢道要無障礙 隨根利鈍成就忍 二忍乃至不可計 宿命五通常自在 至佛不更雜惡趣
除生他方五濁世 示現同如大牟尼 生安樂國成大利 是故至心頭面禮.

제10 대문(大門)

제1절 개요

第十大門中有兩番料簡. 第一依大經引類證誠. 第二釋迴向義.

제10대문 중에서는 두 가지로 살펴보고 헤아려 핵심을 찾는다. 제1항은
『불설무량수경』에 의거하여 비슷한 것을 인용하여 진실함을 입증한다.
제2항은 회향의 의미를 해석한다.

제2절 개별 해석

제1항 『불설무량수경』에 의거해서 증명하다

第一依大經引類證誠者. 十方諸佛無不勸歸西方. 十方菩薩無不同生.
十方人天有意齊歸. 故知不可思議事也.

제1항에서 『불설무량수경』에 의거하여 비슷한 것을 인용하여 진실함을
입증한다. 시방의 모든 부처님께서 서방정토에 귀의하길 권장하지
않는 것이 없고, 시방의 보살이 똑같이 (정토에) 왕생하지 않는 것이
없으며, 시방의 인간과 천인이 모두 (정토에) 귀의하려는 뜻이 있다.
그러므로 생각으로 헤아릴 수 없는 것임을 알아야 한다.

是故大經讚1)云. 神力無極阿彌陀. 十方無量佛所讚. 東方恒沙諸佛國.
菩薩無數悉往觀. 亦復供養安樂國. 菩薩聲聞諸大衆. 聽受經法宣道化.
自餘九方亦如是.

이와 같은 까닭으로 『찬아미타불게』에서 찬탄하였다.

신통력이 끝이 없으신 아미타불을 시방의 셀 수 없는 부처님들의
처소에서 찬탄하시며, 동쪽 방위의 항하사와 같은 모든 부처님 국토의
무수한 보살이 모두 와서 친견한다네. 또한 다시 안락국에 공양하시고
보살과 성문과 모든 대중은, 경전의 가르침을 받아 듣고 정법[道]으로
교화하시니 나머지 9방위에서도 역시 그러하시네.2)

---

1) 본 문장에서 '찬(讚)'은 후위(後魏)의 담란(曇鸞) 법사가 찬술한 『찬아미타불게(讚
　阿彌陀佛偈)』를 가리킨다.

제2항 회향의 뜻을 해석하다

第二釋迴向義者. 但以一切衆生旣有佛性. 人人皆有願成佛心. 然依所
修行業未滿一萬劫已來. 猶未出火界. 不免輪迴. 是故聖者愍斯長苦. 勸
迴向西. 爲成大益. 然迴向之功不越於六.

제2항에서는 회향의 뜻을 해석한다. 다만 모든 중생이 불성이 있으므로
사람마다 모두가 성불을 발원하는 마음이 있다. 그러나 수행하는 업에
의거하면 아직 1만 겁 이래로 (수행의 과보를) 채우지 못하였다. 오히려
아직 (번뇌로써) 불타는 세계를 벗어나지 못하였으며 윤회를 벗어나지
못하였다. 그러므로 세존께서는 이와 같은 긴 고통을 애민(哀愍)히 여기
시어 서방정토에 회향을 권장하시어 큰 이익을 이루게 하셨다. 그러나
회향의 공덕은 여섯 가지를 넘지 않는다.

何等爲六. 一者將所修諸業迴向彌陀. 旣至彼國還得六通濟運衆生. 此
卽不住道也. 二迴因向果. 三迴下向上. 四迴遲向速. 此卽不住世間也.
五迴施衆生悲念向善. 六迴入去卻分別之心. 迴向之功只成斯六.

어떤 여섯 가지가 되는가? 첫째는 장차 수행의 모든 업을 아미타불에게
회향하고자 하는 것은 이미 저 국토에 이르러 육신통을 얻어 모든
중생을 구제하고자 한다. 이것이 곧 머무르지 않는 깨달음이다. 둘째는
인(因)을 회향하여 (수행의) 과위(果位)를 향하게 한다. 셋째는 하위를

---

2) 『讚阿彌陀佛偈』大正藏 47, p.422下. 神力無極阿彌陀 十方無量佛所歎 東方恒沙諸佛國
菩薩無數悉往覲 亦復供養安樂國 菩薩聲聞諸大衆 聽受經法宣道化 自餘九方亦如是.

회향하여 상위를 향하게 한다. 넷째는 (수행이) 지체된 것을 회향하여 신속함에 향하게 한다. 이것이 곧 세간에 머무르지 않는 것이다. 다섯째는 보시한 중생을 회향하여 자비한 생각으로 선을 향하게 한다. 여섯째는 (수행을) 실천함을 회향하여 분별하는 마음을 제거한다. 회향의 공덕은 다만 이 여섯 가지로 이루어진다.

是故大經云. 其有衆生生我國者. 自然勝進超出常倫諸地之行. 至成佛道更無迴復之難.

그러므로 『불설무량수경』에서 말씀하셨다.

그 어떤 중생이라도 나의 국토에 태어나는 자는 자연히 (지혜가) 승진(昇進)하고 초월하여 벗어나 항상 모든 지위의 행을 선택하며 성불의 도(道)에 이르면 다시 어려움이 도래하는 것이 없을 것이다.[3]

故大經讚云. 安樂菩薩聲聞輩. 於此世界無比方. 釋迦無礙大辯才.[4] 設諸假令示少分. 最賤乞人並帝王. 帝王復比金輪王.[5] 如是展轉至六天. 次第相類皆如始. 以天色像喩於彼. 千萬億倍非其類. 皆是法藏願力爲. 稽首頂禮大心力.

---

3) 『佛說無量壽經』大正藏 12, p.268中. 使立無上正眞之道. 超出常倫. 諸地之行. 現前修習普賢之德.

4) '변재(辯才)'는 막힘없이 자유자재로 가르침을 전하는 재능이나 지혜를 뜻한다.

5) '금륜왕(金輪王)'은 불교의 우주관에 등장하는 천인(天人)으로써 수미산 주위의 사천하를 다스리는 사륜왕(四輪王) 중의 한명이다. 금륜왕은 수미산의 네 천하인 동쪽의 불바제(弗婆提), 서쪽의 구야니(瞿陁尼), 남쪽의 염부제(閻浮提), 북쪽의

그러므로 『찬아미타불게』에서 찬탄하였다.

안락세계의 보살과 성문들은 이 세계와는 비교할 곳이 없으니 석가모니
불께서는 걸림이 없는 큰 변재로 모든 가상(假想)의 (법문을) 베풀어
조금씩 보여주셨네. 가장 천박한 거지에서부터 제왕에 이르기까지
모두 아우르셨고, 다시 제왕과 금륜왕에 비교하셨네. 이와 같이 (변재를)
펴고 굴리어 육욕천까지 이르셨으나 다음의 모습은 비슷해 모두 처음과
같으셨네. 천상의 색과 형상으로써 이 세상을 비교한다면 천만 억
배(倍)나 모두 다르니, 이와 같은 (진리의) 법은 모두 법장비구의 원력으
로 이룩되었네. (법장비구의) 큰 마음과 원력의 힘에 머리를 조아려
예배합니다.6)

울단월(鬱單越)을 모두 다스리고 있으며, 전륜왕 가운데에서 가장 뛰어난 왕을
가리킨다.

6) 『讚阿彌陀佛偈』大正藏 47, p.422中. 安樂菩薩聲聞輩 於此世界無比方 釋迦無礙大辯才
設諸假令示少分 最賤乞人並帝王 帝王復比金輪王 如是展轉至六天 次第相形皆如始
以天色像喻於彼 千萬億倍非其類 皆是法藏願力爲 稽首頂禮大心力.

제11 대문(大門)

제1절 개요

第十一大門中略作兩番料簡. 第一勸一切衆生. 託善知識作向西意. 第二死後辨生緣勝劣.

제11대문 가운데에서는 간략히 두 가지로 살펴보고 헤아려 핵심을 찾는다. 제1항은 모든 중생에게 권장하여 선지식을 의지하여 서방정토를 향하는 마음을 짓게 한다. 제2항은 죽은 후에 왕생하는 인연의 수승(殊勝)함과 열등함을 분별한다.

제2절 개별 해석

제1항 선지식을 의지하다

> 第一勸託善知識者. 依法句經. 與衆生作善知識. 有寶明菩薩白佛言. 世尊云何名爲善知識也. 佛言. 善知識者能說深法. 謂空無相無願. 諸法平等. 無業無報. 無因無果. 究竟如如.[1) 住於實際. 然於畢竟空中. 熾然建立一切諸法. 是爲善知識. 善知識者是汝父母. 養育汝等菩提身故. 善知識者是汝眼目. 能見一切善惡道故. 善知識者是汝大船. 運度汝等出生死海故. 善知識者是汝絙繩. 能挽拔汝等出生死故也.

제1항은 선지식에게 의지하여 권장하는 것이다.『법구경』에 의거하면

중생이 선지식이 된다는 것에 대하여 보명보살(寶明菩薩)이 세존께 여쭈었다.
"세존이시여! 무엇을 선지식이라고 부릅니까?"
부처님께서 말씀하셨다.
"선지식이란 심오한 법을 말할 수 있는 것으로 이른바 공(空)과 무상(無相)과 무원(無願)이다. 모든 법은 평등하여 업도 없고 과보도 없으며, 원인도 없고 결과도 없어서 결국에는 여여(如如)하게 실제에 머문다. 그러나 결과적으로 마침내 허공중에서 불을 태우듯이 모든 법을 체계적으로 일으킨[建立] 수행자를 선지식이라고 한다. 선지식은 그대의 부모이니 그대들을 보리의 몸으로 양육하기 때문이다. 선지식이란 그대의 눈이니 일체 선악의 길을 볼 수 있기 때문이다. 선지식이란 그대의

---

1) '여여(如如)'란 분별이 끊어져 마음 작용이 일어나지 않는 상태, 또는 분별이 끊어져 있는 그대로 대상이 파악되는 마음의 상태를 뜻한다.

큰 배이니 그대들을 태어남과 죽음의 바다를 벗어나게 운반하여 건네주
기 때문이다. 선지식이란 그대의 밧줄이니 그대들을 끌어당겨서
태어남과 죽음을 벗어나게 하기 때문이다."2)

又勸. 雖與衆生作善知識. 必須歸西. 何以故. 由住斯火界違順境多. 多
有退沒難出故也. 是故舍利弗於此發心修菩薩行. 已經六十劫. 逢惡知
識乞眼因緣. 遂卽退轉. 故知火界修道甚難. 故勸歸西方. 一得往生. 三
學3)自然勝進萬行普備. 故大經云. 彌陀淨國無造惡之地如毛髮許也.

또한 권장하나니 비록 중생이 더불어 선지식이 될지라도 반드시 서방에
귀의하여야 한다. 왜 그러한가? 이 (번뇌에) 불타는 세계에 머무는
것은 어긋남[違]과 수순(隨順)하는 경계(境界)가 많아서 많이 퇴전(退轉)
하고 함몰되어 벗어나기가 어렵기 때문이다.

이와 같은 까닭으로 사리불이 예토에서 발심하여 보살행을 수행한
것이 이미 60겁이 지났지만 악지식을 만나 눈의 인연을 빌려서 마침내
퇴전하였다.

그러므로 (번뇌에) 불타는 세계에서 수행하여 깨달음을 구하는 것이
매우 어려움을 알아야 한다. 이런 까닭으로 서방정토에 귀의하기를

---

2) 『佛說法句經』大正藏 85, p.1433下. 爾時寶明菩薩白佛言. 世尊. 云何是善知識. 佛言.
善知識者善解深法空相無作無生無滅. 了達諸法從本已來究竟平等. 無業無報無因無果
性相如如. 住於實際. 於畢竟空中熾然建立. 是名善知識. 善男子. 善知識者是汝父母.
養育汝等菩提身故. 善知識者是汝眼因. 示導汝等菩提路故. 善知識者是汝脚足. 荷負汝
等離生死故.

3) '삼학(三學)'은 불법(佛法)을 수행하는 자가 반드시 닦아야 할 세 가지 근본행으로
삼증상학(三增上學)·삼승학(三勝學)이라고도 말한다. 계학(戒學)·정학(定學)·혜
학(慧學)을 가리킨다.

권장하는 것이다. 한번 왕생을 얻으면 삼학(三學)이 자연히 승진(勝進)하여 만 가지 행을 두루 갖춘다. 그러므로 『불설무량수경』에서

아미타불의 청정한 국토는 악을 짓는 땅이 터럭만큼도 허락되지 않는다.[4]

고 말씀하였다.

제2항 죽은 후에 다시 태어나는 것을 분별하다

第二次辨衆生死後受生勝劣者. 此界衆生壽盡命終. 莫不皆乘善惡二業. 恒爲司命[5]獄率妄愛煩惱相與受生. 乃從無數劫來. 未能免離. 若能生信歸向淨土. 策意專精. 命欲終時. 阿彌陀佛與觀音聖衆光臺迎接行者. 歡喜隨從合掌乘臺. 須臾卽到. 無不快樂. 乃至成佛.

제2항은 다음으로 중생이 죽은 후에 다시 태어남에 매우 뛰어남과 열등함을 분별한다. 이 세계의 중생의 수명이 다하여 목숨을 마칠 때에는 모두 선업과 악업의 두 가지 업이 아닌 것이 없다. 항상 사명(司命)의 감옥에 구속되고 허망한 애욕과 번뇌가 서로 합쳐져서 태어나게 되었다. 이에 따라 셀 수 없는 겁을 따르면서 (태어나고 죽는 윤회를) 아직 벗어나지 못하였다. 만약 믿음을 일으켜 귀의하고 정토를 향하려 하면 마음을 일으킬 때 오로지 정성스럽게 하여야 한다. 목숨을 마치려

---

4) 『佛說無量壽經』 大正藏 12, p.277下. 彼佛國土無爲自然. 皆積衆善無毛髮之惡.
5) '사명(司命)'은 중국 전설에 나오는 인간의 수명을 주관하는 신을 말한다.

할 때에는 아미타불과 관세음보살과 성스런 대중의 빛나는 누대(樓臺)로
수행자를 맞이하여 접인할 것이다. 매우 즐거워[歡喜]하며 합장하고
빛나는 누대로 잠깐 사이에 곧 도달하면 쾌락(快樂)이 아닌 것이 없으며
마침내 성불에 이른다.

又復一切衆生造業不同有其三種. 謂上中下. 莫不皆詣閻羅取判. 若能
信佛因緣願生淨土. 所修行業並皆迴向. 命欲終時. 佛自來迎不于死王
也.

또한 다시 모든 중생이 업을 짓는 것이 똑같지 않은데, 그것에는 세
가지가 있다. 이른바 상·중·하로 모두 염라왕에게 나아가 판결을 받지
않는 것이 없다. 만약 부처님을 믿는 인연으로 정토에 왕생하기를
발원하고 수행하며 아울러 (지은 공덕을) 모두 회향한다면 목숨을 마치
려고 할 때에 부처님께서 오셔서 맞이할 것이며, 염라왕이 맞이하러
오는 것이 아니다.

제12 대문(大門)

제1절 개요

第十二大門中有一番. 就十往生經爲證勸往生也. 如佛說生阿彌陀佛
國. 爲諸大衆說觀身正念解脫.

제12대문 가운데 한 가지를 살펴보겠다.『불설시왕생아미타불국경』에
인용하여 왕생을 권한 것을 증거로 삼는다. 부처님께서 아미타불의
국토에 왕생을 말씀하신 것처럼 모든 대중을 위해서 몸을 관하는 정념(正
念)의 해탈을 말씀하셨다.

제2절 『시왕생경』을 인용하여 왕생을 권장하다

十往生經¹⁾云. 阿難白佛言. 世尊. 一切衆生觀身之法. 其事云何. 唯願說
之. 佛告阿難. 夫觀身之法者. 不觀東西. 不觀南北. 不觀四維²⁾上下. 不
觀虛空. 不觀外緣. 不觀內緣. 不觀身色. 不觀色聲. 不觀色像. 唯觀無緣.
是爲正眞觀身之法. 除是觀身十方諦求. 在在處處更無別法而得解脫.
佛復告阿難. 但自觀身. 善力自然. 正念自然. 解脫自然. 何以故. 譬如有
人精進直心得正解脫. 如是之人. 不求解脫. 解脫自至.

『불설시왕생아미타불국경』에서 말씀하셨다.

아난이 부처님께 여쭈었다.

"세존이시여! 모든 중생이 몸을 관(觀)하는 법은 그 관은 어떻게 해야
합니까? 오직 원하옵건대 그것을 말씀하여 주시옵소서!"

부처님께서 아난에게 말씀하셨다.

"무릇 몸을 관하는 법이란 동쪽과 서쪽을 관하는 것이 아니고, 남쪽과
북쪽을 관하는 것이 아니며, 사유와 위아래를 관하는 것이 아니고,
허공을 관하는 것이 아니며, 밖의 반연을 관하는 것이 아니고, 안의
반연을 관하는 것이 아니며, 몸의 빛깔을 관하는 것이 아니고, 색깔과
음성을 관하는 것이 아니며, 색깔의 모습을 관하는 것이 아니고, 오직
반연이 없는 것을 관하는 것이다. 이것이 바르고 참된 몸을 관하는
법이 된다. 이 몸을 관하는 것을 제외하고 시방에서 진리를 구하는

---

1) 본래의 경전명은 『불설시왕생아미타불국경(佛說十往生阿彌陀佛國經)』이고, 출
처는 『주록(周錄)』이다. 『만신찬속장경(卍新纂續藏經)』 제1책에 실려 있다.

2) '사유(四維)'는 방위의 단위로써 사방(四方)의 가운데 방위인 서북·남서·북동·동
남의 네 방위를 가리킨다.

것은 머무르는 처소마다 또 다시 분별이 없는 법으로 해탈을 얻는
것이다."

부처님께서 다시 아난에게 말씀하셨다.

"다만 스스로 몸을 관하는 것은 선한 힘이 그 자체이고, 정념이 그
자체이며, 해탈이 그 자체이다. 왜냐하면 비유하건대 어떤 사람이
곧은 마음으로 정진하면 바른 해탈을 얻는 것이다. 이와 같은 사람은
해탈을 구하지 않고도 해탈에 스스로 이르게 된다."[3]

阿難復白佛言. 世尊. 世間衆生若有如是正念解脫. 應無一切地獄餓鬼
畜生三惡道也. 佛告阿難. 世間衆生不得解脫. 何以故. 一切衆生皆由多
虛少實無一正念. 以是因緣. 地獄者多. 解脫者少. 譬如有人. 於自父母
及以師僧. 外現孝順. 內懷不孝. 外現精進. 內懷不實. 如是惡人報雖未
至. 三塗不遠. 無有正念. 不得解脫.

아난이 다시 부처님께 여쭈었다.

"세존이시여! 세간의 중생이 만약 이와 같은 정념으로 해탈한다면
마땅히 모든 지옥과 아귀와 축생의 삼악도가 없을 것입니다."

부처님께서 아난에게 말씀하셨다.

"세간의 중생은 해탈할 수 없다. 왜냐하면 모든 중생은 모두 헛된
망상은 많고 진실은 적어서 정념이 하나도 없기 때문이다. 이와 같은
인연 때문에 지옥은 많고 해탈은 적은 것이다. 비유하면 어떤 사람이
자기의 부모와 스님에게 겉으로는 효도하고 순종함을 나타내지만

---

3) 『佛說十往生阿彌陀佛國經』卍新纂續藏經 1, p.365中. 佛告阿難 夫觀身之法者 不觀東西
不觀南北 不觀四維上下 不觀虛空 不觀外緣 不觀內緣 不觀身色 不觀色聲 不觀色像
唯觀無緣是 爲正眞觀身之法 除是觀身十方諦 求在在處處更無別法而得解脫 佛復告阿
難 但自觀身 善力自然 正念自然 解脫自然 何以故 譬如有人 精進直心 得正解脫 如是之人
不求解脫 解脫自至.

마음으로는 불효를 품고, 겉으로는 정진함을 보여주지만 마음으로는 성실하지 않음을 품는다. 이와 같은 악한 사람의 과보는 비록 아직 (때가) 이르지 않았지만 삼악도가 멀지 않고 정념이 없어서 해탈할 수 없다."[4]

阿難復白佛言. 若如是者. 更修何善根得正解脫. 佛告阿難. 汝今善聽. 吾今爲汝說. 有十往生法可得解脫. 云何爲十. 一者觀身正念[5]常懷歡喜. 以飮食衣服施佛及僧. 往生阿彌陀佛國. 二者正念以甘妙良藥施一病比丘及一切衆生. 往生阿彌陀佛國. 三者正念不害一生命. 慈悲於一切. 往生阿彌陀佛國. 四者正念從師所受戒. 淨慧修梵行. 心常懷歡喜往生阿彌陀佛國. 五者正念孝順於父母. 敬奉於師長. 不起憍慢心. 往生阿彌陀佛國. 六者正念往詣於僧房. 恭敬於塔寺. 聞法解一義. 往生阿彌陀佛國. 七者正念一日一夜中受持八戒齋.[6] 不破一. 往生阿彌陀佛國. 八者正念若能齋月齋日中遠離於房舍.[7] 常詣於善師. 往生阿彌陀佛國. 九者正念常能持淨戒. 勤修於禪定. 護法不惡口. 若能如是行. 往生阿彌陀佛國. 十者正念若於無上道不起誹謗心. 精進持淨戒. 復敎無智者流布是經法. 敎化無量衆生. 如是諸人等悉皆得往生.

---

4) 『佛說十往生阿彌陀佛國經』 卍新纂續藏經 1, p.365中. 佛告阿難 世間衆生不得解脫 何以故 一切衆生 皆由多虛少實無一正念 以是因緣 地獄者多 解脫者少 譬如有人 於自父母及以師僧 外現孝順 內懷不孝 外現精進 內懷不實 如是惡人報雖未 至三途不遠 無有正念不得解脫.

5) '정념(正念)'은 정토교학에서는 정법(正法)에 의지하여 정토에 왕생하는 것을 믿는 생각, 또는 아미타불을 일념으로 염불하는 수행을 뜻한다.

6) '팔계재(八戒齋)'는 음력으로 매월 8·14·15·23·29·30일에 하루 낮과 하룻밤 동안 지키는 계율을 뜻한다. 구체적인 내용은 첫째는 살아 있는 것을 죽이지 않는 이살생(離殺生)이고, 둘째는 주지 않는 것을 가지지 않는 이불여취(離不與取)이

아난이 다시 부처님께 여쭈었다.

"만약 이와 같다면 다시 무슨 선근을 닦아야 올바른 해탈을 얻을 수 있겠습니까?"

부처님께서 아난에게 말씀하셨다.

"그대는 이제 잘 들으라. 내가 이제 그대를 위해 말하리라. 열 가지 왕생하는 법으로 해탈할 수 있다. 무엇을 열 가지라고 하는가? 첫째는 몸을 관하면서 정념으로 항상 매우 기뻐하는[歡喜] 마음을 품고, 음식과 의복을 가지고 부처님부터 스님들에게 이르기까지 보시하면 아미타불의 국토에 왕생할 것이다. 둘째는 정념으로써 달고 미묘한 좋은 약을 삼아서 한 병든 비구부터 모든 중생에게 이르기까지 보시하면 아미타불의 국토에 왕생할 것이다. 셋째는 정념으로 한 생명도 해치지 않고 모든 (중생들에게) 자비하면 아미타불의 국토에 왕생할 것이다.

넷째는 정념으로 스승을 삼고 계를 받아 청정한 지혜로 범행을 닦아 마음에 항상 환희함을 품으면 아미타불의 국토에 왕생할 것이다. 다섯째는 정념으로 부모님께 효도하고 순종하며 스승과 어른을 공경하여 받들고 교만한 마음을 일으키지 않으면 아미타불의 국토에 왕생할 것이다. 여섯째는 정념으로 스님들의 처소에 왕래하며 불탑에 공경하고 법을 듣고 하나의 뜻으로 이해하면 아미타불의 국토에 왕생할 것이다.

며, 셋째는 청정하지 않은 행위를 하지 않는 이비범행(離非梵行)이고, 넷째는 헛된 말을 하지 않는 이허광어(離虛誑語)이며, 다섯째는 모든 술을 마시지 않는 이음제주(離飮諸酒)이고, 여섯째는 높고 넓고 화려한 평상에 앉지 않는 이면좌고광엄려상좌(離眠坐高廣嚴麗牀座)이며, 일곱째는 향유를 바르거나 머리를 꾸미지 않고, 춤추고 노래하는 것을 보지도 듣지도 않는 이도식향만이무가관청(離塗飾香鬘離舞歌觀聽)이고, 여덟째는 정오가 지나면 먹지 않는 이식비시식(離食非時食) 등의 여덟 가지 계율을 가리킨다.

7) '방사(房舍)'는 재가자가 음욕을 행하는 것을 뜻한다.

일곱째는 정념으로 하루 동안에 8재계를 수지하고 하나도 파계하지
않으면 아미타불의 국토에 왕생할 것이다. 여덟째는 정념으로 만약
재(齋)가 있는 달과 재가 있는 날에는 음욕을 행하는 것을 금하고
항상 훌륭한 스승에게 나아가면 아미타불의 국토에 왕생할 것이다.
아홉째는 정념으로 항상 청정한 계를 수지하고 부지런히 선정을 닦아
법을 보호하여 악한 말을 하지 않는 것 등이다. 이와 같이 수행할
수 있으면 아미타불의 국토에 왕생할 것이다.

열째는 정념으로 만약 위없는 진리를 비방하는 마음을 일으키지 않고
정진하며 청정한 계를 수지하고 다시 지혜가 없는 자를 가르쳐서
이 경전의 가르침을 유포하여 끝이 없는 중생을 교화한 모든 사람들은
모두 다 왕생할 수 있다."8)

爾時會中有一菩薩. 名山海慧. 白佛言. 世尊. 彼阿彌陀國有何妙樂勝事.
一切衆生皆願往生彼. 佛告山海慧菩薩. 汝今應當起立合掌正身向西.
正念觀阿彌陀佛國. 願見阿彌陀佛. 爾時一切大衆亦皆起立合掌. 共觀
阿彌陀佛. 爾時阿彌陀佛現大神通. 放大光明照山海慧菩薩身. 爾時山
海慧菩薩等卽見阿彌陀佛國土. 所有莊嚴妙好之事皆悉七寶.9) 七寶山

---

8) 『佛說十往生阿彌陀佛國經』卍新纂續藏經 1, pp.365中~下. 佛告阿難 汝今善聽 吾今爲
汝說 有西方極樂世界十往生法可得解脫 云何爲十 一者觀身正念常懷歡喜 以飮食衣服
施佛及僧 往生阿彌陀佛國 二者正念以甘妙良藥 施一病比丘及一切往生 阿彌陀佛國
三者正念不害一生命 慈悲於一切 往生阿彌陀佛國 四者正念從師所受戒 淨慧修梵行
常懷歡喜 往生阿彌陀佛國 五者正念孝順 於父母敬奉於師長 不起憍慢心 往生阿彌陀佛
國 六者正念往詣 於僧坊恭敬於塔寺 聞濟解一義 往生阿彌陀佛國 七者正念一日一夜中
受持八齋戒 不破一 往生阿彌陀佛國 八者正念若能齋月齋日中 遠離於房舍常詣於善師
往生阿彌陀佛國 九者正念常能持淨戒勤修 於禪護法不惡口 若能如是行 往生阿彌陀
佛國 十者正念若無上道 不起誹謗心精進持淨戒 復敎無智者流布是經 法敎化無量衆
生 如是諸人等 悉皆得往生阿彌陀佛國.

七寶國土. 水鳥樹林常吐法音. 彼國日日常轉法輪. 彼國人民不習外事.
正習內事. 口說方等[10]語. 耳聽方等聲. 心解方等義.

그때 법회 가운데 한 보살이 있으니 이름이 산해혜(山海慧)였다.
부처님께 여쭈었다.

"세존이시여! 저 아미타불의 국토는 어떤 미묘한 즐거움과 매우 뛰어난
일이 있기에 모든 중생이 모두 저 국토에 왕생하기를 발원합니까?"

부처님께서 산해혜보살에게 말씀하셨다.

"그대는 지금 마땅히 일어나 합장하고 몸을 바르게 하여 서쪽을 향하여
정념으로 아미타불의 국토를 관하고 아미타불을 친견하길 발원하라."

그때 일체의 중생들도 역시 모두 일어나 합장하고 함께 아미타불을
관하였다. 그때 아미타불께서 큰 신통을 나타내시어 대 광명을 놓으시
어 산해혜보살의 몸을 비추었다. 그때 산해혜보살과 일체의 중생들이
곧 아미타불의 국토를 보았다. 미묘하고 좋게 장엄된 것은 모두가
7보(寶)였다. 7보의 산과 7보의 국토와 물과 새와 수풀에서 항상 법음을
토해내며 그 국토는 날마다 항상 법륜을 굴리신다. 그 나라 백성들은
밖의 일[生業]을 익히지 않고 바로 안의 일(修行)을 익히고, 입으로
방등(方等)의 법을 말하고, 귀로 방등의 소리를 들으며, 마음으로 방등의
뜻을 이해하였다.[11]

---

9) '칠보(七寶)'는 일곱 가지 보물로써, 금·은·유리·자거(硨磲)·마노(瑪瑙)·호박(琥珀)·산호(珊瑚) 등을 가리킨다.

10) '방등(方等)'은 '이치가 보편적이며 평등하다'는 뜻으로, 대승경전 전체를 일컫는 말이다.

11) 『佛說十往生阿彌陀佛國經』卍新纂續藏經 1, p.365下. 一切諸菩薩來集此會一心聽法
大會中有一菩薩名山海慧 白佛言 世尊彼阿彌陀佛國 有何妙樂勝事 一切衆生皆願往生
彼 佛告山海慧菩薩 汝今應當起立合掌正身向西 正念觀阿彌陀佛國願 見阿彌陀佛爾時
一切大衆亦皆起立合掌共 觀阿彌陀佛爾 時阿彌陀佛 現大神通放大光明照山海慧菩薩
身 爾時山海慧菩薩等即見阿彌陀佛國土所有莊嚴妙好之事 皆悉七寶七寶山七寶塔七

爾時山海慧菩薩白佛言. 世尊. 我等今者睹見彼國. 勝妙利益不可思議.
我今願一切衆生悉皆往生. 然後我等亦願生彼國. 佛記之曰. 正觀正念
得正解脫. 皆悉生彼. 若有善男子善女人. 正信是經. 愛樂是經. 勸導衆
生. 說者聽者悉皆往生阿彌陀佛國. 若有如是等人. 我從今日常使二十
五菩薩12)護持是人. 常令是人無病無惱. 若人若非人不得其便. 行住坐
臥無問晝夜常得安穩.

그때에 산해혜보살이 부처님께 여쭈었다.

"세존이시여! 저희들은 지금 저 국토가 매우 뛰어나고 미묘하여 이익이
생각으로 헤아릴 수 없을 만큼 많음을 보았습니다. 저는 이제 모든
중생들이 모두 왕생하기를 발원하옵고 그 후에 우리들도 역시 저
국토에 왕생하기를 발원하옵니다."

부처님께서 그때 수기를 주시며 말씀하셨다.

"정관과 정념으로 올바른 해탈을 얻으면 모두 다 저 국토에 왕생한다.
만약 선남자 선여인이 이 경전을 바르게 믿고, 이 경전을 좋아하고
권장하여 중생을 인도하며 말하는 자와 듣는 자가 있으면 모두 다

寶坊七寶樓閣水鳥樹林常吐法音 彼國道場樹高四十萬由旬樹下 有獅子座高五百由旬
阿彌陀佛 日日常轉法輪 彼國人民不習外事正習內事口說方等 語耳聽方等 聲心解方等.

12) 『불설시왕생아미타불국경(佛說十往生阿彌陀佛國經)』, p.366上에서 아미타불(阿
彌陀佛) 등을 염송하는 사람을 보호하여 주는 스물다섯 분의 보살들을 가리킨다.
관세음보살(觀世音菩薩)·대세지보살(大勢至菩薩)·약왕보살(藥王菩薩)·약상보살
(藥上菩薩)·보현보살(普賢菩薩)·법자재보살(法自在菩薩)·사자후보살(獅子吼菩
薩)·다라니보살(陀羅尼菩薩)·허공장보살(虛空藏菩薩)·덕장보살(德藏菩薩)·보장
보살(寶藏菩薩)·금장보살(金藏菩薩)·금강보살(金剛菩薩)·산해혜보살(山海慧菩
薩)·광명왕보살(光明王菩薩)·화엄왕보살(華嚴王菩薩)·중보왕보살(衆寶王菩薩)·
월광왕보살(月光王菩薩)·일조왕보살(日照王菩薩)·삼매왕보살(三昧王菩薩)·자재
왕보살(自在王菩薩)·대자재왕보살(大自在王菩薩)·백상왕보살(白象王菩薩)·대위
덕왕보살(大威德王菩薩)·무변신보살(無邊身菩薩) 등이다.

아미타불의 국토에 왕생할 것이다.

만약 이와 같은 사람이 있다면 내가 오늘부터 항상 25보살로 하여금 이 사람을 보호하게 하고, 항상 이 사람으로 하여금 병이 없고 번뇌도 없게 할 것이다. 혹 사람이거나 혹은 사람이 아니거나 그 방편을 얻지 못하거나, 가고 머물고 앉고 눕는 것이 밤낮을 묻지 않아도 항상 편안하고 안락함을 얻을 것이다."13)

山海慧菩薩白佛言. 世尊. 我今頂受尊敎. 不敢有疑. 然世有衆生. 多有誹謗不信是經. 如是之人於後云何. 佛告山海慧菩薩. 於後閻浮提或有比丘比丘尼. 見有讀誦是經者. 或相瞋恚. 心懷誹謗. 由是謗正法故. 是人現身之中來致諸惡重病. 身根不具. 聾盲瘖啞. 水腫鬼魅. 坐臥不安. 求生不得. 求死不得. 或乃致死墮於地獄. 八萬劫中受大苦惱. 百千萬世未曾聞水食之名. 久後得出. 在牛馬豬羊爲人所殺. 受大極苦. 後得爲人. 常生下處. 百千萬世不得自在. 永不聞三寶名字. 是故無智無信人中莫說是經也.

산해혜보살이 부처님께 여쭈었다.

"세존이시여! 저는 지금 존귀한 가르침을 정례하고 수지하고 감히 의심하지 않습니다. 그러나 세상의 중생들은 비방하고 이 경전을 믿지 않는 자가 많을 것입니다. 이와 같은 사람들은 그 이후에 어떻게 됩니까?"

---

13) 『佛說十往生阿彌陀佛國經』 卍新纂續藏經 1, p.365下. 爾時山海慧菩薩 白佛言 世尊我等今者覩見 彼國勝妙利益不可思議 今我願一切衆生悉皆往生然後我等 亦願生彼國 佛記之日 正觀正念得正解脫皆悉生彼. 佛告山海慧菩薩 汝今欲度一切衆生應當受持是經 佛告大衆 於我滅後受持是經八萬劫中廣宣流布 至賢劫千佛 使諸衆生普得聞知信樂修行 說者聽者 皆得往生阿彌陀佛國 若有如是等人我從 今日常使二十五菩薩護持 是人常令是人無病無惱 若人若非人不得其便行 住坐臥無問晝夜常得安穩若.

부처님께서 산해혜보살에게 말씀하셨다.

"훗날에 염부제에서 비구와 비구니가 있어서 이 경전을 독송하는 자가 있는 것을 보고 서로 성내고 비방하는 마음을 품을 것이다. 이렇게 정법을 비방하였기 때문에 이 사람은 현재의 몸 중에 모든 나쁜 중병을 앓는데 이르렀고, 몸의 육근을 (완전히) 갖추지 못하여 귀머거리와 장님과 벙어리가 되었으며, 온 몸이 퉁퉁 붓고, 귀신에 쫓기며, 앉거나 누우면 불안하고, 살고자 하나 살지 못하고, 죽고자 하나 죽지 못한다. 혹은 이제 죽은 뒤에는 지옥에 떨어져 8만겁의 큰 고뇌를 받고 백천만 세(世)에도 아직 물과 음식의 이름조차도 듣지 못하다가 오랜 후에야 벗어날 수 있다. (지옥을 벗어난 후) 소와 말과 돼지와 양으로 살아가다가 사람에게 살해되어 크고 극심한 고통을 받은 후에야 사람이 될 수 있다. (사람으로 태어나도) 항상 미천한 집안에 태어나 백천만 세에도 자재(自在)함을 얻을 수 없고 영원히 삼보(三寶)의 명호도 듣지 못한다. 그러므로 지혜도 없고 믿음도 없는 사람들에게는 이 경전을 말하지 말라."[14]

---

14) 『佛說十往生阿彌陀佛國經』卍新纂續藏經 1, p.365下. 佛告山海慧菩薩 於後閻浮提 或有比丘比丘尼 若男若女見有讀誦是經者 或相瞋恚 心懷誹謗 由是謗正法 故是人現身 之中得諸惡重病 身根不具或得聾病盲病瘡病瘂病失陰病鬼魅邪狂風冷熱痔 水腫失心 如是等 諸惡重病世世在身 如是受苦坐臥不安大小便利 亦皆不通 求生不得 求死不得 或乃至死墮於地獄八萬劫中受大苦惱 百千萬世未曾聞水食之名 久後得出生 在人中作 牛馬猪羊爲人所殺受大苦惱 後得人身 常生下賤百千萬世不得自在 永不聞三寶名字 爲 謗是經故受苦如是 是故無智人中莫說是經.

제3장 유통분(流通分)

撰集流通德. 普施於一切. 先發菩提心. 同歸向淨國. 皆共成佛道.

(안락집을) 찬집하여 유통한 덕을 널리 일체 중생들에게 베풀고자 하오니 먼저 보리심을 발원하고 청정한 국토[극락세계]에 같이 귀의하여 모두 함께 부처님들의 깨달음[佛道]을 이루십시오.

부록 : 각 대문 인용 경전 분류표(가나다 순)

경전명 \ 각대문	1	2	3	4	5	6	7	8	9	10	11	12	소계
1 觀世音菩薩授記經	2			1									3
2 究竟一乘寶性論	1												1
3 金剛仙論	1												1
4 大般若波羅蜜多經					1								1
5 大般涅槃經	3	2	6	2			1		1				15
6 大般涅槃經集解	1												1
7 大方廣佛華嚴經	3	1		4	1								9
8 大方等大集經	1	3											4
9 大法鼓經					1								1
10 大悲經					1								1
11 大樹緊那羅王所問經			2										2
12 大乘起信論					5								5
13 大乘同性經	3												3
14 大乘理趣六波羅蜜多經	1												1
15 大莊嚴論經			2										2
16 大智度論	3	9	2	2	2	2		2					22
17 大集月藏經	2		1										3
18 摩訶止觀				1									1
19 目連所問經				1									1
20 妙法蓮花經		1	2										3
21 無量壽經優波提舍	1												1
22 無量壽經優婆提舍願生偈註	7	3			1				1				12
23 無字寶篋經		1											1
24 文殊師利所說摩訶般若波羅蜜經				1									1
25 菩薩瓔珞經					1								1
26 佛說觀無量壽佛經					1			1					2
27 佛說觀佛三昧海經	2		1	2	1								6
28 佛說灌頂隨願往生十方淨土經		1											1
29 佛說無量壽經	5	7	2	1	4	1	2	1	7	1	1		32
30 佛說無量淸淨平等覺經	1												1
31 佛說無上依經		2											2
32 佛說般舟三昧經				1									1

														합계
33	佛說法句經											1		1
34	佛說寶雲經				1	2								3
35	佛說十往生阿彌陀佛國經												1	1
36	佛說十地經							1						1
37	佛說遺日摩尼寶經		1											1
38	佛說長阿含經					5								5
39	佛說海龍王經				1									1
40	佛說華手經				1									1
41	四分律	1												1
42	釋摩訶衍論				1									1
43	善王皇帝經									1				1
44	攝大乘論		3											3
45	須彌四域經						1							1
46	隨願往生經						1							1
47	十住毘婆沙論			1										1
48	阿彌陀佛鼓音聲王多羅尼經	2				1								3
49	阿毘達磨俱舍論					2								2
50	阿毘達磨大毘婆沙論		1											1
51	樂邦文類	1												1
52	業道經		1											1
53	禮記	1												1
54	月燈三昧經				1									1
55	維摩詰所說經	2	5											7
56	惟無三昧經				1									1
57	雜譬喻經				1									1
89	淨度菩薩經									2				2
50	正法念處經		4	1										5
60	淨土論	1												1
61	諸法無行經		1											1
62	坐禪三昧經	1												1
63	注維摩詰經	1												1
64	中論		1											1
65	讚阿彌陀佛偈								1	1	2			4
66	千手千眼觀世音菩薩姥陀羅尼身經			1										1
67	請觀世音菩薩消伏毒害陀羅尼咒經									1	1			2
	합 계	47	47	19	25	28	6	4	5	15	3	2	1	202

역자 **釋 보운(普雲)**

2002년 5월 대한불교조계종 제2교구 용주사에서 출가
2010년 중앙승가대학교에서 『한국의 관음신앙에 관한 위상과 역할에 관한 연구』로 석사학위 취득
2013년 2월 중앙승가대학교 대학원 박사과정 수료
2009년~현재 대한불교조계종 제2교구 신륵사 교무국장
2009년~2012년 대전지방교정청 지도법사
2010년~현재 대한불교조계종 신륵사 거사림회 지도법사

논저
율장인 『십송율』61권과 율장의 주석서인 『살바다부비니마목득가』, 『살바다비니마비바사』 등을 번역하였다. 현재 중국 동진(東晉)의 승조(僧肇)가 저술한 『조론』과 당(唐) 가범달마(伽梵達摩)가 번역한 『천수천안관세음보살치병합약경(千手千眼觀世音菩薩治病合藥經)』, 송(宋)의 시호(施護)가 번역한 『성관자재보살공덕찬(聖觀自在菩薩功德讚)』등의 경전과 당(唐)의 선무외(善無畏)가 번역한 『천수관음조차제법의궤(千手觀音造次第法儀軌)』, 송(宋)의 지례(知禮)가 찬집한 『천수안대비심주행법(千手眼大悲心呪行法)』등의 관음 관련 의궤를 번역중에 있다.

안락집(安樂集)

唐 도작(道綽) 지음 | 釋 보운(普雲) 옮김

2013년 3월 25일   초판 1쇄 발행

펴낸이 · 오일주
펴낸곳 · 도서출판 혜안
등록번호 · 제22-471호
등록일자 · 1993년 7월 30일

주   소 · ⑨ 121-836 서울시 마포구 서교동 326-26번지 102호
전   화 · 3141-3711~2 / 팩시밀리 · 3141-3710
E-Mail · hyeanpub@hanmail.net

ISBN 978-89-8494-463-3 03220

값 20,000 원